Die Strafbarkeitsrisiken der Geistheiler

Deutsches, europäisches und internationales Strafrecht und Strafprozessrecht

Herausgegeben von
Martin Waßmer

Band 16

PETER LANG

Anna Deborah Fink

Die Strafbarkeitsrisiken der Geistheiler

Eine Untersuchung des deutschen, österreichischen und englischen Rechts

PETER LANG

Bibliografische Information der Deutschen Nationalbibliothek
Die Deutsche Nationalbibliothek verzeichnet diese Publikation in der Deutschen Nationalbibliografie; detaillierte bibliografische Daten sind im Internet über http://dnb.d-nb.de abrufbar.

Zugl.: Köln, Univ., Diss., 2020.

D 38
ISSN 2197-8417
ISBN 978-3-631-84017-7 (Print)
E-ISBN 978-3-631-85255-2 (E-PDF)
E-ISBN 978-3-631-85256-9 (EPUB)
E-ISBN 978-3-631-85257-6 (MOBI)
DOI 10.3726/b18304

Peter Lang – Berlin · Bern · Bruxelles · New York ·
Oxford · Warszawa · Wien

Diese Publikation wurde begutachtet.

www.peterlang.com

Meinen Eltern

Vorwort

Die vorliegende Arbeit wurde im Sommersemester 2020 von der Universität zu Köln als Dissertation angenommen. Die mündliche Prüfung fand am 11.09.2020 statt.

Mein erster Dank gilt meinem Doktorvater Professor Dr. Dr. h.c. Martin Waßmer, der mich bei meinem Promotionsvorhaben stets unterstützt hat, mir aber auch große Freiheit bei der Ausgestaltung der Dissertation gelassen hat.

Prof. Dr. Bachana Jishkariani danke ich für die zügige Zweitkorrektur und das Interesse an meiner Arbeit.

Der Universität Wien, stellvertretend seien Prof. Dr. Frank Höpfel und Mag. Barbara Leitner genannt, danke ich für die Ermöglichung meines Forschungsaufenthalts als Visiting PhD Candidate, der mir stets in sehr guter Erinnerung bleiben wird.

Ebenso danke ich den Mitarbeitern und Mitarbeiterinnen der Bodleian Library der University of Oxford für ihre Hilfe im Rahmen meines Forschungsaufenthalts in Oxford.

Von ganzem Herzen bedanken möchte ich mich zudem bei meinen Großeltern und meinen Schwestern Rebecca Fink und Fiona Fink sowie bei allen Freundinnen und Freunden, die mich während meines Promotionsvorhabens begleitet und unterstützt haben. Genannt seien hier insbesondere Meike Rietz, die mein gesamtes Manuskript akribisch korrigiert hat, sowie Lina Engler, Christian Hülsenbeck und Johannes Peter Kaesbach, mit denen ich mich immer austauschen konnte.

Ein besonderer Dank gilt meinem Freund Maximilian Borning, für den stetigen Zuspruch, die immerwährende Unterstützung und die sorgfältige Durchsicht meines gesamten Manuskripts.

Mein weitaus größter und wichtigster Dank gebührt jedoch meinen Eltern, Ursula und Gereon Fink, die mich Zeit meines Lebens in jeder nur denkbaren Art und Weise unterstützt haben. Um es mit den Worten eines deutschen Fußballtrainers zu sagen: „Alles, was ich bin, alles, was ich kann, habt ihr mich werden lassen.“ Ihnen widme ich diese Arbeit.

Inhaltsverzeichnis

Abkürzungsverzeichnis

A.A.	Andere Auffassung
A.C.	Appeal Cases Law Reports
A.E.	Am Ende
A.F.	Alte Fassung
AG	Amtsgericht
Anm.	Anmerkungen
ARD	Arbeitsgemeinschaft der öffentlich-rechtlichen Rundfunkanstalten der Bundesrepublik Deutschland
Art.	Artikel
AT	Allgemeiner Teil
Az.	Aktenzeichen
BÄO	Bundesärzteordnung
BayOBLG	Bayerisches Oberlandesgericht
BBC	British Broadcasting Corporation
Bd.	Band
BeckRS	Rechtsprechungssammlung abrufbar in Beck-online
Begr.	Begründer
BGB	Bürgerliches Gesetzbuch
BGBl.	Bundesgesetzblatt
BGH	Bundesgerichtshof
BGHSt	Entscheidungen des Bundesgerichtshofs in Strafsachen (Sammlung)
BGHZ	Entscheidungen des Bundesgerichtshofs in Zivilsachen (Sammlung)
BlgNR	Beilage(n) zu den Stenographischen Protokollen des Nationalrats
BT	Besonderer Teil
BT-Drs.	Bundestags-Drucksache
BVerfG	Bundesverfassungsgericht
BVerfGE	Entscheidungen des Bundesverfassungsgerichts (Sammlung)
BVerfGK	Kammerentscheidungen des Bundesverfassungsgerichts (Sammlung)
BVerwG	Bundesverwaltungsgericht
Bzgl.	Bezüglich
C.	Circa
Car.&P.	Carrington & Payne's Reports

CCC	Constitution Criminalis Carolina, Peinliche Gerichtsordnung Kaiser Karls V.
CHO	Confederation of Healing Organisations
CJA	Criminal Justice Act
Cr.App.R.	Criminal Appeal Reports
Crim.L.R.	Criminal Law Reports
Ders.	Derselbe
DHeilPraktG	Deutsches Gesetz über die berufsmäßige Ausübung der Heilkunde ohne Bestallung
DPP	Director of Public Prosecutions
DStGB	Deutsches StGB
DVBl.	Deutsche Verwaltungsblätter
DVO	Durchführungsverordnung
Ebd.	Ebenda
E.R.	English Reports
Etc.	Et cetera
EU	Europäische Union
E.V.	Eingetragener Verein
EWCA Crim	England and Wales Court of Appeal, Criminal Division
EWHC	High Court of England and Wales
F.	Folgende
FA	Fraud Act
FF.	Fortfolgende
FS	Festschrift
GA	Goltdammer's Archiv
GenStA	Generalstaatsanwaltschaft
GMC	General Medical Council
GewArch	Gewerbearchiv (Zeitschrift)
GewO	Gewerbeordnung
GG	Grundgesetz
Ggfs.	Gegebenenfalls
GP	Gesetzgebungsperiode
GS	Gedächtnisschrift
HeilPraktG	Gesetz über die berufsmäßige Ausübung der Heilkunde ohne Bestallung
HeilPraktGDV	Durchführungsverordnung zum HeilPraktG
H.M.	Herrschende Meinung
Hrsg.	Herausgeber
HWG	Heilmittelwerbegesetz

I.d.F.	in der Fassung
I.V.m.	In Verbindung mit
Jg.	Jahrgang
JMBlNW	Justizministerialblatt des Landes Nordrhein-Westfalen
JR	Juristische Rundschau
JurisPK	Praxiskommentar des Rechtsportals Juris
JuS	Juristische Schulung
JZ	Juristenzeitung
Kap.	Kapitel
KG	Kammergericht
LG	Landgericht
LGSt	Landesgericht für Strafsachen
Lit	Literatur
LK	Leipziger Kommentar
Ls.	Leitsatz
M. Anm.	Mit Anmerkungen
MedR	Medizinrecht (Zeitschrift)
MüKo	Münchner Kommentar
M.w.N.	Mit weiteren Nachweisen
N. Chr.	Nach Christus
NFSH	National Federation of Spiritual Healers
NHS	National Health Service
NJW	Neue Juristische Wochenschrift
NJW-RR	Neue Juristische Wochenschrift: Rechtsprechungs-Report
NK	Nomos Kommentar
No.	Numero
Nr.	Nummer
NRW	Nordrhein-Westfalen
NStZ	Neue Zeitschrift für Strafrecht
NVwZ	Neue Zeitschrift für Verwaltungsrecht
NVwZ-RR	Neue Zeitschrift für Verwaltungsrecht: Rechtsprechungs-Report
NZV	Neue Zeitschrift für Verkehrsrecht
öABGB	Österreichisches Allgemeines bürgerliches Gesetzbuch
OAPA	Offence Against the Person Act
ÖÄrzteG	Österreichisches Ärztegesetz
OGH	Oberster Gerichtshof
ÖJZ	Österreichische Juristenzeitung
ÖJZ-LSK	Leitsatzkartei in der Österreichischen Juristenzeitung
OLG	Oberlandesgericht

ÖStGB	Österreichisches Strafgesetzbuch
ÖStGG	Österreichisches Staatsgrundgesetz
OVG	Oberverwaltungsgericht
OWiG	Ordnungswidrigkeitengesetz
Q.B.	Queen's Bench Law Reports
R	Regina
RDB	Rechtsdatenbank Manz
RdM	Recht der Medizin (Zeitschrift)
RG	Reichsgericht
RGBl	Reichsgesetzblatt
RGSt	Reichsgericht in Strafsachen (Entscheidungssammlung)
RGZ	Reichsgericht in Zivilsachen (Entscheidungssammlung)
RIS	Rechtsinformationssystem der Republik Österreich
RIS-Justiz	Rechtsinformationssystem der Republik Österreich, Judikatur
Rn.	Randnummer
Rspr.	Rechtsprechung
RZ	Österreichische Richterzeitung
S.	Seite
SK	Systemischer Kommentar
StGB	Strafgesetzbuch
St. Rspr.	Ständige Rechtsprechung
TCM	Traditionelle Chinesische Medizin
UK	United Kingdom
UKSC	United Kingdom Supreme Court
U.U.	Unter Umständen
UWG	Gesetz gegen den unlauteren Wettbewerb
V.	Versus
VerwRspr	Verwaltungsrechtsprechung in Deutschland, Sammlung obergerichtlicher Entscheidungen aus dem Verfassungs- und Verwaltungsrecht
VO	Verordnung
Vol.	Volume
WerbeVOStBerG	Verordnung über Art und Inhalt der zulässigen Hinweise auf die Befugnis zur Hilfeleistung in Steuersachen
WHO	World Health Organisation
WiStG	Wirtschaftsstrafgesetz
W.L.R.	Weekly Law Reports
ZAkdR	Zeitschrift der Akademie des Rechts

ZfRV	Zeitschrift für Europarecht, internationales Privatrecht und Rechtsvergleichung
ZVR	Zeitschrift für Verkehrsrecht

Erster Teil Definition des Sachproblems[1]

A. Einleitung

I. Einführung in die Thematik

Auch wenn die Schulmedizin in der heutigen Zeit schon weit entwickelt ist und durch Forschung fortwährend entwickelt wird, gibt es Fälle, bei denen sie an ihre Grenzen stößt. Insbesondere wenn eine schwerwiegende oder tödlich verlaufende Erkrankung wie beispielsweise Krebs diagnostiziert wird, sehen sich die Patienten der Unüberwindbarkeit ihrer Krankheit ausgesetzt und ergreifen in der Angst vor ihrem Tod daher jede sich ihnen bietende Chance. Eine solche Chance stellt auch das weite Gebiet der sogenannten Geistheilung dar. Zahlreiche Dokumentationen[2] und Reportagen zeigen, dass das Geschäft mit der Angst durchaus lukrativ sein kann – vor allem in finanzieller Hinsicht für sogenannte Geistheiler. Der Jahresumsatz der Esoterik-Branche, der die Geistheiler zuzuordnen sind, wurde in Deutschland für das Jahr 2014 auf ca. 20 Milliarden Euro geschätzt[3]. Undercover-Selbstversuche von Journalisten zeigen, dass Honorare von 1.000 Euro für eine drei- bis fünftägige Behandlung oder 13.670 Euro für einen fünfwöchigen Aufenthalt in Behandlungszentren und Kliniken nicht selten sind[4]. Das Bekanntwerden verschiedener alternativer und mitunter fragwürdiger Heilmethoden sowie teilweise hoher Honorare für solche Behandlungen haben Skepsis an der Seriosität und Legalität von Geistheilungen geweckt. Und dennoch: Sagt nicht schon ein altes Sprichwort „Wer heilt, hat Recht"?

Manche alternativen Heilmethoden mögen wirkungslos sein oder keinen Schaden anrichten. Allerdings kommt es immer wieder zu Fällen, in denen die

---

1 Zur besseren Lesbarkeit wird in der vorliegenden Untersuchung auf die gleichzeitige Verwendung männlicher und weiblicher Sprachformen verzichtet. Es wird das generische Maskulinum verwendet, wobei beide Geschlechter gleichermaßen gemeint sind.

2 Beispielsweise die Arte-Dokumentation „Krebs: Das Geschäft mit der Angst" von Regisseurin Claudia Ruby, Ausstrahlung vom 16.10.2015, 22:10 - 23:05 Uhr.

3 ARD-Reportage #Beckmann, „Ich mach Dich gesund - Scharlatane und falsche Heiler", Ausstrahlung vom 04.04.2015, 09:15 - 10:00 Uhr, und vom 12.06.2017, 01:15 - 02:00 Uhr.

4 Der Tagesspiegel: Die Unheiler - Das Geschäft mit der Angst, von Hristio Boytchev, 18.02.2016, http://www.tagesspiegel.de/wissen/alternativmedizin-bei-krebs-die-unheiler-das-geschaeft-mit-der-angst/12984544-all.html, letzter Zugriff am 25.10.2020.

Inanspruchnahme von alternativen Heilmethoden nicht zur Linderung von Beschwerden oder gar zur Heilung, sondern zur Verschlechterung des Gesundheitszustands bis hin zum Tod führt. In solchen Fällen greift bereits das legitimierende Sprichwort nicht ein.

So wurde im August 2016 ein Fall eines alternativen Krebszentrums in Brüggen-Bracht am Niederrhein bekannt, bei dem drei krebskranke Personen kurz nach einer Behandlung mit einer alternativen Krebstherapie verstarben. Die Staatsanwaltschaft nahm daraufhin Ermittlungen wegen fahrlässiger Körperverletzung und fahrlässiger Tötung auf.[5]

Ebenso beschäftigte sich im Jahr 2006 das *AG Kelheim* mit dem Fall eines Heilpraktikers aus Bayern, der bei einer an Krebs erkrankten Patientin ungeachtet der eindeutigen ärztlichen Diagnose eine Brustentzündung auspendelte und sie mit homöopathischen Mitteln behandelte. Trotz mehrjähriger Behandlung und entsprechenden Behandlungskosten verstarb sie.[6] Der Heilpraktiker wurde wegen fahrlässiger Tötung zu einer Haftstrafe von zwei Jahren und drei Monaten verurteilt; außerdem wurde ein fünfjähriges Berufsverbot verhängt[7].

Die Popularität alternativer Heilmethoden und Behandlungsverfahren, die Heilung auf natürlichem und sanftem Wege versprechen und mit einem hohen zeitlichen Aufwand und persönlicher Betreuung durch den Behandelnden einhergehen, ist groß und steigt weiter an[8]. Das kann unter anderem als Kritik an der heutigen Schulmedizin zu verstehen sein. Sie steht bei vielen im Ruf, letztlich jedenfalls auch auf Profit ausgerichtet zu sein, der durch zügige Behandlungsabschlüsse erreicht werden soll. Dabei scheint die Geistheilung keinesfalls nur attraktiv zu sein, wenn die Schulmedizin an ihre Grenzen stößt. Menschen mit einem schulmedizinisch therapierbaren Leiden vertrauen ebenfalls immer

5 SpiegelOnline, Artikel vom 13.08.2016, Mehrere Tote nach Heilpraktikerbehandlung: Behörden ermitteln nach alternativer Krebstherapie wegen fahrlässiger Tötung, http://www.spiegel.de/gesundheit/diagnose/brueggen-ermittlungen-wegen-fahrlaessiger-toetung-gegen-heilpraktiker-a-1107521.html, letzter Zugriff am 25.10.2020.

6 Mittelbayerische Online, Artikel vom 21.07.2016, Ist Heilpraktiker schuld am Krebstod?, http://www.mittelbayerische.de/region/kelheim/gemeinden/kelheim/ist-heilpraktiker-schuld-am-krebstod-22796-art1407067.html, letzter Zugriff am 25.10.2020.

7 Fahrlässige Tötung: Bayerischer Rundfunk Online, Artikel vom 09.03.2018, Heilpraktiker muss ins Gefängnis, https://www.br.de/nachrichten/bayern/fahrlaessige-toetung-heilpraktiker-muss-ins-gefaengnis,QloNaop, letzter Zugriff am 25.10.2020.

8 *Binder/Wolf-Braun*, Geistheilung in Deutschland, in: Zeitschrift für Parapsychologie, 1995, 145 (146).

häufiger auf alternative Behandlungsverfahren und Heilmethoden sowie medizinische Laien, obwohl es keine verlässlichen Prognosen über Heilungschancen gibt und sie die Behandlungen zudem privat zahlen müssen. Neben der Gefahr für die Gesundheit der Bevölkerung und des Einzelnen ist daher vor allem im Hinblick auf das Vermögen eine kritische Sichtweise auf die Geistheilung angebracht: Einige Geistheiler lassen sich ihre Tätigkeiten drastisch bezahlen, unabhängig von einem Heilerfolg. Sie wollen von der psychischen Verzweiflungslage der Menschen profitieren, mit einem Leiden zu kämpfen zu haben oder gar dem Tod ins Auge zu blicken. Wucherische Geschäfte und materielle Schädigungen der Klienten sind die Folge[9].

Diese Problematik besteht und entwickelt sich seit jeher in Deutschland. Das ist insbesondere durch wissenschaftliche Arbeiten und journalistische Artikel in einschlägigen Fachzeitschriften zu erkennen. Bereits Anfang des 20. Jahrhunderts beschäftigten sich verschiedene Juristen mit der Frage der rechtlichen Zulässigkeit von Heilbehandlungen durch Nicht-Heilkundige[10]. Ebenso wurde im Verlauf des 20. Jahrhunderts in der Ärzteschaft über die Behandlung durch Nicht-Heilkundige und die damit einhergehenden Fragen der Sicherheit der Bevölkerung diskutiert[11].

Auch der Staat befasste sich bereits mit der Problematik. So setzte der Deutsche Bundestag durch einen im Mai 1996 gefassten Beschluss[12] die Enquete-Kommission „Sogenannte Sekten und Psychogruppen" ein. Sie untersuchte über einen Zeitraum von zwei Jahren die veränderte Auffassung der Gesellschaft zu neuen Formen der Lebens- und Sinngestaltung sowie die damit einhergehenden Verunsicherungen. Dies sollte insbesondere zur Klärung der Frage beitragen, ob und wo staatliches Handeln erforderlich sei und in welcher Form dem Rechnung getragen werden könnte[13]. Im Rahmen dieser Untersuchungen setzte sich die Kommission mit Geistheilern und den mit der Geistheilung einhergehenden Gefahren für die Gesellschaft auseinander[14]. Die Einsetzung der Enquete-Kommission zeigt nicht nur, dass Geistheilung bereits 1996 ein für die Gesellschaft relevantes Thema darstellte, sondern auch, dass sich der Staat bereits

9 Endbericht der Enquete Kommission, BT-Drs. 13/10950, S. 152.

10 Siehe nur die Dissertationen von *Ebermayer, Graack* und *Melies*.

11 Z.B. *Wagner*, „Ist die Patientensicherheit bei Behandlung durch nicht approbierte Heilkundige gewährleistet?", in: Deutsches Ärzteblatt 1986, 2938 (2938 f.).

12 BT-Drs. 13/4477.

13 Endbericht der Enquete-Kommission, BT-Drs. 13/10950, S. 4.

14 BT-Drs. 13/10950, beispielsweise S. 47 und 146.

zu diesem Zeitpunkt der Problematik und möglicher Gefahren der Geistheilung bewusst war. Ein aktives Handeln des Staats im Sinne der Schaffung eines (straf-)rechtlichen Schutzes als direkte Reaktion auf den Endbericht der Kommission oder zu einem späteren Zeitpunkt erfolgte jedoch nicht. Zwar wurde ein Gesetz über Verträge auf dem Gebiet der gewerblichen Lebensbewältigungshilfe[15] entworfen, das eben solche Verträge zivilrechtlich regeln sollte. Beschlossen wurde ein solches Gesetz letztendlich jedoch nicht. Die rechtliche und gesellschaftliche Anerkennung der Geistheilung wurde indes jedoch ebenfalls nicht gefördert.

Die aktuellen, bereits genannten Todesfälle infolge alternativer Krebstherapien in Bayern und Brüggen-Bracht haben die Diskussion um den Schutz bei Heilbehandlungen durch Nicht-Heilkundige wieder entfacht. Diese Dissertation greift das Thema vor dem Hintergrund einer wieder zunehmenden Aktualität auf. Sie legt die Entwicklung der Geistheilung in Deutschland in der Rechtsgeschichte dar, vergleicht die deutsche Rechtslage mit der in England und Österreich und leistet so einen Beitrag zur (medizin-)strafrechtlichen Beurteilung von Geistheilern.

Im Fokus der Dissertation steht eine Antwort auf die Frage, ob der im deutschen Recht bestehende Schutz vor Geistheilern nach dem StGB sowie nach den Nebenstrafgesetzen als ausreichend bewertet werden kann. Sofern dies zu verneinen ist, wird untersucht, welche Maßnahmen notwendig sind, um das erforderliche Maß an Schutz für die Bevölkerung zu erreichen. Dabei wird vor allem analysiert, wie möglicherweise notwendige weitergehende Strafbarkeitsnormen aussehen könnten, wobei die österreichische Rechtslage betrachtet wird. Ebenso wird anhand eines Blicks auf die rechtliche Situation der Geistheilung in England untersucht, ob die Integration alternativer Heilmethoden wie der Geistheilung in das deutsche Gesundheitssystem erfolgsversprechender ist.

II. Gang der Untersuchung

Gegenstand dieser Dissertation ist die Beurteilung der Tätigkeit eines Geistheilers aus (medizin-)strafrechtlicher Sicht.

Angesichts der Tatsache, dass die Problematik gleichermaßen in anderen Staaten auftritt, dort aber zum Teil unterschiedlich behandelt wird, empfiehlt sich ein ausgewählter Vergleich der Behandlung der Problematik im Rechtssinne. Dieser wird zunächst die Unterschiede und Gemeinsamkeiten der jeweiligen Rechtsordnungen unter Berücksichtigung der sozialen und kulturellen Hintergründe

---

15 BT-Drs. 13/9717.

aufzeigen. Es wird untersucht, wie das Recht der ausgewählten Staaten vor den Gefahren der Heilbehandlung durch Nicht-Heilkundige schützt. Aus den Erfahrungen der jeweiligen Staaten wird so eine Antwort auf die Frage gesucht, ob das deutsche Recht hinreichend vor den durch Geistheilungen und Geistheilern ausgehenden Gefahren schützt oder ob diesbezüglich Handlungsbedarf besteht. Sofern ein Handlungsbedarf erkannt wird, wird diskutiert, auf welchem Wege ein besserer Schutz erreicht werden kann und sollte.

Zur Beurteilung der Strafbarkeit von Geistheilern ist es erforderlich, in einem ersten Teil den Begriff der Geistheilung näher zu erläutern und zu konkretisieren, um so eine einheitliche Ausgangslage zu schaffen. Zunächst wird das deutsche Begriffsverständnis, sodann das österreichische und schließlich das englische Begriffsverständnis untersucht. Im Anschluss erfolgt eine Einordnung der Geistheilung in die Rechtssysteme der jeweiligen Länder, wobei die Betrachtung des geschichtlichen Hintergrunds der Ausübung der Heilkunde im Hinblick auf die rechtliche Situation von Geistheilern unerlässlich ist.

In einem zweiten Teil erfolgt eine rechtsdogmatische Analyse der Regelung des Sachproblems im jeweiligen nationalen Recht. Hierbei wird nicht nur auf das Kernstrafrecht eingegangen, sondern auch das Nebenstrafrecht berücksichtigt.

Schließlich folgt in einem dritten Teil der vergleichende Teil der Untersuchung mit einer rechtspolitischen Diskussion zu einem möglichen Erfordernis einer Anpassung des deutschen Rechts de lege ferenda, gegebenenfalls nach Vorbild eines der ausgewählten Staaten. Hierbei werden Argumente für und wider die Einführung eines solchen Straftatbestands beziehungsweise der Integration in das Gesundheitssystem abgewogen und es wird ein Fazit gezogen.

Abschließend werden die gewonnen Erkenntnisse zusammengefasst.

B. Terminologie und rechtliche Einordnung

Bevor die rechtliche Situation von Geistheilern in Deutschland bis hin zur heutigen Zeit untersucht und gegebenenfalls eine Verbesserung der Gesetzeslage de lege lata vorgeschlagen werden kann, muss zunächst bestimmt werden, was unter dem Begriff der Geistheilung zu verstehen ist und welcher Form der Ausübung der Heilkunde die Geistheilung zuzurechnen ist. Sodann muss die Geistheilung in das deutsche Rechtssystem eingeordnet werden.

I. Begriff der Geistheilung

1. *Deutsches Begriffsverständnis*

Der Begriff der Geistheilung wurde bisher weder amtlich noch im Rechtssinne klar definiert. Zwar wurden bereits zahlreiche Definitionsversuche im Hinblick auf die Geistheilung unternommen, diese brachten bisher jedoch keine hinreichende Klärung. Nach wie vor ist ungewiss, was Geistheilung bedeutet und beinhaltet.

a) *Problematik der Konturierung des Begriffs*

Bei dem Versuch, den Begriff der Geistheilung nach dem deutschen Begriffsverständnis zu definieren, treten mehrere Probleme auf.

Zum einen werden bei der Geistheilung Heilmethoden angewendet, deren Wirkung nicht erklärbar sind. Zum anderen ist die Heiler-Szene äußerst heterogen. Die Geistheilung beinhaltet unterschiedlichste Methoden; ein gemeinsamer Nenner dieser Methoden ist nicht zu erkennen und zu fassen. Mit dem auf dem Markt herrschenden Überangebot geht auch eine Unübersichtlichkeit einher. Deutlich wird lediglich, dass der Begriff der Geistheilung viele verschiedene alternative Methoden und Verfahren unterschiedlicher Herkunft umfasst.

Aus diesen Gründen ist es unbedingt erforderlich, den Begriff der Geistheilung zunächst präzise zu definieren, um eine eindeutige Ausgangslage zu schaffen.

b) *Definitions- und Strukturierungsversuche*

Bei dem Versuch, eine Definition für den Begriff der Geistheilung zu entwickeln, wird deutlich, dass bereits verschiedene Definitionsversuche getätigt wurden.

Nach diesen bedeutet Geistheilung die

> *„(ohne Anwendung ärztlicher Instrumente oder Verabreichung von Medikamenten erfolgende) Heilung durch Handauflegen, Gebete oder magische Praktiken und [suggestive Beeinflussung]“*[16],

oder aber eine

> *„Vielzahl esoterischer, religiöser und spiritueller Verfahren zur Behandlung von Erkrankungen und Störungen, deren Wirksamkeit wissenschaftlich nicht nachgewiesen ist“*[17],

---

16 Duden Online (2015), Stichwort Geistheilung, http://www.duden.de/rechtschreibung/Geistheilung, letzter Zugriff am 25.10.2020, eckige Klammern im Original vorhanden.

17 *Pschyremble*, Klinisches Wörterbuch der Medizin, Stichwort Geistheilung, https://www.pschyrembel.de/Geistheilung/P0339/doc/, letzter Zugriff am 25.10.2020.

oder auch

> *„Vorgänge und Interaktionen zwischen einem Geistigen Heiler und einem Heilungssuchenden, bei denen eine unterschiedlich definierte geistige Einwirkung (Kraft) die Veränderung einer Störung/Krankheit hervorrufen soll.“*[18]

Auch die deutsche Rechtsprechung hat bereits versucht, den Begriff der Geistheilung zu definieren. Demnach ist Geistheilung ein

> *„Oberbegriff für eine Vielzahl höchst unterschiedlicher alternativmedizinischer, esoterischer, religiöser oder magischer Behandlungsmethoden. Die Palette reicht von verschiedensten Methoden des Handauflegens über Gebete und Rituale bis hin zur Unterstützung durch Klänge, Steine oder andere Dinge. Sie reicht von der christlichen Krankensalbung bis hin zum Schamanismus“*[19].

Diese Definitionen weisen jedoch Ungenauigkeiten auf, die insbesondere auf ihre allgemeinen Formulierungen und die damit verbundene weite Anwendbarkeit zurückzuführen sind. So wird nicht spezifiziert, wie die suggestive Beeinflussung konkret geschieht. Ebenso wenig wird erläutert, welche Verfahren, Vorgänge und Interaktionen bei der Geistheilung zur Anwendung kommen, wie die geistige Einwirkung definiert ist und was sie bedeutet. Ein klareres Begriffsbild wird daher durch die Definitionsversuche nicht erreicht.

Rein vom Wortlaut im Sinne des Wortstamms ausgehend kann die Bedeutung des Begriffs der geistigen Einwirkung oder Geistheilung zunächst nicht abschließend geklärt werden. Eine geistige Einwirkung kann sowohl eine Einwirkung auf den Geist eines Menschen als auch eine Einwirkung durch Geisteskräfte bedeuten. Ebenso kann eine Geistheilung einerseits als eine Heilung durch den eigenen Geist im Sinne der eigenen Psyche oder Seele, andererseits aber auch als eine Heilung durch Geisteskräfte zu verstehen sein. Geistheilung kann insofern Heilung nur mit Hilfe des Geists, oder aber Heilung „mit Hilfe externer, metaphysischer Wesen und Kräfte“[20] bedeuten.

Soweit erkennbar, besteht Einigkeit im Hinblick darauf, dass Geistheilung ein Oberbegriff für eine Vielzahl sehr unterschiedlicher Behandlungsverfahren ist, bei denen der Aspekt des Glaubens, nicht nur in einem klassisch-religiösen, sondern vielmehr auch in einem weltanschaulichen, übernatürlichen Sinne von besonderer Bedeutung ist. Eine Verbindung zwischen den vielen therapeutischen

---

18 *Binder/Wolf-Braun*, Geistheilung in Deutschland, in: Zeitschrift für Parapsychologie, 1995, S. 145 (147).

19 *OVG NRW*, Urteil vom 05.10.2011, Az. 14 A 591/10, Rn. 50, zitiert nach juris.

20 *Obrecht*, Die Welt der Geistheiler, S. 11.

Verfahren herzustellen ist schwierig. Nach *Wiesendanger*[21] kann daher nur eine Gemeinsamkeit gefunden werden: Um Leiden zu lindern oder zu beseitigen, sei es ausreichend, allein die Absicht zu haben, zu heilen, wobei keine therapeutischen Mittel angewandt würden, die nach gegenwärtigen medizinischen Kenntnisstand wirksam sein könnten. Nach ärztlicher Prognose sei eine Linderung oder gar Heilung nicht möglich oder nur höchst unwahrscheinlich. Die heilende Kraft scheine allein der Geist zu sein. Ein geistiger, psychischer oder seelischer Einfluss sei für die Heilung folglich wesentlich.

Der Dachverband Geistiges Heilen e.V. führt als weitere wesentliche Merkmale der Geistheilung die Aktivierung der Selbstheilungskräfte sowie die Förderung der Heilung im ganzheitlichen Sinne auf. Geistiges Heilen basiert demnach auf einem ganzheitlichen Welt- und Menschenbild und schließt damit neben der physischen und psychischen die seelische und spirituelle Ebene ein. Beim Geistigen Heilen stellen die Welt und das einzelne Wesen ein beseeltes, komplexes, natürliches, energetisches System dar, das von einer universellen Schöpferkraft beziehungsweise einem universellen Bewusstsein beeinflusst wird. Entscheidend ist vor allem, dass Erkrankungen nicht als singuläre Fehlfunktion, sondern als Störungen in einem komplexen, vom Bewusstsein gesteuerten Regulationssystem verstanden werden. Die Geistheilung hat daher zum Ziel, Störungen dieses Regulationssystems auf allen genannten Ebenen durch geistige oder spirituelle Methoden in Balance zu bringen und zu korrigieren. Dadurch sollen Lebens- beziehungsweise Bioenergie sowie Selbstheilungskräfte aktiviert und gestärkt werden. Dadurch werden die Genesung und Heilung in einem ganzheitlichen Sinne unterstützt, das heißt im Sinne einer Behandlung des komplexen Systems Mensch, das gleichermaßen eine körperliche und geistige Ebene und eine seelische und spirituelle Ebene einschließt. Ein Geistheiler behandelt im Wesentlichen folglich nicht die Krankheit, sondern den Kranken im Gesamten.[22]

Im Übrigen zeigt sich die Heterogenität der Geistheilung auch bei der Berufsbezeichnung des Geistheilers. Für die Berufsbezeichnung des Geistheilers werden mehrere Bezeichnungen alternativ und synonym verwendet: Heiler, energetischer Heiler oder spiritueller Heiler sind nur weitere, keinesfalls abschließend verwendete Bezeichnungen für Geistheiler. So ist ein weit verbreitetes Synonym für den Begriff des Geistheilers der des Wunderheilers, wenn gleich dieser Ausdruck bei einigen Geistheilern nicht auf Akzeptanz stößt.

---

21 *Wiesendanger,* Das große Buch vom Geistigen Heilen, S. 13.

22 http://www.dgh-ev.de/was-ist-geistiges-heilen.html, letzter Zugriff am 25.10.2020.

Beispielsweise verpflichtet der Dachverband Geistiges Heilen e.V., ein Zusammenschluss von Heilern, Heilerverbänden, Ärzten, Heilpraktikern und engagierten Laien, seine praktizierenden Mitglieder in seinem Verhaltenskodex explizit dazu, sich nicht als Wunderheiler zu präsentieren. Denn so werde der Eindruck von sogenannten Spontanheilungen, von unmittelbarer vollständiger Genesung für jedermann, geweckt und die Hoffnung darauf genährt.[23]

Um der Heterogenität der Berufsbezeichnung und des Berufsbilds des Geistheilers entgegen zu wirken, versucht *Wiesendanger*[24], das Berufsbild zu strukturieren und unterscheidet drei Typen von Heilern: den traditionellen Heiler, den esoterischen Heiler und den medizinischen Heiler. Der traditionelle Heiler, der bis zu den siebziger Jahren vorherrschend gewesen sei, sei christlich geprägt und ziehe seine Kraft aus Gott. Er spüre intuitiv, welches Handeln erforderlich ist, beispielsweise wo er die Hände auflegen muss. Seine bevorzugten Behandlungsmethoden seien die alten, sanften Behandlungsmethoden wie das Handauflegen oder das Besprechen. Daneben greife er auf die Naturheilkunde zurück. Der esoterische Heiler hingegen habe sich aus der New Age-Bewegung heraus entwickelt. Anders als der traditionelle Heiler, der die Fähigkeit zum Heilen schlichtweg von Gott gegeben besitze, erlerne der esoterische Heiler seine Fähigkeiten. Er beschäftige sich mit Schwingungen und Energieströmen; seine bevorzugten Heilmethoden stammen aus dem ostasiatischen Raum; außerdem arbeite er mit Meditation. Häufig werden Hilfsmittel wie Edelsteine und Kristalle, Essenzen und Düfte eingesetzt. Der medizinische Heiler schließlich verfüge über einen zumindest gewissen Grad an medizinischen Fähigkeiten und Kenntnissen, die er sich selbst angeeignet habe. Mitunter verfüge er gar über eine Erlaubnis nach dem HeilPraktG oder über eine ärztliche Approbation. Er sei Vertreter der ganzheitlichen Medizin und stehe daher sowohl der Komplementär- und Alternativmedizin als auch der Geistheilung positiv gegenüber, wobei letzterer in seinem ganzheitlichen Therapiekonzept aber nur eine untergeordnete Rolle zukomme.

c) Abgrenzung zu verwandten Heilmethoden

Ein weiteres Problem besteht in der Abgrenzung der Geistheilung von der Naturheilkunde sowie von der Energie- und Schwingungsmedizin.

---

23 Punkt I.4 des Verhaltenskodexes des Dachverbands Geistiges Heilen e.V. für praktizierende Mitglieder, https://www.dgh-ev.de/ueber-den-dgh-ev/regelwerke/ethik-kodex.html, letzter Zugriff am 25.10.2020.

24 *Wiesendanger*, Das große Buch vom geistigen Heilen, S. 19 ff.

Insbesondere die Abgrenzung der Geistheilung zur Naturheilkunde ist aufgrund der verschiedenen Heilmethoden der Geistheilung, die mitunter die Verwendung von Kräutern und natürlichen Heilstoffen umfassen, schwierig.

Bei Naturheilverfahren steht die Anregung der selbstregulativen Kräfte des Organismus im Fokus, um so Krankheiten vorzubeugen, zu heilen oder zu lindern[25]. Die „individuellen körpereigenen Ordnungs- und Heilkräfte"[26] sollen durch die „Anwendung nebenwirkungsarmer oder -freier Mittel natürlichen Ursprungs"[27] angesprochen werden. Bei der Naturheilkunde sollen folglich jegliche therapeutischen Maßnahmen frei von technologischen Hilfsmitteln und chemisch hergestellten Medikamenten sein. Die körpereigenen Fähigkeiten zur Selbstheilung sollen stattdessen lediglich unter Zuhilfenahme der in der Natur vorkommenden Mittel oder Reize aktiviert werden. Krankheiten werden somit ausschließlich mit natürlichen Mitteln behandelt.

Die Naturheilkunde weist damit einige Parallelen zu verschiedenen Heilmethoden des geistigen Heilens auf. So arbeitet die Geistheilung ebenfalls auf die Aktivierung körpereigener Fähigkeiten hin. Viele geistige Heilmethoden verzichten gänzlich auf technologische Hilfsmittel und chemisch hergestellte Medikamente. Jedoch wird die Heilung in der Naturheilkunde durch die Zuhilfenahme von natürlichen Mitteln bestimmt, während bei der Geistheilung die Aktivierung der Selbstheilungskräfte und die Zuhilfenahme übernatürlicher, unbegreiflicher Kräfte des Heilers oder einer dritten Quelle im Vordergrund stehen.

Die Energie- und Schwingungsmedizin verfolgt wie die Geistheilung einen ganzheitlichen Heilungsansatz. Auch bei ihr wird die gesamte Persönlichkeit des Klienten mit seinen physischen und psychischen Ebenen berücksichtigt; ebenso wird sein Persönlichkeitsumfeld einbezogen. Bei der Untersuchung und Behandlung kommen aber beispielsweise Energiewellen oder -felder zum Einsatz. Kennzeichnend für die Energie- und Schwingungsmedizin ist folglich, dass mit feinstofflichen Energien und Schwingungen gearbeitet wird. Ziel der Energie- und Schwingungsmedizin ist die Normalisierung gestörter und blockierter Schwingungsfelder. Dies soll durch die Regenerierung beziehungsweise

---

25 *Schmiedel/Augustin*, in: Schmiedel/Augustin, Leitfaden Naturheilkunde, S. 2.

26 (Muster-)Weiterbildungsordnung der Bundesärztekammer in der Fassung vom 16.11.2018, S. 374, abrufbar unter https://www.bundesaerztekammer.de/fileadmin/user_upload/downloads/pdf-Ordner/Weiterbildung/20190920_MWBO-2018.pdf, letzter Zugriff am 25.10.2020.

27 *Ebd.*

Optimierung der Selbstheilungskräfte des Klienten geschehen. Die Energie- und Schwingungsmedizin weist ebenfalls eine hohe Heterogenität der Heilmethoden auf, wobei aufgrund der Übereinstimmung mit der Geistheilung insbesondere die Heilverfahren der Heilströme, Feng Shui-Maßnahmen, Gebete sowie das Handauflegen zu nennen sind.[28]

Aufgrund der aufgezeigten Parallelen und Gemeinsamkeiten muss der Übergang von der Geistheilung zur Naturheilkunde beziehungsweise zur Energie- und Schwingungsmedizin als teilweise fließend bezeichnet werden.[29]

d) Ausgewählte Behandlungsmethoden[30]

Behandlungsmethoden der Geistheilung sind beispielsweise Besprechen (Heilgebete), Geistchirurgie, Handauflegen, Naturheilen beziehungsweise Heilen mit Naturenergie, Reiki, Schamanismus und Therapeutic Touch. Sie werden sowohl direkt am Klienten (sogenanntes Kontaktheilen) als auch aus der Ferne (sogenanntes Fernheilen) eingesetzt. Die genannten Behandlungsmethoden stellen nur eine Auswahl dar, die einen Einblick in die Vielfältigkeit der Geistheilung bietet.

Beim Besprechen wird die heilbedürftige Stelle leicht berührt, wobei durch den Geistheiler Gebete in Form von Sprüchen oder Formeln gesprochen werden. Der Klient muss sich lediglich für die geistige Heilmethode des Besprechens öffnen. Fernbesprechungen sind möglich, sodass die Leistung eines Geistheilers auch in Anspruch genommen werden kann, wenn der Geistheiler nicht persönlich aufgesucht werden kann.

Bei der Geistchirurgie muss zwischen zwei Arten unterschieden werden: zum einen eine blutige Operation, zum anderen aber eine lediglich geistige und damit unblutige Operation. Bei der blutigen Geistchirurgie wird die Operation mit den bloßen Händen und einfachen Werkzeugen ohne Sterilisation durchgeführt. Der Geistheiler greift als Operateur mit seinen bloßen Händen ins Körperinnere und entfernt so Gewebestücke und Fremdkörper, wodurch es zu Blutungen kommt.

---

28 Vereinigung zur Förderung der Schwingungsmedizin e.V., http://www.vereinigung-schwingungsmedizin.de/schwingungsmedizin/, letzter Zugriff am 25.10.2020; Deutsche Akademie für Energiemedizin und Bioenergetik e.V., http://www.daembe.de/hintergrund/fragen-zur-energiemedizin.html, letzter Zugriff am 25.10.2020.

29 So auch der Dachverband Geistiges Heilen e.V., https://www.dgh-ev.de/was-ist-geistiges-heilen.html, letzter Zugriff am 25.10.2020; *Oschmann*, Energiemedizin, S. 1, 61, der beispielsweise Therapeutic Touch und Reiki als energetische Therapieformen bezeichnet.

30 https://www.dgh-ev.de/heilweisen.html, letzter Zugriff am 25.10.2020.

Bei der rein geistigen, unblutigen Operation wird die Operation nur mittels Gedankenkraft durchgeführt.

Beim Handauflegen handelt es sich um eine der ältesten und ursprünglichsten Heilmethoden. Dabei legt der Geistheiler seine Hände auf den Körper des Klienten oder innerhalb seiner Aura auf und überträgt so Energie auf ihn. Diese Energie kann entweder vom Geistheiler selbst stammen, oder der Geistheiler leitet aus einer dritten Quelle stammende Energie auf den Klienten weiter. Teilweise werden beim Handauflegen gezielt Störfelder im Körper gesucht, die dann durch den Geistheiler behoben werden sollen.

Dem Naturheilen, das von der Naturheilkunde zu unterscheiden ist, liegen die Naturgesetze zugrunde. Vertreter des Naturheilens teilen die Auffassung, dass das menschliche „Nervensystem seine Informationen mittels elektromagnetischer Schwingungen [weitergibt und] Geist und Seele […] Informationsträger und Informationsspeicher [sind]“[31]. Der Mensch kann durch unterschiedliche Informationen und Schwingungen seiner Umwelt oder aber durch eigene gespeicherte Informationen, aus dem Gleichgewicht gebracht werden. Naturheiler spüren daher bestehende Energiedefizite und Energieblockaden auf. Mittels Schwingungen und Informationen der Natur und unter Zuhilfenahme vom Handauflegen werden dann die Selbstheilungskräfte des Hilfesuchenden gefestigt und angeregt. Die Schwingungen und Informationen können aus Blüten, Pflanzen, Bäumen, Samen und Steinen gewonnen werden, aber auch aus Bildern, Musik, Gebeten oder Meditationen. Ziel ist es, dass anschließend die Energie wieder im richtigen Rhythmus und im Einklang mit der Natur fließen kann.

Auch beim Reiki, das als Unterart des Handauflegens bezeichnet werden kann, findet eine Übertragung universeller Lebensenergie durch Handauflegen statt, wodurch Heilungsprozesse unterstützt und Körper und Geist belebt werden sollen. Das soll dazu führen, dass ein inneres Gleichgewicht hergestellt und das Urvertrauen gestärkt wird. Die Funktionsweise des Reikis beruht auf der Schwingungsänderung. Die Schwingungen im menschlichen Körper, die durch Krankheit, Stress oder Disharmonie durcheinandergeraten sind, werden durch Einwirken der allgemeinen Lebensenergie auf den aus der Balance geworfenen Organismus des Menschen in einen Zustand der Harmonie zurückgesetzt.

Der Schamanismus ist eine uralte Tradition der Naturvölker und geht davon aus, dass die Organismen der Erde (Menschen, Tiere, Pflanzen und Mineralien) zusammenhängen und in wechselseitiger Beziehung stehen. Bei einer schamanischen Behandlung begibt sich der Schamane mit Hilfe von Techniken

---

31 https://www.dgh-ev.de/heilweisen.html, letzter Zugriff am 25.10.2020.

wie Trommeln, Tanzen, und Singen oder durch spezielle Atem- und Räuchertechniken in einen Zustand der Trance. In dieser Trance wird er zum Kanal für übernatürliche Kräfte. Diese Kräfte wirken durch ihn und führen dazu, dass der Schamane heilen kann. Die schamanische Behandlung soll dazu führen, dass sich der Klient wieder mit seinen Wurzeln, das heißt der Erde und dem Geist, verbindet. Dadurch soll er zu sich selbst finden können.

Beim Therapeutic Touch, handelt es sich um eine moderne geistige Heilmethode. Sie wurde Anfang der 1970er Jahre entwickelt und ist eine weitere Unterart des Handauflegens. Therapeutic Touch liegt die Auffassung zugrunde, dass der Mensch ein komplexes Energiefeld ist. Die Möglichkeit, eine Heilung in anderen Menschen zu fördern, soll zu den natürlichen Fähigkeiten des Menschen zählen. Ziel der Behandlungsmethode Therapeutic Touch ist es, die energetische Balance im Menschen wiederherzustellen und den freien Energiefluss zu fördern.

Bereits durch die hier vorgestellten Behandlungsmethoden der Geistheilung wird die Heterogenität der Geistheilung deutlich. Sie stellen jedoch nur eine beschränkte Auswahl geistiger Heilmethoden dar.

e) Zuordnung der Geistheilung zu den Formen der Medizin

Für eine (medizin-)strafrechtliche Beurteilung der Geistheiler ist es erforderlich, die Geistheilung in die anerkannten Arten der Medizin einzuordnen. Dafür ist zunächst zu untersuchen, welche Formen der Medizin bekannt sind und was diese umfassen.

Im Wesentlichen wird zwischen der Schulmedizin und der Alternativ- oder Komplementärmedizin unterschieden. Auch bezüglich der Begriffe der Schulmedizin sowie der Alternativ- und Komplementärmedizin gibt es diverse Definitionsversuche. Eine allein gültige Definition kann daher für diese Begriffe nicht gefunden werden. Nach dem allgemeinen Verständnis umfasst die Schulmedizin jedoch die Heilkunde, die in der medizinischen Wissenschaft anerkannt ist und an Universitäten und medizinischen Hochschulen der hoch entwickelten westlichen Länder erforscht, gelehrt und verwendet wird.[32] Unter der Alternativ- oder Komplementärmedizin ist hingegen eine Sammelbezeichnung

---

32 Zum Begriff der Schulmedizin aus juristischer Sicht: *RG*, Urteil vom 01.12.1931, Az. I 707/31, in: RGSt 67, 12 (16 f.); *BGH*, Urteil vom 23.06.1993, Az. IV ZR 135/92, in: NJW 1993, 2369 (2370); *Schwalm*, Zum Begriff und Beweis des ärztlichen Kunstfehlers, in: FS Bockelmann, 539 (546); *Siebert*, Strafrechtliche Grenzen ärztlicher Therapiefreiheit, S. 37; *Tamm*, Außenseitermethoden, S. 34; *Zuck*, Der Standort der besonderen Therapierichtungen, in: NJW 1991, 2933 (2934).

für unterschiedliche Behandlungsmethoden und diagnostische Konzepte zu verstehen, die zwar im Allgemeinen bekannt sind, aber noch nicht wissenschaftlich evaluiert wurden oder bei denen eine wissenschaftliche Untersuchung keine eindeutigen Resultate erbrachte. Zuverlässigkeit und Wirksamkeit können daher nicht mit der für anerkannte Mittel und Methoden erforderlichen Sicherheit abgeschätzt werden, sodass sie sich nicht in die konventionelle, wissenschaftliche Medizin einordnen lassen. Sie werden daher von den Vertretern wissenschaftlich anerkannter Medizin nicht hinreichend akzeptiert.[33]

Bei der Geistheilung handelt es sich um eine Form der Heilbehandlung, die wissenschaftlich nicht fundiert ist. Bisher existieren keine evidenzbasierten Studien, die beweisen, dass und wie die Geistheilung wirkt. Daher kann die Geistheilung keinesfalls der Schulmedizin zugeordnet werden.

Eine Zuordnung zum Bereich der Alternativmedizin ist aber ebenfalls problematisch. Zwar ist die Geistheilung eher in den Bereich der Alternativmedizin als in den Bereich der Schulmedizin einzuordnen. So gibt es beispielsweise Bereiche der Geistheilung, in denen die Naturheilkunde eingesetzt wird, die eine klassische Form der Alternativmedizin darstellt. Dennoch ist die Geistheilung eine Heilmethode, die ohne Diagnose und ohne Anwendung medizinischen Fachwissens, sondern schlicht durch Aktivierung von Selbstheilungskräften vorgenommen wird. Damit ähnelt die Geistheilung eher einem religiösen Ritus als einer alternativmedizinischen Heilungsmethode[34]. Unter den Begriff der Alternativmedizin fallen aber – wie bereits dargelegt – nur solche diagnostischen und therapeutischen Methoden, die zwar nicht wissenschaftlich belegt sind und daher nicht als Teil der Schulmedizin angesehen werden können, die aber dennoch medizinisches Wissen erfordern und typischerweise von Ärzten oder Heilpraktikern ausgeübt werden.

Die Geistheilung ist daher keinesfalls der Schulmedizin, im Grunde aber auch nicht der Alternativmedizin zuzuordnen[35]. Sie ist vielmehr als eine eigene Form der alternativen Heilbehandlung anzusehen.

---

33 *Ehlers*, Medizin in den Händen von Heilpraktiker, S. 57 f.; WHO, Traditional, complementary and integrative medicine, Definitions, abrufbar unter http://www.who.int/traditional-complementary-integrative-medicine/about/en/, letzter Zugriff am 25.10.2020; *Willich/Girke/Hoppe/Kiene/Klitzsch/*Matthiessen/*Meister/Ollenschläger/Günter*, Schulmedizin und Komplementärmedizin - Verständnis und Zusammenarbeit müssen vertieft werden, in: Deutsches Ärzteblatt 2004, 1314 (1317).

34 *BVerfG*, Beschluss vom 02.03.2004, Az. 1 BvR 784/03, in: NJW-RR 2004, 705 (705).

35 So auch das *BVerfG*, das die Geistheilung als „einen dritten Weg" bezeichnete: *BVerfG*, Beschluss vom 02.03.2004, Az. 1 BvR 784/03, in: NJW-RR 2004, 705 (705).

f) *Bedeutung der Geistheilung in der heutigen Zeit*

Der Zuspruch zu Methoden abseits der Schulmedizin ist enorm: Laut einer Studie des internationalen, von der EU Kommission finanziell geförderten und von 2010 bis 2012 durchgeführten Projekts zur Alternativmedizin vertraut etwa jeder zweite EU-Bürger auf Methoden der Komplementär- beziehungsweise Alternativmedizin[36]. Auch die Geistheilung im Speziellen ist durchaus beliebt: Jeder vierte Deutsche glaubt an die übernatürlichen Kräfte von Geistheilern[37]. Mitunter ist die Bildung von religiösen Gruppierungen zu beobachten, deren Mitglieder den jeweiligen Heiler als überirdischen oder göttlichen Erlöser ihrer Leiden ansehen. Oft werden weitreichende Heilversprechen von den Heilern abgegeben. Das schürt die Hoffnung auf Heilung durch übernatürliche Fähigkeiten und Kräfte. Schwerkranke ebenso wie nicht von derart bedrohlichen Leiden betroffene Personen wählen immer häufiger alternativmedizinische Behandlungsmethoden oder alternative Heilmethoden wie die Geistheilung. Damit wächst die Relevanz der rechtlichen Beurteilung solcher Heilmethoden. Es ist daher nicht verwunderlich, dass die Geistheilung nicht nur auf eine lange Geschichte und rechtliche Relevanz in Deutschland und in anderen Ländern zurückblicken kann, sondern seit Jahrzehnten auch fortwährend deutsche Gerichte beschäftigt.

g) *Zusammenfassung und Begriffsklärung*

Die Geistheilung stellt einen über die anerkannten alternativmedizinischen Methoden hinausgehenden alternativen Ansatz zur Behandlung Kranker dar. Dieser wird immer häufiger genutzt, sodass seine Bedeutung nicht nur im (medizin-)strafrechtlichen Sinne erheblich ist.

Indes muss die Geistheilung nicht stets vorwiegend auf Profit ausgerichtet sein und der Geistheiler muss nicht stets Gefahren für seine Klienten in Kauf nehmen. Einige Geistheiler sind von dem Erfordernis einer medizinischen Behandlung überzeugt und sehen die Geistheilung lediglich als zur medizinischen Behandlung hinzutretendes, helfendes Element an. Dennoch wird durch die eingangs genannten Fälle deutlich, dass es auch Geistheiler gibt, die von medizinischen Behandlungen abraten, bewusst Heilkräfte oder Wirkkräfte eines vermeintlichen Heilmittels vortäuschen und sich ihre Tätigkeit teuer vergüten lassen. In beiden Fällen jedoch, unabhängig von der Intention der Geistheiler, kann die

---

36 http://www.carstens-stiftung.de/artikel/cambrella.html, letzter Zugriff am 25.10.2020.

37 ARD-Reportage #Beckmann, „Ich mach Dich gesund - Scharlatane und falsche Heiler", Ausstrahlung vom 04.04.2015, 09:15 - 10:00 Uhr, und vom 12.06.2017, 01:15 - 02:00 Uhr.

Heilbehandlung durch Nicht-Heilkundige wie Geistheiler eine Gefährdung der Volksgesundheit bedeuten. Das Strafrecht hat die Aufgabe, diese Gefahren zu kontrollieren und einzudämmen. Ob dies de lege lata bereits gewährleistet ist, wird sich im Folgenden zeigen.

Zusammenfassend sind mit Geistheiler im Sinne der vorliegenden Untersuchung solche Heilbehandler gemeint, die – gegebenenfalls ohne über eine ärztliche Approbation oder eine Erlaubnis nach dem HeilPraktG zu verfügen und damit als Nicht-Heilkundige – Heilbehandlungen durchführen, die weder den wissenschaftlich bewiesenen Heilmethoden der Schulmedizin noch den klassischen Heilmethoden der Alternativmedizin zuzuordnen sind, sondern vielmehr auf der Wirkung von eigenen übernatürlichen Kräften, einer dritten Kraft oder den Selbstheilungskräften des Klienten beruhen.

2. *Österreichisches Begriffsverständnis*

Das österreichische Begriffsverständnis weist hinsichtlich der Geistheilung sowie den Formen der Medizin in vielen Zügen Ähnlichkeiten mit dem deutschen Begriffsverständnis auf.

Als Geist- oder Wunderheiler werden in Österreich

> *„Personen [bezeichnet], die unter Berufung auf ein metaphysisches Geistwesen mittels Handauflegen, Beten, Besprechen, Fern- oder Gruppenbehandlung, medial, schamanistisch, exorzistisch oder radionisch heilen.“*[38]

Dieses Begriffsverständnis zeigt aufgrund seiner vielfältigen Aufzählungen der Behandlungsmethoden und -verfahren der Geistheiler, dass in Österreich das Berufsbild der Geistheiler wie in Deutschland aufgrund der hohen Heterogenität schwer abgrenzbar ist. Gleichzeitig wird die weitgehende Übereinstimmung mit dem deutschen Begriffsverständnis der Geistheilung deutlich.

Auch hinsichtlich des österreichischen Verständnisses ist zu untersuchen, wie die einzelnen Bereiche der Medizin voneinander abzugrenzen und zu verstehen sind und in welchen Bereich die Geistheilung einzuordnen ist.

Hinsichtlich des Begriffs der Schulmedizin sind das österreichische und das deutsche Begriffsverständnis im Grunde kongruent. Dies ist damit zu erklären, dass nur die neuhochdeutsche Sprache den Begriff der Schulmedizin kennt.[39] Als Schulmedizin wird in Österreich wie in Deutschland die Medizin bezeichnet, die führende Wissenschaftler, Lehrende und Praktizierende in Wissenschaft

38 *Schwartz*, Von Exorzisten und Heilpraktikern, in: RdM 1999, 13 (13).
39 *Stellamor/Steiner*, Handbuch des österreichischen Arztrechts Band II, S. 105.

und Praxis gutheißen und deren Untersuchungs- und Behandlungsmethoden und -verfahren in Bezug auf Qualität, Wirksamkeit und Zuverlässigkeit wissenschaftlich anerkannt sind[40]. Das österreichische Recht schreibt dabei in § 49 Absatz 1 öÄrzteG den Vorrang der Schulmedizin vor. Demnach sind Ärzte verpflichtet, nach Maßgabe der ärztlichen Wissenschaft und Erfahrung zu handeln.

Im Gegensatz zum Begriff der Schulmedizin bereitet die Definition des Begriffs der Alternativmedizin seit jeher in Österreich terminologische Schwierigkeiten. So stellte bereits *Heilegger*[41] fest, dass eine allgemein-verbindliche Definition nicht entwickelt sei, was wohl daraus resultiere, dass eine Vielzahl unterschiedlichster Methoden mit unterschiedlichsten Ansätzen dazu zähle. Definiere man Alternativmedizin als alle Behandlungsmethoden, die eben alternativ zur Schulmedizin bestehen, sei davon auch die Geistheilung erfasst. *Thaler/Plank*[42] übernehmen im Wesentlichen das deutsche Verständnis. Eine klare Terminologie der Alternativmedizin existiert im österreichischen Sprachgebrauch folglich nicht. Zudem wird der Begriff der Alternativmedizin nicht einheitlich verwendet; vielmehr werden verschiedene Synonyme genutzt.[43]

Im Wesentlichen ist das Begriffsverständnis der Schulmedizin, Alternativmedizin und Geistheilung in Österreich jedoch dasselbe wie in Deutschland. Geistheiler sind demnach auch nach österreichischem Verständnis Heilbehandler, die zumeist nicht heilkundig sind und Heilbehandlungen durchführen, die weder den wissenschaftlich bewiesenen Heilmethoden der Schulmedizin noch der klassischen Alternativmedizin zuzuordnen sind.

3. *Englisches Begriffsverständnis*

Beim englischen Begriffsverständnis treten ebenfalls Probleme hinsichtlich der Konturierung des Begriffs der Geistheilung auf.

Zum einen finden sich verschiedene Begriffe zur Bezeichnung der Geistheilung. Die Bandbreite reicht von *faith healing* über *spiritual healing* und *divine healing* bis hin zu *religious healing*. Das Verständnis der einzelnen Begriffe überschneidet sich zwar größtenteils, dennoch weist beispielsweise der Begriff *divine healing* einen offensichtlichen Bezug zu Gott auf, während der Begriff *spiritual healing* ein nicht weiter spezifiziertes übernatürliches Element beinhaltet. Da der

40 *Thaler/Plank*, Heilmittel und Komplementärmedizin, S. 124.

41 *Heilegger*, Ärztlicher Vorbehaltsbereich und Alternativmedizin: Versuch einer Ab- und Eingrenzung, in: RdM 1999, 135 (135 f.).

42 *Thaler/Plank*, Heilmittel und Komplementärmedizin, S. 121.

43 So auch *Thaler/Plank*, Heilmittel und Komplementärmedizin, S. 116 f.

Konsens der einzelnen Begriffe jedoch so hoch ist, wurden und werden sie im englischen Sprachgebrauch von Heilern, Klienten, Wissenschaftlern und Kritikern gleichermaßen austauschbar genutzt.[44]

Zum anderen ist der Begriff der Geistheilung im englischen Sprachgebrauch von einer enormen inhaltlichen Komplexität gekennzeichnet. Dies ist unter anderem darauf zurückzuführen, dass Geistheiler keine einheitliche Gruppierung darstellen. Vielmehr ist der Begriff der Geistheilung ein „Ausdruck mit vielen Bedeutungen"[45]. Eine allgemeine Definition bietet *Benor*[46], der die Geistheilung als „die beabsichtigte Einflussnahme einer oder mehrerer Personen auf ein lebendiges System ohne bekannte physische Mittel der Intervention anzuwenden" bezeichnet. Die *National Federation of Spiritual Healers* (*NFSH*), eine Dachorganisation von Geistheilern in England, definiert die Geistheilung als „Heilen von Körper, Geist und Seele a) durch Handauflegen und b) durch Gebet oder Meditation auch bei Abwesenheit des Patienten"[47].

Viele Definitionen weisen einen religiösen, kirchlichen Bezug auf. Mitunter wird die Geistheilung als Heilung durch einen kirchlichen Ritus oder als Heilung durch Jesus selbst angesehen.[48] Einem anderen Begriffsverständnis nach kann bereits dann von einer Geistheilung gesprochen werden, wenn der gewählte Heilungsweg „in Vertrauen auf Gott"[49] beschritten wird – unabhängig davon, wie dieser Heilungsweg aussieht, und daher beispielsweise auch bei medikamentöser Behandlung oder operativen Eingriffen.[50] Teilweise wird die Geistheilung aber auch von der religiösen Heilung abgegrenzt[51].

---

44 *Root*, The Healing Touch: Spiritual Healing in England, S. 9.

45 *Anson*, Spiritual Healing: A Discussion of the Religious Element in Physical Health, S. v.

46 *Benor*, Spiritual healing, in: Complementary Therapies in Medicine 1995, 234 (234).

47 *Schnelting*, Geistige Heilung - Dokumentation einer Sendereihe des ZDF, Freiburg 1986, S. 12, zitiert nach *Binder/Wolf-Braun*, Geistheilung in Deutschland, in: Zeitschrift für Parapsychologie, 1995, 145 (147).

48 *Anson*, Spiritual Healing: A Discussion of the Religious Element in Physical Health, S. v.

49 *The Ministry of Healing*, Report of the Committee Appointed in Accordance with Resolution 63 of the Lambeth Conference, S. 10.

50 *Ebd.*

51 So beispielsweise *Cohen*, Healing at the Borderland of Medicine and Religion: Regulating Potential Abuse of Authority by Spiritual Healers, in: Journal of Law and Religion 2002 - 2003, 373 (380), der herausstellt, dass spirituelle Heilung, im Gegensatz zur religiösen Heilung, „auf die Heilkraft der Verbundenheit zu den Heiligen zurückgreift, ohne ihre Autorität (oder die die Praktizierenden und Empfänger und überzeugende Kraft) notwendigerweise von den Zielen oder Dogmen einer speziellen religiösen Tradition abzuleiten".

Mitunter wird aber auch ein magischer Bezug hergestellt: So sprechen einige bei der Geistheilung von einer Gabe zur Heilung, die auf magische Kräfte in den Händen einer Person zurückzuführen sein soll. Diese Kräfte werden frei, wenn der über die Kräfte Verfügende eine andere Person berührt.[52]

Daneben wird die Geistheilung zudem als Heilmethode angesehen, die stets ohne Zuhilfenahme physischer Kräfte wie beispielsweise Medikamente oder operative Eingriffe angewandt wird, dafür aber im Regelfall ein übernatürliches Element enthält.[53]

Das Vorstehende zeigt, dass die Einwirkung in lediglich sanfter Art und Weise auf die Physis oder Psyche des Klienten und die Übertragung besonderer Energien wesentlich für das englische Begriffsverständnis sind. Dies kann entweder in Form des Kontaktheilens oder aber – bei räumlicher Distanz zwischen Geistheiler und Klient – in Form des Fernheilens geschehen. Nach dem englischen Begriffsverständnis findet bei der Geistheilung keine singuläre Betrachtung der Symptome statt; vielmehr wird das Verhaltensmuster hinter den Symptomen durch einen sanften Prozess des Entsperrens, Wiedereinordnens und Belebens erfasst und durch die Übertragung universeller Energien verbessert. Dadurch soll die natürliche Balance und die Stärke des Klienten wiederhergestellt und das Energiesystem soll wieder aufgefüllt werden.[54] Mitunter wird zudem die beabsichtigte ganzheitliche Wirkung beim geistigen Heilen als entscheidend angesehen[55]. Ebenso wie im Deutschen sind verschiedene Formen der Geistheilung bekannt, so beispielsweise Therapeutic Touch, Reiki oder das schlichte Gesundbeten, die alle die Existenz einer Energie zur Heilung des Klienten erfordern[56].

Einen mit dem deutschen Verständnis vergleichbaren Begriff der Schulmedizin kennt die englische Sprache nicht. Der Begriff der Komplementär- und Alternativmedizin (*Complementary and Alternative Medicine*) umfasst nach dem englischen Verständnis aber alle Formen der Diagnose, Behandlung und Prävention von Krankheiten, die der etablierten Medizin komplementär

---

52 *Anson*, Spiritual Healing: A Discussion of the Religious Element in Physical Health, S. v.

53 *Root*, The healing touch: spiritual healing in England, S. 9.

54 *Dimond*, The Legal Aspects of Complementary Therapy Practice, S. 301 f.

55 So beispielsweise *Ansons*, Spiritual Healing: A Discussion of the Religious Element in Physical Health, S. v, der betont, dass er mit spiritueller Heilung die „Heilung der ganzen Persönlichkeit - nicht nur oder hauptsächlich des Körpers, sondern eher des Körpers durch die Bildung einer Persönlichkeit“ meint.

56 *Cohen*, Healing at the Borderland of Medicine and Religion: Regulating Potential Abuse of Authority by Spiritual Healers, in: Journal of Law and Religion, 2002 - 2003, 373 (377 ff.); *Dimond*, The Legal Aspects of Complementary Therapy Practice, S. 302.

gegenüberstehen, indem sie eine ganzheitliche Betrachtung anwenden[57]. Damit ist die Geistheilung dem englischen Verständnis nach der Komplementär- und Alternativmedizin zuzuordnen. Auch *Ansons*[58] hält fest, dass die Geistheilung als eine Form der Heilung außerhalb der medizinischen, chirurgischen und psychologischen Heilung angesehen werde.

II. Rechtliche Einordnung und Relevanz der Geistheilung

Nach der erfolgten Zuordnung zu den Formen der Medizin ist weiterhin eine medizinrechtliche Einordnung der Geistheilung in das Recht der Heilberufe notwendig. Um eine solche Einordnung leisten zu können, wird zunächst die geschichtliche Entwicklung der Heilkundeausübung in Deutschland betrachtet.

1. Regulierung der Ausübung der Heilkunde und des Heilberufs im Wandel der Geschichte

Um die Tätigkeit von Geistheilern (straf)rechtlich beurteilen zu können, muss zunächst untersucht werden, wie die Ausübung der Heilkunde und der Heilberuf reguliert sind. Dabei stehen sich die zwei Gegensätze der Kurierfreiheit und des Kurierverbots gegenüber: Kurierfreiheit ist die Freiheit eines jeden, die Heilkunde auszuüben und von einer beliebigen Person in Anspruch zu nehmen; beim Kurierverbot darf nur der dazu Befähigte und staatlich Geprüfte die Heilkunde ausüben.[59] Das Kurierverbot wurde auch Kurpfuschereiverbot genannt, da als Kurpfuscher bezeichnet wurde, wer die Heilkunde ohne Befähigung und staatliche Erlaubnis ausübte.

In der Absicht eines besseren Verständnisses erfolgt eine Übersicht der bestehenden Reglementierung des Heilberufs von der Geschichte bis hin zur Gegenwart.

a) Im römischen Recht: In Zeiten des Prinzipats und der Spätantike

Nachdem Kaiser Augustus allen Ärzten im Römischen Reich bereits 10 n. Chr. Immunität verliehen hatte, bestätigte der von 117 bis 138 n. Chr. regierende Kaiser Hadrian diese Entscheidung, wodurch Ärzte von allen Abgaben und

57 *Ernst/Resch/Mills/Hill/Mitchell/Willoughby/White*, Complementary medicine - a definition, in: British Journal of General Practice 1995, 506.

58 *Ansons*, Spiritual Healing: A Discussion of the Religious Element in Physical Health, S. v.

59 *Pelchen/Häberle*, in: Erbs/Kohlhaas, HeilPraktG, Vorbemerkung zum HeilPraktG, Rn. 1.

bürgerlichen Lasten befreit wurden und so erhebliche Privilegien erhielten. Kaiser Antonius Pius, der von 138 bis 161 n. Chr. regierte, bestätigte die Immunität und erweiterte sie um weitere Privilegien. Als Folge dieser großzügigen kaiserlichen Verordnungen kam es zu einer Überfüllung des Ärztestands. Kaiser Antonius Pius sah sich daher gezwungen, die erteilte Immunität auf eine je nach Größe der Stadt variierende Zahl von Ärzten zu beschränken, wodurch alle anderen Ärzte ihre Privilegien verloren. Im Römischen Reich konnte die Ärzteschaft folglich in die zwei Lager der privilegierten und der nicht privilegierten Ärzte unterteilt werden. Um die begehrten Privilegien zu erhalten, benötigten die Ärzte eine Approbation seitens der Stadt.[60]

Aufgrund dieser zur Erlangung der Privilegien erforderlichen Approbation wird teilweise angenommen, dass nach römischem Recht nicht jedermann die Heilkunde ausüben durfte, sondern nur der approbierte Arzt[61]. Dabei stützen sich einige Vertreter dieser Ansicht unter anderem auf einen Erlass des von 361 bis 363 n. Chr. regierenden Kaisers Julian. In diesem verfügte er, dass die „magistri studiorum et doctores" zur Ausübung ihres Berufes nur berechtigt seien, wenn ihnen vom städtischen Senat eine Approbation erteilt worden war. Entscheidend ist daher, ob bei den „magistri studiorum et doctores" die Ärzte inbegriffen waren oder nicht. Sofern dies zu bejahen wäre, wäre das Erfordernis einer Approbation durch den Erlass auf alle Ärzte ausgedehnt worden, sodass die Ausübung der Heilkunde grundsätzlich verboten und nur bei Vorliegen einer Erlaubnis in Form der Approbation gestattet gewesen wäre. *Graack*[62] führt für diese Annahme zunächst die systematische Stellung des Erlasses im Codex Justinianeus unter dem Titel „de professoribus et medicis" für das Vorliegen eines Kurierverbots an: Dies zeige, dass in der späteren Kaiserzeit die Ärzte mit den Professoren rechtlich auf eine Stufe gestellt worden seien. Dennoch bezieht sich der Erlass laut *Graack*[63] nur auf die Professoren und nicht auf die Ärzte: Der Titel besage weiter nichts, als dass sich in dem folgenden Abschnitt Vorschriften bezüglich der Professoren und Vorschriften bezüglich der Ärzte befänden. Der Erlass selbst enthalte nur eine Vorschrift bezüglich der Professoren. Ferner sei

---

60 *Graack*, Kurpfuscherei und Kurpfuschereiverbot, S. 2.

61 So beispielsweise: *Boehmer*, Meditationen in Constitutionem Kriminalem Carolinam, zitiert nach *Graack*, Kurpfuscherei und Kurpfuschereiverbot, S. 1; *Frank*, System einer medizinischen Polizei, zitiert nach *Graack*, Kurpfuscherei und Kurpfuschereiverbot, S. 3; *Schürmayer*, Handbuch der Medizinischen Policei, S. 422, zitiert nach *Graack*, Kurpfuscherei und Kurpfuschereiverbot, S. 4.

62 *Graack*, Kurpfuscherei und Kurpfuschereiverbot, S. 3.

63 *Graack*, Kurpfuscherei und Kurpfuschereiverbot, S. 3 f.

es kaum anzunehmen, dass im Codex Justinianeus unter „medicis" alle Ärzte und nicht bloß die privilegierten gemeint seien. Denn dies wäre eine wichtige Änderung des geltenden Rechts gewesen, die dann fast schon stillschweigend nebenbei stattgefunden hätte.

Zusammenfassend lässt sich daher festhalten, dass die Ausübung der Heilkunde im römischen Recht ebenso wenig reguliert war wie der Heilberuf und vielmehr jedermann die Heilkunde ausüben durfte.

b) Im deutschen Recht: Spätmittelalter bis heute

Die geschichtliche Entwicklung der Regulierung der Ausübung der Heilkunde und des Heilberufs im deutschen Recht stellt sich als ein Tauziehen zwischen den beiden Extremen der absoluten Kurierfreiheit und des absoluten Kurierverbots dar.

Das älteste Verbot der freien Ausübung der Heilkunde wurde im Jahr 1477 im Römisch-Deutschen Reich durch den Freiheitsbrief des Grafen Eberhard von Württemberg an die Universität Tübingen erlassen. Diese Verordnung schrieb vor, dass nur der dazu für tüchtig Befundene und von der medizinischen Fakultät zur Praxis Zugelassene die Heilkunde ausüben durfte. [64]

Das erste allgemeine Strafgesetzbuch des Römisch-Deutschen Reichs hingegen, die Constitutio Criminalis Carolina (CCC, Peinliche Gerichtsordnung Kaiser Karls V.) aus dem Jahr 1532, enthielt kein ausdrückliches Verbot der Ausübung der Heilkunde[65]. Zwar traf Artikel 134[66] der CCC Regelungen bezüglich der gegebenenfalls willentlichen, das heißt vorsätzlichen, Tötung von Menschen und sah in diesem Rahmen die besondere Beachtung von „leichtfertigen Leuten" vor. Damit waren nach teilweisem Verständnis unzweifelhaft die Kurpfuscher gemeint[67], während sich andere einer klaren Subsumierung der Kurpfuscher

64 *Ebermayer*, Bekämpfung der Kurpfuscherei, S. 3; *Graack*, Kurpfuscherei und Kurpfuschereiverbot, S. 6.

65 *Ebermayer*, Bekämpfung der Kurpfuscherei, S. 3.

66 Art. 134 CCC lautete:
Ein Arzt, der williglich (d. h. mit einem Tötungswillen) jemanden mit seiner Arznei tötet, ist als ein fürsätzlicher Mörder zu strafen.
Ein Arzt, der aus Umfließ oder Mangel des nötigen Könnens, aber jedenfalls unfürsätzlich den Tod eines Menschen durch eine Arznei fahrlässigerweise verursacht hat, ist nach Lage der Dinge und nach dem Rate des Rechtsverständigen zu bestrafen; und zwar ist in diesem Falle besonders auf jene leichtfertigen Leute acht zu geben, welche sich vermessen, die Heilkunde auszuüben, ohne dieselbe gründlich erlernt zu haben.

67 *Graack*, Kurpfuscherei und Kurpfuschereiverbot, S. 5.

unter die „leichtfertigen Leute“ enthielten[68]. Einigkeit bestand indes darüber, dass in der CCC trotz dieser Regelung kein Kurierverbot enthalten war[69]. Vielmehr sollte der Schlusssatz laut *Graack*[70] nur den Richter darauf aufmerksam machen, dass Kurpfuschern gegenüber eine strengere Strafe am Platze wäre als den Ärzten gegenüber.

Darüber hinaus lässt sich ein Kurierverbot auch deshalb nicht aus Artikel 134 der CCC ableiten, weil Artikel 134 der CCC schließlich (nur) den Fall des vorsätzlich oder fahrlässig herbeigeführten Todes eines Menschen unter Strafe stellte, nicht jedoch bereits die Behandlung selbst durch jene „leichtfertige Leute [...], welche sich vermessen, die Heilkunde auszuüben, ohne dieselbe gründlich erlernt zu haben“.

Im Jahr 1558 wurden in der „Reformation der Universität zu Heidelberg“ und in zahlreichen städtischen Medizinalordnungen, die im 16. und 17. Jahrhundert in den Städten verabschiedet wurden, Kurierverbote erlassen[71]. Die Motivation der Gesetzgeber zum Erlass von Kurierverboten war der allumfassende Schutz der Gesundheit der Bürger vor Verletzungen und Gefährdungen. Ihr Erlass war jeweils erforderlich, da die Gesundheit der Bürger aufgrund der Ausübung der Heilkunde durch Nicht-Heilkundigen bereits häufig verletzt und fortwährend gefährdet wurde. Diese städtischen Medizinalordnungen waren jedoch nur für die einzelnen Kommunen bedeutsam, denn sie galten stets nur in dem Gebiet der jeweiligen Stadt.[72]

Ein für das gesamte Römisch-Deutsche Reich bestehendes Kurierverbot gab es folglich nicht. Insofern ist es nicht verwunderlich, dass außerhalb der Städte, die ein Kurierverbot in ihren Medizinalordnungen erlassen hatten, die Heilkunde weiterhin durch Nicht-Heilkundige ausgeübt wurde. Um der freien Ausübung der Heilkunde und den damit einhergehenden Risiken für die Bürger auch außerhalb der Städte Einhalt zu gebieten, wurden gegen Ende des 17. und 18. Jahrhunderts schließlich in vielen Partikularstaaten des Römisch-Deutschen Reichs Landes-Medizinalordnungen erlassen, deren maßgeblicher Zweck es war, Kurierverbote einzuführen. Dies hatte die gleiche Motivation wie bereits

68 *Ebermayer*, Bekämpfung der Kurpfuscherei, S. 3.

69 *Ebermayer*, Bekämpfung der Kurpfuscherei, S. 3; *Graack*, Kurpfuscherei und Kurpfuschereiverbot, S. 5.

70 *Graack*, Kurpfuscherei und Kurpfuschereiverbot, S. 5.

71 *Ebermayer*, Bekämpfung der Kurpfuscherei, S. 3; *Graack*, Kurpfuscherei und Kurpfuschereiverbot, S. 6.

72 *Graack*, Kurpfuscherei und Kurpfuschereiverbot, S. 7.

der jeweilige Erlass der städtischen Medizinalordnungen, wenn auch die Formulierungen bei den Landes-Medizinalordnungen bereits um einiges drastischer ausfielen.[73]

Zusätzlich wurden in einigen Partikularstaaten Spezialverordnungen zur Bekämpfung der Kurpfuscherei erlassen, die ebenfalls – zum Teil sogar sehr drastische – Strafbestimmungen enthielten, insbesondere für rückfällige Kurpfuscher[74]. So waren beispielsweise Gefängnisstrafen von sechs Wochen, bei Rückfall Zuchthausstrafen von einem halben Jahr oder gar Landesverweisung vorgesehen[75]. Neben den Strafbestimmungen sollte die Ausübung der Heilkunde durch Nicht-Heilkundige mit weiteren Vorgaben bekämpft werden: Im Jahr 1766 wurde durch das Preußische Ober Collegium Medicum, eine Kontrolleinrichtung und städtische Aufsichtsbehörde für die Angehörigen medizinischer und pharmazeutischer Berufe, beschlossen, dass das „sostrum" (gemeint: Gehalt, Zahlung oder ähnliches – „Das Seinige"), das die Kurpfuscher aufgrund ihrer Tätigkeit erhielten, dem Fiskus zufließen sollte. Außerdem wurden die Ortsvorgesetzten und Geistlichen durch die Regierung angehalten, stets öffentlich Volksaufklärung zu betreiben und so die Bekämpfung der Kurpfuscherei zu unterstützen[76]. Das Reskript des Preußischen Justizministers vom 09.06.1821 beinhaltete darüber hinaus, dass alle aufgrund von heilkundlichen Fehlern ergangenen richterlichen Erkenntnisse unter Nennung des Namens des Verurteilten und des entstandenen Schadens zu veröffentlichen waren[77]. Gegen Ende des 18. beziehungsweise zu Beginn des 19. Jahrhunderts wurden in einigen Partikularstaaten zudem Verordnungen zur Bekämpfung der Annoncen der Kurpfuscher beispielsweise in Zeitungen erlassen[78].

Trotz aller Bemühungen der öffentlichen Hand wurden aber weiterhin die Dienste von Kurpfuschern in Anspruch genommen. Dies führte schließlich dazu, dass manche Partikularstaaten, beispielsweise Baden und

---

73 *Ebermayer*, Bekämpfung der Kurpfuscherei, S. 3 f.; *Graack*, Kurpfuscherei und Kurpfuschereiverbot, S. 8.

74 *Ebermayer*, Bekämpfung der Kurpfuscherei, S. 4; *Graack*, Kurpfuscherei und Kurpfuschereiverbot, S. 8 f.

75 Hessen-Casselsche Regierungsausschreiben vom 19. 9. 1788, zitiert nach *Graack*, Kurpfuscherei und Kurpfuschereiverbot, S. 9; ähnlich hohe Strafbestimmungen finden sich auch in anderen Spezialverordnungen.

76 *Graack*, Kurpfuscherei und Kurpfuschereiverbot, S. 9.

77 Reskript des Preußischen Justizministers vom 9. 4. 1821, zitiert nach *Graack*, Kurpfuscherei und Kurpfuschereiverbot, S. 9.

78 *Graack*, Kurpfuscherei und Kurpfuschereiverbot, S. 10.

Mecklenburg-Schwerin, sogar passive Kurierverbote erließen. Damit war nicht nur die Ausübung der Heilkunde durch Nicht-Heilkundige, sondern auch die Inanspruchnahme eines Kurpfuscher verboten. In Baden und Sachsen-Weimar wurden gar Klienten der Kurpfuscher bestraft. Das wurde insbesondere bei Seuchen und Epidemien als gerechtfertigt erachtet.[79]

Im 19. Jahrhundert wurden in einigen Staaten des Deutschen Bundes Landes-Strafgesetzbücher erlassen, in die die Kurierverbote der städtischen Medizinalordnungen beziehungsweise der Landes-Medizinalordnungen zum größten Teil übernommen wurden[80]. Als erstes enthielt das Sächsische Kriminalgesetzbuch von 1838 die Kurpfuscherei als eigenständiges Delikt in Artikel 267[81]. Mit Württemberg, Baden, Hannover und Hessen nahmen zwischen 1839 und 1847 weitere Mitgliedsstaaten des Deutschen Bundes die Kurpfuscherei in ihre Landes-Strafgesetzbücher auf. Mit Ausnahme des Großherzoglichen Hessischen Polizeistrafgesetzbuchs wiesen jedoch alle Landes-Strafgesetzbücher eine Lücke auf: Es war nicht geregelt, welches strafrechtliche Urteil über medizinische Laien erginge, die einem Mitmenschen im Notfall Erste Hilfe leisteten.[82] Das am 14.04.1851 für die Preußischen Staaten erlassene Strafgesetzbuch schloss diese Lücke, indem es in § 199[83] lediglich die entgeltliche Kurpfuscherei unter Strafe stellte. Demnach durfte niemand mehr, der nicht approbiert war, die Heilkunde ausüben, es sei denn, die auf Heilung gerichtete Handlung wurde vorgenommen, wenn ein dringend benötigter Beistand einer approbierten Medizinalperson nicht herbeigeführt werden konnte. Das Preußische Strafgesetzbuch fand ab dem Jahr 1867 auch in den von Preußen neuerworbenen Gebieten Anwendung; zudem wandten verschiedene Staaten des Norddeutschen Bundes das Preußische Strafgesetzbuch an oder nutzten es als Vorlage für eigenständige

79 *Ebd.*

80 *Graack*, Kurpfuscherei und Kurpfuschereiverbot, S. 11.

81 *Graack*, Kurpfuscherei und Kurpfuschereiverbot, S. 12 f.

82 *Graack*, Kurpfuscherei und Kurpfuschereiverbot, S. 13.

83 § 199 des Strafgesetzbuchs für die Preußischen Staaten lautete: Wer, ohne vorschriftsmäßig approbiert zu sein, gegen Belohnung oder einem besonderen an ihn erlassenen polizeilichen Verbote zuwider, die Heilung einer äußeren oder inneren Krankheit oder eine geburtshilfliche Handlung unternimmt, wird mit Geldbuße von 5-10 Taler oder mit Gefängnis bis zu 6 Monaten bestraft. Diese Bestimmung findet keine Anwendung, wenn eine solche Handlung in einem Falle vorgenommen wird, in welchem zu dem dringend nötigen Beistande eine approbierte Medizinalperson nicht herbeigeschafft werden kann.

Strafgesetzbücher.[84] Damit bestand in allen Staaten des Norddeutschen Bundes ein umfassendes Kurierverbot[85].

Mit der bestehenden Praxis des umfassenden Kurierverbots wurde jedoch schnell wieder gebrochen. Im Jahr 1869 wurde die Ausübung der Heilkunde als Gewerbe angesehen. Daher war es nur folgerichtig, dass die am 21.06.1869 mit § 1 der Gewerbeordnung (GewO) für den Norddeutschen Bund eingeführte allgemeine Gewerbefreiheit auch für das Gewerbe der Ausübung der Heilkunde galt.[86] Damit herrschte wieder Kurierfreiheit.

Die Einführung der Kurierfreiheit kam durchaus überraschend und stellte eine fundamentale Änderung der Gesetzeslage dar. Weder im vorherigen Preußischen Notgewerbegesetz vom 08.07.1868 noch in den Entwürfen der GewO für den Norddeutschen Bund von 1868 und 1869 war eine Entwicklung hin zur Aufhebung des Kurierverbots und Einführung der Kurierfreiheit erkennbar. Im Gegenteil: In den Motiven des Entwurfs von 1868[87] wurde noch ausdrücklich festgehalten, dass eine Aufhebung des Befähigungsnachweises bei der Zulassung zur Ausübung der Heilkunde nicht in Betracht komme, da dies dem öffentlichen Bewusstsein und den Anforderungen an die Staatsgewalt widerspreche, die Gesundheit der Bürger zu schützen. Daher verlangte § 29 des Entwurfs eine Approbation für Ärzte, Wundärzte, Augenärzte, Zahnärzte, Geburtshelfer und Apotheker, die aufgrund eines Nachweises der Befähigung erteilt werden sollte[88]. Überraschenderweise wurde jedoch in der zweiten Lesung des Entwurfs durch eine Petition der Berliner Medizinischen Gesellschaft und mit ihr einhergehenden, spät eingereichten Anträgen verschiedener Abgeordneter eine Diskussion über § 29 des Regierungsentwurfs angestoßen. Diese führte schlussendlich dazu, dass sich die Mehrheit der Reichstagsmitglieder in der dritten Lesung für die Abschaffung des Kurierverbots aussprachen.[89] Daher wurde mit § 29 der GewO für den Norddeutschen Bund die Kurierfreiheit eingeführt; bis zum Jahr 1889 trat die GewO, dann als GewO für das Deutsche

84 *Graack*, Kurpfuscherei und Kurpfuschereiverbot, S. 13.

85 *Graack*, Kurpfuscherei und Kurpfuschereiverbot, S. 15.

86 *Ebermayer*, Die notwendige Bekämpfung der Kurpfuscherei, S. 4; *Graack*, Kurpfuscherei und Kurpfuschereiverbot, S. 15.

87 Motive zum Entwurf von 1868, Reichstagsverhandlung 1868, Bd. II, S. 125, zitiert nach *Graack*, Kurpfuscherei und Kurpfuschereiverbot, S. 15.

88 *Ebermayer*, Bekämpfung der Kurpfuscherei, S. 4; *Graack*, Kurpfuscherei und Kurpfuschereiverbot, S. 16.

89 *Ebermayer*, Bekämpfung der Kurpfuscherei, S. 4 ff.; *Graack*, Kurpfuscherei und Kurpfuschereiverbot, S. 18.

Reich, schließlich in allen Bundesstaaten des neuen Deutschen Reichs sowie in Elsaß-Lothringen in Kraft[90]. Nun durfte jedermann die Heilkunde ausüben. Ein Befähigungsnachweis war zur Ausübung der Heilkunde nicht mehr erforderlich. Lediglich für die Bezeichnung als Arzt, Augenarzt, Zahnarzt, Geburtshelfer oder dergleichen bedurfte es eines Befähigungsnachweises in Form der Approbation. Das galt ebenso für eine gleichbedeutende Bezeichnung, die bei einem anderen den Glauben erweckte, der Verwender sei eine geprüfte Medizinalperson.[91] Geschützt war folglich die Berufsbezeichnung, nicht jedoch die Ausübung der Heilkunde. Bei Verstoß betrug die Strafe Geldstrafe bis zu 300 Mark und im Unvermögensfalle sogar Haft.

Schon bald folgten aber erste Einschränkungen der Kurierfreiheit. So wurde durch die Novelle vom 01.07.1883 in § 56a GewO[92] die Kurierbehandlung im Umherziehen verboten und gemäß § 148 GewO[93] unter Strafe gestellt, sowie im Jahr 1927 ein Kurierverbot bei Geschlechtskrankheiten erlassen[94].

Im Jahr 1909 versuchte der Bundesrat des Deutschen Kaiserreichs durch Einbringen eines Gesetzesentwurfs gegen Missbrauch im Heilgewerbe[95] die Kurierfreiheit mithilfe von Regelungen für die Ausübung der Heilkunde ohne Approbation einzuschränken. Darin waren vor allem Vorschriften im Hinblick auf eine Anzeigepflicht für den Gewerbebeginn, eine im Falle der Anforderung bestehende Auskunftspflicht über persönliche Verhältnisse und Behandlungsarten sowie Verbote bestimmter Behandlungsarten und Möglichkeiten zur

---

90 *Graack*, Kurpfuscherei und Kurpfuschereiverbot, S. 18.

91 *Graack*, Kurpfuscherei und Kurpfuschereiverbot, S. 19.

92 § 56a GewO 1883 lautete:
Ausgeschlossen vom Gewerbebetriebe im Umherziehen sind ferner:

1. die Ausübung der Heilkunde, insoweit der Ausübende für dieselbe nicht approbirt ist; […].

93 § 148 GewO 1883 lautete:
Mit Geldstrafe bis zu einhundertfünfzig Mark und im Unvermögensfalle mit Haft bis zu vier Wochen wird bestraft:
[…] 7a. wer dem §. 56 Absatz 1, Absatz 2 Ziffer 1 bis 5, 7 bis 9, Absatz 3, §. 56a oder §. 56b zuwiderhandelt; […]
In allen diesen Fällen bleibt die Strafe ausgeschlossen, wenn die strafbare Handlung zugleich eine Zuwiderhandlung gegen die Steuergesetze enthält.

94 *Ebermayer*, Bekämpfung der Kurpfuscherei, S. 4; *Graack*, Kurpfuscherei und Kurpfuschereiverbot, S. 20.

95 Abzurufen unter: http://www.reichstagsprotokolle.de/Blatt_k12_bsb00003344_00082.html, letzter Zugriff am 25.10.2020.

Heilgewerbeuntersagung enthalten. Im Grunde sollte die Kurierfreiheit aber beibehalten werden; ein Verbot der Heilkundeausübung sollte durch das Gesetz nicht eingeführt werden. Letztendlich hatte der Gesetzentwurf jedoch – ebenso wenig wie weitere Bemühungen der Ärzteschaft – keinerlei Erfolg hinsichtlich der Einschränkung der Kurierfreiheit.[96]

Die Intention, die Kurierfreiheit abzuschaffen und den Heilberuf gesetzlich zur regeln, konkretisierte sich schließlich nach der Machtergreifung der Nationalsozialisten. Für die Schaffung gesetzlicher Berufsregelungen sollte der Berufsstand der Heilpraktiker als Vorlage dienen. Grund dafür war, dass sich der Berufsstand der Heilpraktiker aus der Vielzahl verschiedener nichtärztlicher Heilbehandler insbesondere durch die Gründung von Berufsverbänden hervorgetan hatte, die unter anderem an die Ausbildung ihrer Mitglieder bestimmte Anforderungen stellten. Ziel war es daher, gesetzliche Regelungen bezüglich der Ausbildung und Prüfung von Heilpraktikern sowie ihrer Zulassung zu schaffen.[97]

Im Jahr 1938 wurde schließlich der Entwurf eines Heilpraktikergesetzes erstellt, das am 17.02.1939 als Gesetz über die berufsmäßige Ausübung der Heilkunde ohne Bestallung (HeilPraktG)[98] mit seiner aufgrund § 7 dieses Gesetzes am 18.02.1939 erlassenen 1. Durchführungsverordnung (DVO)[99] verkündet wurde[100]. Das HeilPraktG beendete die bis dahin bestehende allgemeine Kurierfreiheit. Dadurch sollte die Gesundheit der deutschen Bevölkerung geschützt, der Berufsstand der Heilpraktiker auf lange Sicht beseitigt und ein Ärztemonopol eingeführt werden[101]. Die Heilpraktikertätigkeit wurde unter Erlaubnisvorbehalt gestellt, indem § 1 Absatz 1 für die Ausübung der Heilkunde durch Personen, die nicht bestallt waren, generell eine Erlaubnis forderte[102]. Eine Ausübung der Heilkunde ohne Bestallung oder Erlaubnis wurde unter Strafe gestellt[103]. Bereits tätige Heilpraktiker durften ihre Tätigkeit weiter ausüben,

---

96 *Cramer*, Strafrechtliche Grenzen der Therapiefreiheit und der Heilbehandlung durch den Heilpraktiker, S. 19.

97 *Arndt*, Heilpraktikerrecht, S. 26.

98 RGBl Jahrgang 1939, Teil I Nr. 30, S. 251.

99 RGBl Jahrgang 1939, Teil I Nr. 30, S. 259.

100 *Arndt*, Heilpraktikerrecht, S. 27.

101 Reichs- und Staatsanzeiger Nr. 50 vom 28. Februar 1939, S. 2, zitiert nach *BVerfG*, Beschluss vom 10.05.1988, Az. 1 BvR 482/84 und 1166/85, in: BVerfGE 78, 179 (181).

102 *BVerfG*, Beschluss vom 10.05.1988, Az. 1 BvR 482/84 und 1166/85, in: BVerfGE 78, 179 (181); *OVG Münster*, Urteil vom 08. 12. 1997, Az. 13 A 4973-94, in: NVwZ-RR 1999, 40 (40).

103 *Haage*, Kommentar zum HeilPraktG, Einleitung Rn. 6.

sofern sie nicht als ungeeignet anzusehen waren. Sie erhielten jedoch keine staatliche Anerkennung im Sinne einer Bestallung, sondern lediglich eine staatliche Erlaubnis zur weiteren Ausübung ihres Berufs. Beruflicher Nachwuchs war jedoch nicht erwünscht. Daher wurden Ausbildungsstätten geschlossen und es wurde gemäß § 4 HeilPraktG 1939 verboten, neue Ausbildungsstätten zu errichten. Ebenso sollten Personen, die bisher nicht beruflich die Heilkunde ausgeübt hatten, gemäß § 2 Absatz 1 HeilPraktG nur in besonders begründeten Ausnahmefällen eine Erlaubnis bekommen.[104] Lediglich der Besitzstand sollte gewahrt werden[105]. Aufgrund dessen waren weder Ausbildung noch Prüfung als Voraussetzung für die Erteilung der Erlaubnis vorgesehen. Vielmehr sollte jede staatliche Anerkennung, die mit einer Approbation vergleichbar gewesen wäre, vermieden werden. Auch die ergangene 1. DVO-HeilPraktG, die in § 2 Absatz 1 die Erlaubnisversagungsgründe regelte, war so konzipiert.[106] Erst durch § 1 der 2. DVO-HeilPraktG, die am 03.07.1941 erging[107], wurden die bereits bestehenden Versagungsgründe des § 2 Absatz 1 der 1. DVO-HeilPraktG um einen weiteren ergänzt. Danach durfte die Erlaubnis nicht erteilt werden, „wenn sich aus einer Überprüfung der Kenntnisse und Fähigkeiten des Antragstellers durch das Gesundheitsamt ergibt, daß die Ausübung der Heilkunde durch den Betreffenden eine Gefahr für die Volksgesundheit bedeuten würde“[108]. Aus der in § 2 Absatz 1 der 2. DVO-HeilPraktG verlangten Überprüfung sollte jedoch keine positive staatliche Anerkennung der Heilkenntnisse und -fähigkeiten abgeleitet werden. Die Überprüfung sollte lediglich als eine „fachliche“ Prüfung in dem Sinne verstanden werden, dass derartige Kenntnisse und Fähigkeiten zur Bekämpfung gesundheitspolizeilicher Gefahren notwendig waren[109].

Mit dem Inkrafttreten des Deutschen Grundgesetzes am 24.05.1949 mussten aufgrund der durch Artikel 12 GG gewährleisteten Berufsfreiheit einige Änderungen des HeilPraktG und seiner 2. DVO vorgenommen werden. So wurden

---

104 *BVerfG*, Beschluss vom 10.05.1988, Az. 1 BvR 482/84 und 1166/85, in: BVerfGE 78, 179 (181); § 4 HeilPraktG wurde inzwischen wegen Verfassungswidrigkeit aufgehoben.

105 *Cramer*, Strafrechtliche Grenzen der Therapiefreiheit und der Heilbehandlung durch den Heilpraktiker, S. 21.

106 *BVerfG*, Beschluss vom 10.05.1988, Az. 1 BvR 482/84 und 1166/85, in: BVerfGE 78, 179 (181 f.).

107 RGBl Jahrgang 1941, Teil I Nr. 74, S. 368.

108 *BVerfG*, Beschluss vom 10.05.1988, Az. 1 BvR 482/84 und 1166/85, in: BVerfGE 78, 179 (182).

109 *OVG Münster*, Beschluss vom 12.12.1980, Az. 13 A 1161/80, in: NJW 1981, 2018 (2019); *Arndt*, Heilpraktikerrecht, S. 41.

einige Voraussetzungen des § 2 der 1. DVO-HeilPraktG aufgrund ihres nationalsozialistischen und die durch Artikel 12 GG geschützte freie Berufswahl antastenden Charakters außer Kraft gesetzt. Beispielsweise wurde § 2 Nummer 1c der 2. DVO außer Kraft gesetzt, der vorsah, dass der Bewerber oder sein Ehegatte deutschen oder artverwandten Bluts sein mussten; ebenso Nummer 1e und 1f der 2. DVO, wonach deutsche Ehrenrechte beziehungsweise politische Zuverlässigkeit notwendig waren.[110]

Im Jahr 1957 kam es schließlich zu einem weiteren und entscheidenden Umbruch. Das *BVerwG*[111] entschied, dass § 2 Absatz 1 HeilPraktG im Lichte des Grundrechts auf Berufswahlfreiheit aus Artikel 12 GG eine Berufszugangssperre darstelle. § 2 Absatz 1 HeilPraktG bestimmte, dass diejenigen, die die Heilkunde ohne Bestallung als Arzt bisher nicht berufsmäßig ausgeübt hatten, in Zukunft nur in Ausnahmefällen eine Erlaubnis zur Ausübung der Heilkunde erhalten sollten. § 2 Absatz 1 HeilPraktG sei insoweit als verfassungswidrig anzusehen, als dass er die Erlaubniserteilung für die Zukunft nur in „besonders begründeten Ausnahmefällen" zulasse und sie darüber hinaus in das Ermessen der Gesundheitsbehörde stelle. Da § 2 Absatz 1 HeilPraktG aber als vorkonstitutionell beurteilt wurde, wurde er nicht als nichtig angesehen, sondern verfassungskonform ausgelegt. Infolgedessen wurde er mit der Maßgabe für gültig erachtet, dass jeder Antragsteller zur berufsmäßigen Ausübung der Heilkunde ohne Bestallung zuzulassen sei, wenn er die sich aus § 2 Absatz 1 der 1. DVO ergebenden Zulassungsvoraussetzungen erfülle[112].

Darüber hinaus wurde nicht nur entschieden, dass § 2 Absatz 1 HeilPraktG gemäß der Artikel 123 Absatz 1, 125 GG in Verbindung mit Artikel 74 Nummer 19 GG weiter gelten sollte, sondern auch, dass die in § 2 Absatz 1 der 1. DVO-HeilPraktG genannten Zulassungsbeschränkungen mit dem Grundgesetz vereinbar seien. Dies ist damit zu begründen, dass das Ziel des HeilPraktG, der Schutz der Volksgesundheit, als Gemeinschaftsgut von besonderer Bedeutung durch Artikel 12 GG gedeckt ist. Eine solche subjektive Zulassungsschranke, wie sie § 2 Absatz 1 HeilPraktG in Verbindung mit § 2 Absatz 1 der 1. DVO-HeilPraktG enthält, steht zu diesem Schutz nicht außer Verhältnis. Dabei lässt es den mit dem Erlaubniszwang verfolgten Zweck des Schutzes vor

110 *Cramer*, Strafrechtliche Grenzen der Therapiefreiheit und der Heilbehandlung durch den Heilpraktiker, S. 22.

111 *BVerwG*, Urteil vom 24.01.1957, Az. I C 194/54, in: BVerwGE 4, 250.

112 *BVerwG*, Urteil vom 24.01.1957, Az. I C 194.54, in: BVerwGE 4, 250; *BVerfG*, Beschluss vom 10.05.1988, Az. 1 BvR 482/84 und 1166/85, in: NJW 1988, 2290 (2291).

der Ausübung der Heilkunde durch Nicht-Heilkundige nicht entfallen, dass die ursprüngliche Zielsetzung des HeilPraktG, den Heilpraktikerstand zu beseitigen, durch die nach Inkrafttreten des Grundgesetzes geschehene Umgestaltung des § 2 Absatz 1 HeilPraktG hin zu einer Anspruchsnorm wesentlich geändert wurde. Die Prüfung von Wissen und Fähigkeiten als Voraussetzung für die Erteilung einer Erlaubnis gemäß § 2 Absatz 1 i) der 1. DVO-HeilPraktG in der Fassung der 2. DVO-HeilPraktG dient ebenfalsl der gesundheitspolizeilichen Gefahrenabwehr.[113]

Die Entscheidung des *BVerwG* hatte somit zur Folge, dass entgegen der Intention zur Einführung des HeilPraktG nun grundsätzlich wieder jeder die Heilkunde frei ausüben durfte, es sei denn, die Person erfüllte die Voraussetzungen des § 2 Absatz 1 der 1. DVO-HeilPraktG nicht.

Dabei ist es bis heute geblieben. Theoretisch ist der Heilberuf in der heutigen Bundesrepublik Deutschland zwar reguliert und die Ausübung der Heilkunde ist den Ärzten und zugelassenen Heilpraktikern vorbehalten. Praktisch kann jedoch nahezu jeder die erforderliche Erlaubnis nach dem HeilPraktG erlangen und die Heilkunde frei ausüben. Denn eine Heilpraktikererlaubnis ist grundsätzlich jedem zu erteilen und nur in begründeten Ausnahmefällen zu verweigern. Damit herrscht in der Theorie nach dem Gesetz zwar ein beschränktes Kurierverbot, in der Praxis jedoch nahezu Kurierfreiheit in Deutschland.

c) Im österreichischen Recht: Mittelalter bis heute

In Österreich war die Problematik der freien Ausübung der Heilkunde durch jedermann bereits in frühen Jahren präsent. Daher wurde versucht, ihr durch die Regulierung des Heilberufs entgegenzuwirken. Dabei wurde sich stets auf den Heilberuf des Arztes bezogen, da dieser der in Österreich seit jeher vorherrschende Heilberuf ist.

Erste Initiativen gegen die freie Ausübung der Heilkunde in Form erster Regulierungen des Heilberufs wurden in den Universitätsstädten des Erzherzogtums Österreich gebildet. So durften vom Jahr 1502 an in Wien auf Anordnung von Kaiser Maximilian nur die von der Wiener medizinischen Fakultät als tauglich befundenen Ärzte in der Stadt praktizieren und Arzneimittel verordnen. Der kaiserliche Erlass vom 09.10.1517 traf gar noch strengere Bestimmungen. Er erlaubte nur den an der Wiener medizinischen Fakultät graduierten Doktoren oder den von der Wiener medizinischen Fakultät zum „actus repetitionis“ zugelassenen auswärtigen Doktoren die ärztliche Ausübung, sofern sie die

---

113 *OVG Münster*, Urteil vom 08.12.1997, Az. 13 A 4973-94, in: NVwZ-RR 1999, 40 (40).

erforderlichen Gebühren gezahlt hatten. Diese Verfügung wurde mit einer Verordnung vom 20.02.1610[114] durch König Matthias bestätigt, die ihrerseits durch kaiserliche Erlasse vom 15.09.1708 und später vom 14.02.1750 erneuert wurden.[115] Ebenso erließ Maria Theresia, damalige Königin von Böhmen, im August 1744 auf Veranlassung der Prager Universität hin zunächst ein Patent und verfügte damit für das dem Römisch-Deutschen Reich zugehörige Königreich Böhmen, dass lediglich von der medizinischen Fakultät examinierte und approbierte Ärzte zur Ausübung der Heilkunde berechtigt waren. Am 24.07.1753 erließ sie sodann eine Hauptmedizinalordnung für das Königreich Böhmen, in der sie das für Böhmen erlassene Kurierverbot erneuerte.[116] Diese Hauptmedizinalordnung hatte allerdings lediglich für das Königreich Böhmen Folgen, nicht jedoch darüberhinausgehend.

Eine erste zentrale Regulierung des Heilberufs erfolgte schließlich im Jahr 1770, als Maria Theresia – inzwischen Kaiserin des Römisch-Deutschen Reichs – das Sanitäts-Hauptnormativ erließ. Es hatte Gesetzesrang und galt für alle praktizierenden Ärzte im gesamten Kaiserreich. Dadurch wurde geregelt, unter welchen Voraussetzungen es erlaubt war, den Beruf des Arztes auszuüben. Im Anschluss folgten mit weiteren Hofkanzleidekreten weitere wichtige rechtliche Regelungen für die ärztliche Berufsausübung, denen ebenfalls Gesetzesrang zukam. Die erlassenen Regelungen galten bis zur Zeit der Eingliederung des 1934 proklamierten Bundesstaats Österreich in das Deutsche Reich durch die Nationalsozialisten fort. Erst zum 21.12.1938 trat die Ärzteordnung in Kraft, die jedoch praktisch keinerlei Anwendung mehr fand. An ihre Stelle trat die am 24.06.1939 in Kraft gesetzte deutsche Reichsärzteordnung, die für das dem Deutschen Reich eingegliederte Österreich galt. Nach § 2 der deutschen Reichsärzteordnung war nur der zum Arzt Bestallte zur Ausübung des ärztlichen Berufs berechtigt. [117]

Nach dem Untergang des NS-Regimes trat im Jahr 1949 das österreichische Ärztegesetz (öÄrzteG) in Kraft, das in § 1 Absatz 2 die Ausübung des ärztlichen Berufs ausschließlich den dazu gesetzlich berechtigten Personen vorbehielt. Mit dieser Regelung galt nun der sogenannte Arztvorbehalt. Nach einigen

---

114 Vollständig abgedruckt in *Kink*, Geschichte der Kaiserlichen Universität zu Wien, S. 419 - 428, zitiert nach *Graack*, Kurpfuscherei und Kurpfuschereiverbot, S. 20.

115 *Graack*, Kurpfuscherei und Kurpfuschereiverbot, S. 20.

116 *Graack*, Kurpfuscherei und Kurpfuschereiverbot, S. 21.

117 *Aigner*, in: Aigner/Kletečka/Kletečka-Pulker/Memmer, Handbuch Medizinrecht, Kap. III.1, S. III/4.

Änderungen wurde es als öÄrzteG im Jahr 1984 wiederverlautbart und mit dem öÄrzteG 1998 schließlich reformiert.[118]

Auch heute gilt gemäß § 3 Absatz 4 öÄrzteG der Arztvorbehalt. Gemäß der Norm dürfen nur die nach einer gesetzlichen Regelung und standardisiert ausgebildeten Personen ärztliche Tätigkeiten ausüben. Sinn und Zweck dieses Arztvorbehalts ist – so wird es dargestellt – die Gewährleistung eines hohen Gesundheitsschutzniveaus. Der Gesetzgeber ist davon ausgegangen, dass nur die ärztliche Ausbildung die Kenntnisse gewährleistet, die erforderlich sind, um Krankheiten rechtzeitig zu erkennen und mit der besten Aussicht auf Erfolg zu behandeln. Er war der Auffassung, dass es a priori gefährlich ist, wenn Nichtärzte Kranke behandeln. Dieser Arztvorbehalt ist zudem verwaltungsstrafrechtlich abgesichert.[119]

Neben den berufs- und verwaltungsrechtlichen Regelungen der Heilberufsausübung fand die Kurpfuscherei aber auch schon früh strafrechtliche Beachtung in Österreich.

Im Jahr 1852 wurde im Kaisertum Österreich durch kaiserliches Patent das Strafgesetzbuch über Verbrechen und schwere Polizeiübertretungen von 1803 mit neuen Bestimmungen als neues Strafgesetz kundgegeben. Darin war § 343 öStGB 1852 enthalten, der die unbefugte Ausübung der Arznei- und Wundarzneikunst als Gewerbe unter Strafe stellte. Im Anschluss daran verbreiteten sich ausgehend vom Königreich Böhmen immer mehr Verordnungen, die unausgebildete Behandelnde bestraften, und zwar auch solche, die nicht gewerbsmäßig tätig waren. Diese Bestimmungen waren bis zur Zeit des Nationalsozialismus rechtskräftig. Mit der Eingliederung Österreichs in das Deutsche Reich galt jedoch das Reichsstrafgesetzbuch von 1871, das – da aufgrund der GewO von 1871 Kurierfreiheit galt – keinen Tatbestand der Kurpfuscherei enthielt. Mit Untergang des NS-Regimes trat wieder das öStGB 1852 in Kraft, das in § 343 wiederum die relevante Regelung enthielt. 1974 wurde schließlich das heutige öStGB verabschiedet und ersetzte § 343 öStGB 1852 durch den heutigen § 184 öStGB.[120]

Mit dem Straftatbestand der Kurpfuscherei gemäß § 184 öStGB ist der Arztvorbehalt somit nicht nur verwaltungsstrafrechtlich abgesichert. Darüber hinaus

118 *Ebd.*
119 *Wallner*, Arztvorbehalt und seine Grenzen, in: RdM 2011, 145 (147).
120 *Wallner*, Arztvorbehalt und seine Grenzen, in: RdM 2011, 145 (146).

sind zivilrechtliche Unterlassungsklagen nach dem öUWG durch Ärzte oder die Ärztekammer möglich.[121]

d) Im englischen Recht

Auch das englische Recht hat eine umfassende Geschichte zur Regulierung des Heilberufs und der Ausübung der Heilkunde vorzuweisen.

Zu einem ersten Versuch, die Ausübung der Heilkunde zu regulieren, kam es im Jahr 1421. König Heinrich V. wurde ersucht, ein Gesetz zu verabschieden, durch das die Ausübung der Heilkunde nur erlaubt sein sollte, wenn ein Universitätsabschluss vorgewiesen werden konnte. Dies blieb jedoch erfolglos.[122]

Im Jahr 1512 zeigte sich die Monarchie dann zugänglicher im Hinblick auf eine Regulierung der Ausübung der Heilkunde und verabschiedete den *Medical Act 1512.* Dieser erklärte es zur Straftat, wenn jemand die Heilkunde ausübte oder operierte, ohne einen Universitätsabschluss zu haben oder vom Bischof seiner Diözese zugelassen worden zu sein. Handelte jemand dem zuwider, so drohte eine Strafe von fünf Pfund pro Monat.[123] Gerechtfertigt wurde das Gesetz unter anderem durch die steigende Anzahl von Personen, die die Heilkunde ausübten „indem sie teilweise Zauberei und Hexenkunst nutzten, was zu schwerer Verletzung, zum Schaden und [gar] zum Untergang vieler Menschen führte“[124]. Der *Medical Act 1512* zog eine Vielzahl von gesetzlichen Regelungen nach sich, insbesondere Lizenzvereinbarungen in verschiedenen Erscheinungsformen[125]. Diese Maßnahmen gingen auf Nachfragen von Vertretern der Berufsinteressen zurück, die so eine Beschränkung herbeiführen und dadurch die hohen Gebühren für ihre Leistungen aufrechterhalten wollten[126]. Wird nämlich der moralisch strenge Wortlaut der Präambel des *Medical Act 1512* außer Acht gelassen, ist deutlich zu erkennen, dass das erklärte Ziel des Schutzes der Bevölkerung nicht viel mehr als ein Vorwand für strenge Gesetze war, die vor allem im Sinne der Eigeninteressen verschiedener Berufsgruppen vorangebracht wurden[127].

---

121 *Wallner*, Arztvorbehalt und seine Grenzen, in: RdM 2011, 145 (145), mit Beispielen aus der österreichischen Judikatur.

122 *Cartwright*, A Social History of Medicine, S. 44.

123 *Cartwright*, A Social History of Medicine, S. 44 f.

124 Präambel des Medical Act 1512, zitiert nach *Cartwright*, A Social History of Medicine, S. 44.

125 *Stone/Matthews*, Complementary Medicine and the Law, S. 23.

126 *Ogus*, Regulatory Law: Some Lessons from the Past, Legal Studies, 1, S. 4, zitiert nach *Stone/Matthews*, Complementary Medicine and the Law, S. 24.

127 *Stone/Matthews*, Complementary Medicine and the Law, S. 24.

Die neuen gesetzlichen Regelungen waren vor allem für die Teile der Bevölkerung, die sich die teuren Gebühren der Ärzte nicht leisten konnten, problematisch. Das traf auf die Mehrheit der Bevölkerung zu. Zu ihrem Glück wurden die neuen Regelungen jedoch nur langsam umgesetzt. Zudem wurde im Jahr 1542 die *Herbalists Charter* erlassen, die auf den ersten Blick wie eine Kehrtwende bezüglich der Regulierung der Ausübung der Heilkunde wirkte.[128] Die Präambel der Charter kritisierte Chirurgen und Operateure, die bei Ausübung ihres Berufs lediglich die eigene Gewinnsucht bedachten. Außerdem wurde die Ärzteschaft dafür kritisiert, es zuzulassen, dass Großteile der Bevölkerung darunter litten, sich medizinische Hilfe nicht leisten zu können und dies teilweise sogar mit dem Tod bezahlten.[129] Weiterhin schloss das Statut diejenigen von der Bestrafung nach dem *Medical Act 1512* aus, die zwar als Laie die Kräutermedizin ausübten, sich aber lediglich die Lieferung der Kräuter vergüten ließen, nicht jedoch die Behandlung mit den Kräutern. Dies stellte eine bemerkenswerte politische Kehrtwende dar: Die Ausübung der Kräutermedizin durch Laien wurde so legalisiert, sofern der Rat kostenfrei abgegeben wurde.[130]

Im Jahr 1858 trat schließlich der *Medical Act 1858* in Kraft, der die Ausübung der Heilkunde im gesamten Vereinigten Königreich Großbritannien und Nordirland regelte. Er ist als Meilenstein in der Medizinrechtsgeschichte Englands zu bezeichnen, dem noch heute große Bedeutung zukommt. Durch den *Medical Act 1858*, der im Wesentlichen eine Art Vertrag zwischen dem Staat und dem Berufsstand der Ärzte ist, wurde die Kontrolle über die Ausübung der Heilkunde dem Berufsstand der Ärzte selbst übertragen. Der *Medical Act 1858* brachte einige große Veränderungen mit sich: Zum einen etablierte er ein staatlich-sanktioniertes System der selbstständigen Regulierung. Zum anderen wurde das *General Medical Council* (*GMC*) ins Leben gerufen, das als Beratungsgremium des Staats in gesundheitspolitischen Fragestellungen fungierte.[131]

Dem *GMC* kamen vor allem zwei wichtige Aufgaben zu. Es hatte die Pflicht, alle Ärzte als sogenannte registrierte medizinisch Praktizierende (*registered medical practitioners*) zu registrieren und dieses Register zu verwalten und es wurde darüber hinaus ermächtigt, die Ausbildung der die Heilkunde Ausübenden zu kontrollieren.[132]

---

128 *Ebd.*

129 Statutes of the Realm, 34-35, Henry VIII, c. 8 zitiert nach *Griggs*, Green Pharmacy, S. 61 f.

130 *Stone/Matthews*, Complementary Medicine and the Law, S. 25.

131 *Stone/Matthews*, Complementary Medicine and the Law, S. 28.

132 *Ebd.*

Diesbezüglich verlangte das *GMC* vom Jahr 1861 an, dass für die Aufnahme in das Register Prüfungen nach einem vom *GMC* festgelegten Standard bestanden werden mussten[133]. Dadurch war es dem *GMC* möglich, den Zugang zum Heilberuf zu regulieren. Der Zugang konnte allen vorenthalten werden, die die erforderlichen Kurse nicht besucht und die Prüfungen nicht bestanden hatten und damit die erforderliche Ausbildung nicht nachweisen konnten.[134]

Der *Medical Act 1858* stärkte folglich die Autorität und den Status des Berufsstands der Schulmediziner in England. Offiziell wurde den Ärzten und der Ausübung der Schulmedizin zwar keine Monopolstellung eingeräumt, im Grunde genommen entstand jedoch durch die Einführung der Registrierung als *registered medical practitioner* und des Registers selbiger eine derartige Monopolstellung, insbesondere im Hinblick auf öffentliche Institutionen und staatliche Gesundheitsangebote[135]. Zwar war es gesetzlich nicht verboten, die Heilkunde als nicht registrierte Person auszuüben. Vielmehr stand es jedermann auch nach Erlass des *Medical Act 1858* stets frei, die Heilkunde auszuüben.[136] Nicht registrierte Praktizierende konnten stets privat heilend tätig werden[137]. Die Berufsbezeichnung *registered medical practitioner* war als Folge des *Medical Act 1858* und der nachfolgenden Erlasse aber den Registrierten vorbehalten. Wer nicht qualifiziert war im Sinne des *GMC* und daher nicht beim *GMC* registriert war, durfte sich nicht als *registered medical practitioner* bezeichnen.[138] Nicht registrierte Praktizierende konnten allerdings privat heilend tätig werden[139]. Das führte dazu, dass den *registered medical practitioners* eine einmalige Monopolstellung im Hinblick auf die medizinische Versorgung zukam[140].

Wird heute aus auf die Gründung des *GMC* im Jahr 1858 zurückgeblickt, so erscheint es offensichtlich, dass der Anstoß dazu aus dem medizinischen Berufsstand kam. Die Regulierung der Ausübung der Heilkunde ist letztendlich auf den Wunsch der Ärzteschaft zurückzuführen, ihren eigenen Status quo zu verbessern. Unabhängig von sonstigen Differenzen war sich die Ärzteschaft einig,

---

133 *Stacey*, Regulating British Medicine: The General Medical Council, S. 18.
134 *Stone/Matthews*, Complementary Medicine and the Law, S. 28.
135 *Stacey*, Regulating British Medicine: The General Medical Council, S. 19.
136 *Stacey*, Regulating British Medicine: The General Medical Council, S. 18; *Stone/Matthews*, Complementary Medicine and the Law, S. 57.
137 *Stacey*, Regulating British Medicine: The General Medical Council, S. 19.
138 *Stone/Matthews*, Complementary Medicine and the Law, S. 49.
139 *Stacey*, Regulating British Medicine: The General Medical Council, S. 19.
140 *Stacey*, Regulating British Medicine: The General Medical Council, S. 19; *Stone/Matthews*, Complementary Medicine and the Law, S. 28.

dass eine Regulierung der Ausübung der Heilkunde ihrem Berufsstand dienlich sein würde, und zwar insbesondere durch die Kontrolle der Ausübung der Heilkunde und die damit einhergehende Reduzierung des Wettbewerbs. Die öffentlichen Interessen, wie die Qualitätssicherung und die damit einhergehende Verbesserung der Heilungschancen, müssen als lediglich von geringerer und untergeordneter Bedeutung angesehen werden.[141]

Der *Medical Act 1886* stärkte den Berufsstand der *registered medical practitioners* im Vereinigten Königreich weiter. Er führte ein, dass der Berufsstand Vertreter in das *GMC* wählen konnte, wodurch er weiteren Einfluss erlangte. Außerdem wurde durch den *Medical Act 1886* eingeführt, dass für die Aufnahme in das Register Fähigkeiten in den Gebieten der Arzneikunst, Chirurgie und Geburtshilfe vorgewiesen werden mussten.[142]

Im Jahr 1950 wurde schließlich der *Medical Act 1950* für das Vereinigte Königreich erlassen, der einige wichtige Neuerungen beinhaltete. Zum einen traf er eine Regelung hinsichtlich der Mitgliederschaft des *GMC*, wonach drei der acht vom Königshaus Nominierten Laien sein sollten. Außerdem musste durch den *Medical Act 1950* ab 1953 für eine Aufnahme in das Register die Tätigkeit als Turnusarzt in einem anerkannten Krankenhaus für einen festgelegten Zeitraum nachgewiesen werden. Des Weiteren wurde das Recht des *GMC*, die Abschlussprüfungen der Universitäten und Zulassungsbehörden zu besuchen oder inspizieren, erweitert, sodass nun auch der Unterricht der medizinischen Hochschulen besucht werden durfte. Schließlich rief der *Medical Act 1950* ein externes disziplinarisches Komitee zur Aufarbeitung von Fällen ins Leben, die eine solche bedurften. Dies war bisher durch das *GMC* selbst erfolgt.[143]

In den folgenden Jahren entwickelte sich das *GMC* fortlaufend weiter zu einer etablierten und anerkannten Körperschaft im Gesundheitswesen des Vereinigten Königreichs. [144] Die Stellung des *GMC* und die Relevanz seines Wirkens ist bis heute unverändert.

Weiterhin ist zu beachten, dass der Begriff der Medizin an keinem Punkt der Regulierung der medizinischen Berufe als Medizin im Sinne der Schulmedizin definiert wurde, die Komplementär- und Alternativmedizin aber vom *GMC* stets als minderwertig im Vergleich zur Schulmedizin angesehen und behandelt wurde.[145] So enthielten die vom *GMC* ab dem Jahr 1861 geforderten und von ihm

---

141 *Stacey*, Regulating British Medicine: The General Medical Council, S. 20.
142 *Stacey*, Regulating British Medicine: The General Medical Council, S. 20 f.
143 *Stacey*, Regulating British Medicine: The General Medical Council, S. 23.
144 *Stacey*, Regulating British Medicine: The General Medical Council, S. 25.
145 *Stacey*, Regulating British Medicine: The General Medical Council, S. 22.

zugelassenen Ausbildungskurse enthielten schlichtweg keinerlei komplementär- und alternativmedizinische Praktiken; ein Wissen abseits der etablierten Medizin wurde nicht vermittelt.[146]

Allerdings ist im englischen Recht nicht geregelt, welche Form der Therapie von einem *registered medical practitioner* angewandt werden soll. Für *registered medical practitioners* besteht daher keine Beschränkung der Nutzung jedweder, auch alternativmedizinischer, Therapieform, solange die erforderliche Qualifikation vorgewiesen werden kann.[147]

Ein weiterer Meilenstein in der Geschichte der Regulierung des Heilberufs und der Ausübung der Heilkunde in England fand im Jahr 1946 statt. Mit dem *National Health Service Act 1946* wurde für England und Wales (für Schottland 1947 durch das entsprechende Gesetz) der *National Health Service* (*NHS*) ins Leben gerufen wurde. Der *NHS* ist ein staatlicher, durch Steuergelder finanzierter Gesundheitsdienst Großbritanniens. Er stellt in erster Linie eine allgemeine Versicherung für die öffentliche Bereitstellung der medizinischen Versorgung dar und ist in seinen Grundeigenschaften heutzutage ein aus dem öffentlichen Leben nicht mehr wegzudenkendes Element des englischen Gesundheitswesens. Mit ihm wurde ein umfassender Gesundheitsdienst geschaffen, der die Besserung der psychischen und physischen Gesundheit der Menschen sowie die Prävention, Diagnose und Behandlung von Krankheiten und Leiden bezweckt.[148]

Durch den *NHS* kann jede in Großbritannien und damit jede in England wohnhafte Person medizinische Versorgung (gebührenfrei) bei einem Hausarzt oder in einem Krankenhaus wahrnehmen.

Noch heute liegt die Regulierung des Berufsstands weiterhin in den Händen des Berufsstands selbst, ausgeübt durch das *GMC*. Das englische Recht kennt weder ein Kurierverbot, wie es das österreichische Recht vorschreibt, noch einen mit dem Heilpraktiker vergleichbaren Berufsstand. Die Heilkunde darf frei ausgeübt werden. Geschützt ist lediglich die Bezeichnung als *registered medical practitioner*.

2. Geistheilung im heutigen Recht

Nach Betrachtung der geschichtlichen Entwicklung der Regulierung des Heilberufs und der Ausübung der Heilkunde ist jedoch von besonderem Interesse, wie die Geistheilung in der heutigen Zeit rechtlich einzuordnen ist.

---

146 *Stone/Matthews*, Complementary Medicine and the Law, S. 28.
147 *Stone/Matthews*, Complementary Medicine and the Law, S. 47.
148 *Ross*, The National Health Service in Great Britain, S. 3.

a) In Deutschland

Anhand der geschichtlichen Entwicklung der Regulierung des Heilberufs und der Ausübung der Heilkunde in Deutschland ist zu erkennen, dass die Ausübung der Heilkunde durch dazu nicht Befähigte von Beginn an ein gesellschaftliches Problem darstellte, dem auf verschiedenste Art zu begegnen versucht wurde. Sowohl der Weg der Kurierfreiheit als auch der des Kurierverbots wurden in der Vergangenheit mehrmals beschritten. Beide Wege führten jedoch nicht zu einem befriedigenden Ergebnis.

Nach dem heute geltenden Recht ist nur derjenige zur Ausübung der Heilkunde berechtigt, der über eine ärztliche Approbation oder über eine Erlaubnis nach dem HeilPraktG verfügt. Allerdings ist die Erlaubnis bei Vorliegen der Voraussetzungen des § 2 Absatz 1 HeilPraktGDV zu erteilen und nur im Ausnahmefall zu versagen. Dass ein Antragsteller die Voraussetzungen nicht erfüllt, stellt den Ausnahmefall dar, sodass praktisch gesehen nahezu jeder die Heilkunde ausüben kann.

Es ist jedoch zu untersuchen, ob ein Geistheiler überhaupt die Heilkunde ausübt im Sinne des § 1 Absatz 2 HeilPraktG. Unabhängig davon ergeben sich für den Geistheiler aber jedenfalls aus dem klassischen Strafrecht und aus dem Nebenstrafrecht Grenzen für die Geistheilung. Beides gilt es im Folgenden zu erörtern.

b) In Österreich

Auch in Österreich stellte die Ausübung der Heilkunde durch Nicht-Heilkundige stets ein Problem dar.

In Österreich gilt nach heutigem Recht mit § 3 Absatz 4 öÄrzteG ein strikter Arztvorbehalt. Demnach ist die Ausübung der ärztlichen Tätigkeit den Ärzten vorbehalten. Das Berufsbild eines Heilpraktikers, wie es in Deutschland existiert und im HeilPraktG geregelt wird, ist dem österreichischen Recht hingegen fremd. Allerdings ist noch zu untersuchen, ob die Geistheilung als „Ausübung ärztlicher Tätigkeit" im Sinne des öÄrzteG anzusehen ist und somit dem Straftatbestand der Kurpfuscherei gemäß § 184 öStGB unterfällt.

Unabhängig davon ergeben sich für den Geistheiler aber jedenfalls aus dem klassischen Strafrecht und aus dem Nebenstrafrecht Grenzen für die Geistheilung. Diese gilt es im Folgenden zu untersuchen.

c) In England

Im Gegensatz zu Deutschland und Österreich herrscht in England Kurierfreiheit. Jeder darf die Heilkunde frei ausüben, ohne dass es einer Erlaubnis dafür bedarf oder besondere Voraussetzungen erfüllt werden müssen. Rechtlich geschützt wird nicht die Tätigkeit der Heilkundeausübung, sondern nur die Berufsbezeichnung als *registered medical practitioner*.

Hinsichtlich des speziellen Falls der Geistheilung besteht zudem eine Besonderheit in England. Im Jahr 1954 wurde mit der *National Federation of Spiritual Healers* (*NFSH*) ein Verband gegründet, der die Arbeit von Geistheilern koordinieren, schützen und weiterentwickeln soll und ein Register von fachkundigen Geistheilern führt. Nur sechs Jahre später konnte der *NFSH* einen großen Erfolg für seine Mitglieder erzielen: Er konnte die ärztlichen Stellen überzeugen, die Geistheilung in Krankenhäusern zuzulassen. Seitdem können Personen, die im Krankenhaus wegen eines Leidens behandelt werden, einen Geistheiler zur Behandlung hinzuziehen. Der jeweilige *registered medical practitioner* und der Geistheiler arbeiten in solchen Fällen gemeinsam. Im Jahr 1982 wurde die *Confederation of Healing Organisations* (*CHO*) gebildet, die alle Heilerverbände, und daher unter anderem den *NFSH*, unter sich vereint. Die *CHO* trat die Aufgabe an, die Geistheilung als eine Standardtherapie sowohl im staatlichen Gesundheitssystem des *NHS* als auch in der privaten Medizin zu etablieren. Außerdem führte sie einen national akzeptierten Verhaltenskodex, ein allgemeines Trainingsprogramm für alle Heiler sowie eine Versicherung ein. Durch die Arbeit der *CHO* ist ein *registered medical practitioner* inzwischen berechtigt, einen Patienten an einen fachkundigen Geistheiler zu verweisen, sofern er selbst als Verantwortlicher in der Behandlung involviert bleibt. Im Jahr 1999 spaltete sich der *NFSH* gemeinsam mit weiteren großen Organisationen von der *CHO* ab und gründete die erste intern regulierte Dachorganisation für komplementäre Therapien ihrer Art: die *UK Healers*. So sollten weitere Standards geschaffen werden. Inzwischen haben sich weitere Organisationen und Gruppierungen der *UK Healers* angeschlossen. Gemeinsam arbeiten sie kontinuierlich an der Reputation der Geistheilung und ihrer Akzeptanz sowohl in der Gesellschaft als auch im Gesundheitssystem.[149] Daneben stellen sie durch Aufnahmeverfahren und -prüfungen sicher, dass nur überprüfte Heiler in die Heilerszene aufgenommen werden[150].

Von der Integration der Geistheilung können alle Seiten profitieren: Für den Heiler ist es ein Vorteil, auf Fachwissen und -kenntnisse des Arztes zurückgreifen zu können, der Arzt profitiert von der ganzheitlichen, sanften und daher zeitintensiven Behandlungsmethode des Geistheilers und die erkrankte Person

---

149 http://www.thehealingtrust.org.uk/home/our-history/, letzter Zugriff am 25.10.2020.
150 *Wiesendanger*, Das große Buch vom geistigen Heilen, S. 308.

kann den von ihr gewünschten Therapieweg beschreiten, ohne sich um Risiken und (mittelbare) Gefahren sorgen zu müssen, die über das normale Maß hinausgehen. Sofern die Geistheilung in Zusammenarbeit eines Geistheilers mit einem Arzt stattfindet und die ärztliche Therapie unterstützt sowie durch den Arzt kontrolliert wird, trägt der *NHS* sogar die Kosten. Die Geistheilung ist damit eine im englischen Gesundheitswesen grundsätzlich anerkannte Therapieform.[151]

In England wird der Geistheilung folglich gänzlich anders begegnet, als in Deutschland oder Österreich. Geistheiler und ihre Tätigkeiten werden in das Gesundheitssystem integriert, was auf eine stärkere Akzeptanz hinweist. Dabei wird die medizinische Behandlung aber nie außer Acht gelassen, die Geistheilung tritt vielmehr ergänzend hinzu.

Trotz der Integration der Geistheilung in das englische Gesundheitssystem besteht die Sorge ihrer Folgen[152]. Dazu zählt insbesondere das Risiko, dass medizinischer Rat aufgrund der Inanspruchnahme von Geistheilung verspätet oder gar zu spät eingeholt wird[153]. Als Grenzen der Geistheilung sind die (neben-) strafrechtlichen Gesetze zu beachten. Diese gilt es im Folgenden zu erörtern.

151 *Wiesendanger*, Das große Buch vom geistigen Heilen, S. 307 f.

152 *Greenfield/Osborn/Roberts*, From beyond the grave: the legal regulation of mediumship, in: International Journal of Law in Context, 97 (97).

153 *The British Medical Journal*, Divine Healing, 269 (271).

Zweiter Teil Rechtsdogmatische Analyse der Regelung des Sachproblems im jeweiligen Recht

A. Geistheilung aus (medizin-)strafrechtlicher Sicht nach deutschem Recht

Wie im vorherigen Kapitel dargestellt, ist das Berufsbild des Geistheilers sehr heterogen. Dies ist vor allem auf die uneinheitliche Ausbildung von Geistheilern zurückzuführen. Geistheiler verfügen über ein unterschiedliches Maß an Kenntnissen und Fähigkeiten und eine eindeutige (Mindest-)Qualifikation ist nicht garantiert. Die Tätigkeiten von Geistheilern sind aber keinesfalls für die Klienten generell ungefährlich. Je nach Intention und Können des Geistheilers drohen erhebliche Schädigungen – für das Vermögen, aber vor allem für die Gesundheit und das Leben der Klienten. Bei der Durchführung einer Geistheilung kommt daher die Strafbarkeit eines Geistheilers in Betracht.

I. Mögliche Strafbarkeiten nach strafrechtlichen Nebengesetzen

In den Fällen der Geistheilung können speziellere strafrechtliche Nebengesetze, vor allem das HeilPraktG, von Bedeutung sein. Diese werden im Folgenden näher betrachtet.

1. Gemäß § 5 des Gesetzes über die berufsmäßige Ausübung der Heilkunde ohne Bestallung (HeilPraktG)

Das HeilPraktG trifft keine explizite Regelung bezüglich der Geistheilung. Es stellt allerdings in § 5 HeilPraktG die Ausübung der Heilkunde unter Strafe, sofern der die Heilkunde Ausübende weder zur Ausübung des ärztlichen Berufs berechtigt ist noch eine Erlaubnis nach § 1 HeilPraktG besitzt.

Zweck dieser Strafbarkeitsnorm ist der Schutz des Einzelnen und der Allgemeinheit vor der Heilbehandlung durch Unqualifizierte[154]. Richtigerweise

154 Amtliche Begründung zum HeilPraktG, Deutscher Reichsanzeiger und Preußischer Staatsanzeiger Nr. 50 vom 28.02.1939, zitiert nach *BVerwG*, Urteil vom 25.06.1970, Az. I C 54/66, in: NJW 1970, 1987 (1987 f.).

umfasst der Schutzzweck daneben auch den Schutz vor insbesondere finanzieller Ausnutzung des Einzelnen, der in seiner oftmals ausweglosen Situation zumindest versuchsweise jede Hilfe in Anspruch nimmt[155].

Bei § 5 HeilPraktG handelt es sich um ein potenzielles Gefährdungsdelikt. Es ist daher nicht notwendig, dass eine konkrete Gefahr für die zu behandelnde Person eintritt. Bereits die generelle Gefährlichkeit reicht aus.[156]

Allerding ist entscheidend, ob die Geistheilung überhaupt als Ausübung der Heilkunde gemäß § 1 Absatz 2 HeilPraktG anzusehen ist. Denn sofern dies zu verneinen ist, kann ein Geistheiler seine Tätigkeit ohne Berechtigung zur Ausübung des ärztlichen Berufs gemäß § 2 der Bundesärzteordnung (BÄO) (gegebenenfalls in Verbindung mit §§ 10, 10b BÄO) und Erlaubnis nach § 1 Absatz 1 HeilPraktG ausüben. Die Strafbarkeit gemäß § 5 HeilPraktG kommt dann nicht in Betracht.

Der Begriff der Ausübung der Heilkunde ist das umstrittenste Tatbestandsmerkmal des § 5 HeilPraktG. Daher ist zunächst die Auslegung des Begriffs der Ausübung der Heilkunde im Allgemeinen erforderlich. Sodann ist im Speziellen zu untersuchen, ob die Geistheilung zur Ausübung der Heilkunde im Sinne des § 1 Absatz 2 HeilPraktG zählt.

a) Begriff der Ausübung der Heilkunde im Allgemeinen

Der Begriff der Ausübung der Heilkunde wurde gesetzlich nicht definiert als aufgrund der allgemeinen Gewerbefreiheit die Kurierfreiheit eintrat. Daher herrschte Unsicherheit, was unter dem Begriff der Ausübung der Heilkunde zu verstehen war. Jedenfalls mit Einführung des § 56a GewO i.d.F. vom 01.07.1883, der die Ausübung der Heilkunde im Umherziehen für Nicht-Approbierte untersagte, war jedoch eine Klärung erforderlich. Die Judikatur entwickelte daher eine Definition, wonach unter Ausübung der Heilkunde eine „besondere ärztliche Fachkenntnisse voraussetzende Tätigkeit [zu verstehen war], die auf Feststellung, Heilung oder Linderung von Krankheiten bei Menschen und Tieren gerichtet ist, […] [mochte] sie von einem wissenschaftlich gebildeten Arzt oder einem Laien vorgenommen werden“[157]. Folglich war „jede berufsmäßige Tätigkeit nach einer der genannten Richtungen […] als Ausübung der Heilkunde im

155 Durchaus umstritten, so aber *BGH*, Urteil vom 04.11.1955, Az. 5 StR 421/55, in: NJW 1956, 313 (313).

156 *BGH*, Urteil vom 22.06.2011, Az. 2 StR 580/10, in: NJW 2011, 3591 (3591).

157 *RG*, Urteil vom 20.09.1915, in: GewArch. 15, 319, zitiert nach BVerwG Urteil vom 20.01.1966, Az. I C 75/64, in: NJW 1966, 1187 (1188).

Sinne des § 56a GewO zu erachten"[158]. Diese Definition lag der Rechtsprechung im Hinblick auf die Ausübung der Heilkunde jahrzehntelang zugrunde[159]. Mit Einführung des HeilPraktG im Jahr 1939 wurde der Begriff der Ausübung der Heilkunde schließlich in § 1 Absatz 2 HeilPraktG legaldefiniert. Seitdem gilt gemäß § 1 Absatz 2 HeilPraktG jede berufs- oder gewerbsmäßig vorgenommene Tätigkeit zur Feststellung, Heilung oder Linderung von Krankheiten, Leiden oder Körperschäden bei Menschen als Ausübung der Heilkunde, auch wenn sie im Dienst von anderen ausgeübt wird. Dabei ist grundsätzlich nicht geregelt, welche Methoden und Verfahren zur Ausübung der Heilkunde eingesetzt werden[160]. Das HeilPraktG gewährt insoweit Methodenfreiheit, sodass neben schulmedizinischen auch alternativ- und paramedizinische Verfahren und Methoden in Betracht kommen[161].

Wird die Legaldefinition des § 1 Absatz 2 HeilPraktG streng angewendet, so stößt sie schnell an ihre Wortlautgrenzen. Das ist insbesondere in Bezug auf die Geistheilung der Fall[162]. Denn ob die Geistheilung der Feststellung, Heilung oder Linderung von Krankheiten, Leiden oder Körperschäden bei Menschen dient, kann je nach Betrachtung der jeweiligen Situation unterschiedlich zu beurteilen sein. Bei objektiver Betrachtung muss die Frage vor allem unter Beachtung der fehlenden wissenschaftlichen Belege zur Wirkung der Geistheilung verneint werden. Wissenschaftlich kann nicht bewiesen werden, dass die Feststellung, Heilung oder Linderung einer Krankheit, eines Leidens oder von Körperschäden auf die Geistheilung zurückzuführen ist. Daher dient die Geistheilung objektiv betrachtet nicht der Feststellung, Heilung oder Linderung von Krankheiten, Leiden oder Körperschäden bei Menschen. Bei subjektiver Betrachtung hingegen soll die Geistheilung der Feststellung, Heilung oder Linderung von Krankheiten, Leiden oder Körperschäden bei Menschen zumindest dienen. Denn im Idealfall gehen sowohl der Geistheiler als auch sein Klient subjektiv davon aus, dass die Geistheilung zur Feststellung, Heilung oder Linderung von Krankheiten, Leiden oder Körperschäden führt und damit selbigen dient.

All dies zeigt die Schwächen der Legaldefinition: Die unpräzise Formulierung führt zu Unschärfen und Schwierigkeiten in der Praxis[163]. Daher war und ist

---

158 *RG*, Urteil vom 20.09.1915, in: GewArch. 15, 319, zitiert nach *Bockelmann*, Das Ende des HeilPraktG, in: NJW 1966, 1145 (1146).
159 *Bockelmann*, Das Ende des Heilpraktikergesetzes, in: NJW 1966, 1145 (1146).
160 *OVG NRW*, Urteil vom 02.12.1998, Az. 13 A 5322/96, Rn. 13, zitiert nach juris.
161 *Schelling*, in: Spickhoff, Medizinrecht, § 1 HeilPraktG Rn. 7.
162 *Dorn-Haag*, Hexerei und Magie im Strafrecht, S. 395.
163 *Ebd.*

zur Konkretisierung des Begriffs der Ausübung der Heilkunde im Sinne des § 5 Absatz 1 HeilPraktG eine verfassungskonforme Auslegung des Begriffs durch die Rechtsprechung erforderlich. Dabei ist zwischen der Auslegung durch die Zivil- und Verwaltungsgerichte und der durch die Strafgerichte zu unterscheiden.

(1) (Zivil- und) verwaltungsrechtlicher Heilkundebegriff

Nach der verfassungskonformen Auslegung der ständigen verwaltungsrechtlichen Rechtsprechung liegt eine Ausübung der Heilkunde vor, wenn die Tätigkeit ihrer Methode nach der ärztlichen Heilbehandlung gleichkommt, daher ärztliche oder medizinische Fachkenntnisse erfordert, und die Behandlung (nennenswerte) gesundheitliche Schädigungen verursachen kann[164]. Dabei fallen nicht nur Tätigkeiten die hinsichtlich ihres Ziels medizinische Fachkenntnisse benötigen, unter den Begriff der Ausübung der Heilkunde, sondern auch Tätigkeiten, die hinsichtlich Methode und Art der Tätigkeit medizinische Fachkenntnisse voraussetzen[165]. Ebenso liegt eine Ausübung der Heilkunde vor, wenn medizinische Fachkenntnisse zur Beantwortung der Frage erforderlich sind, ob mit einer Heilbehandlung begonnen werden darf[166].

Im Hinblick auf die gesundheitlichen Schädigungen genügt eine mittelbare Gesundheitsgefährdung. Eine solche wird beispielsweise als bestehend angesehen, wenn Diagnose oder Therapie eines ernsthaften Leidens verzögert werden und dies zu einer Gesundheitsschädigung bei der zu behandelnden Person führen kann.[167] Eine mittelbare Gefahr ist insbesondere, aber nicht nur, dann

---

164 Erstmalig in Anlehnung an die Rechtsprechung zu § 56 GewO a.F.: *OVG Hamburg*, Urteil vom 28.02.1950, Az. Bf. I 591/49, in: VerwRspr 1950, 362 (365); dies aufgreifend: *BVerwG*, Urteil vom 14.10.1958, Az. BVerwG I C 25/56, in: NJW 1959, 833 (834); *BVerwG*, Urteil vom 25. 6. 1970, Az. I C 53/66, in: NJW 1970, 1987 (1987 f.); *OVG NRW*, Beschluss vom 28.04.2006, Az. 13 A 2495/03, Rn. 20, zitiert nach juris; *OVG Lüneburg*, Urteil vom 18.06.2009, Az. 8 LC 9/07, Rn. 25, zitiert nach juris; *BVerwG*, Urteil vom 26.08.2009, Az. 3 C 19/08, in: NVwZ-RR 2010, 111 (112); die zivilrechtliche Rechtsprechung übernahm daraufhin die verwaltungsrechtliche Auslegung des Heilkundebegriffs und legte sie ihren Entscheidungen zugrunde, so beispielsweise *BGH*, Urteil vom 29.06.1987, Az. II ZR 5/87, in: NJW 1987, 2928 (2929); *BGH*, Urteil vom 10.12.1998, Az. I ZR 137-96, in: NJW 1999, 865 (866).

165 *BVerwG*, Urteil vom 04.10.1958, Az. BVerwG I C 25/56, in: NJW 1959, 833 (834).

166 *BVerwG*, Urteil vom 28.09.1965, Az. I C 105/63, in: NJW 1966, 418 (419).

167 *BVerwG*, Urteil vom 25.06.1970, Az. I C 53/66, in: NJW 1970, 1987 (1988); *BVerwG*, Urteil vom 11.11.1993, Az. 3 C 45/91, in: NJW 1994, 3024 (3026); *OVG Lüneburg*, Urteil vom 18.06.2009, Az. 8 LC 9/07, Rn. 25, zitiert nach juris.

anzunehmen, wenn die „Heilbehandlung als eine die ärztliche Behandlung ersetzende Tätigkeit erscheint"[168]. Für Heiltätigkeiten, die mittelbare Gesundheitsgefahren zur Folge haben können, ist auch dann eine Erlaubnis erforderlich, wenn für sie eigentlich keine ärztlichen Fachkenntnisse erforderlich sind. Andererseits sind Tätigkeiten, aus denen keine nennenswerten Gesundheitsgefährdungen resultieren können, von der Erlaubnispflicht ausgenommen; dies sogar dann, wenn für sie eigentlich ärztliche Fachkenntnisse erforderlich sind.[169] Die Beurteilung erfolgt nach „generalisierender und typisierender Betrachtung der in Rede stehenden Tätigkeit"[170], wobei insbesondere die zu behandelnden Krankheiten sowie die Erwartung der zu behandelnden Person an die Behandlung maßgeblich sind[171].

Bagatellartige Heilbehandlungen sind nach der verwaltungsrechtlichen Rechtsprechung indes nicht unter den Begriff der Ausübung der Heilkunde im Sinne des § 1 Absatz 2 HeilPraktG zu subsumieren. Dabei handelt es sich um Behandlungen, für die keine besonderen Vorkenntnisse benötigt werden und die daher von jedermann vorgenommen werden können. Ratschläge, die nicht an eine konkrete Person, sondern an die Allgemeinheit gerichtet sind, sind ebenfalls nicht unter den Begriff der Ausübung der Heilkunde zu subsumieren.[172]

Die zivilrechtliche Rechtsprechung nahm die verfassungskonforme Auslegung der Verwaltungsgerichte an und legt sie ihren Entscheidungen zugrunde.[173]

(2) Strafrechtlicher Heilkundebegriff

Während die Verwaltungs- und Zivilgerichte eine objektive Betrachtungsweise zur Auslegung des Begriffs der Ausübung der Heilkunde nutzen, legt die Strafgerichtsbarkeit einen subjektiven Bewertungsmaßstab an.

Nach der sogenannten Eindruckstheorie gilt eine Tätigkeit als Ausübung der Heilkunde, wenn sie bei der zu behandelnden Person den Eindruck erweckt, sie ziele auf die Heilung oder Erleichterung von Krankheit, Leiden und Körperschäden ab[174]. Insbesondere wies der *BGH*[175] explizit auf die Heilung durch

---

168 *BVerwG*, Urteil vom 11.11.1993, Az. 3 C 45/91, in: NJW 1994, 3024 (3026); so auch das *OVG NRW*, Urteil vom 08.12.1997, Az. 13 A 4973-94, in: NVwZ-RR, 1999, 40 (41).

169 *BVerwG*, Urteil vom 25.06.1970, Az. I C 53/66, in: NJW 1970, 1987 (1988).

170 *BVerwG*, Urteil vom 11.11.1993, Az. 3 C 45/91, in: NJW 1994, 3024 (3026).

171 *Ebd.*

172 *Haage*, Kommentar zum HeilPraktG, § 1 Rn. 8.

173 *Haage*, Kommentar zum HeilPraktG, § 1 Rn. 9.

174 *BGH*, Urteil vom 04.11.1955, Az. 5 StR 421/55, in: NJW 1956, 313 (313).

175 *Ebd.*

übersinnliche Kräfte hin: Eine Heiltätigkeit könne auch dadurch geschehen, dass angebliche übernatürliche Gewalten mit vermeintlichen oder vorgetäuschten übersinnlichen Kräften bekämpft würden. Gerade ein solches Treiben könne den Zielen des HeilPraktG im hohen Maße zuwiderlaufen und daher besonders gefährlich sein. Das HeilPraktG solle zum Wohle der Volksgesundheit verhindern, dass Kranke, statt sich von einem Arzt oder zugelassenen Heilpraktiker sachgemäß behandeln zu lassen, in die Hände Unkundiger und Unzuverlässiger fallen.

An dieser subjektiven Betrachtung der Eindruckstheorie wird jedoch kritisiert, dass bei der Auslegung des Begriffs der Ausübung der Heilkunde im Sinne des § 1 Absatz 2 HeilPraktG objektive Maßstäbe angewandt werden sollten. Danach ist eine Berücksichtigung des subjektiven Empfindens der zu behandelnden Person bei der nach objektiven Gesichtspunkten zu beantwortenden Frage, ob es sich um Heilkundeausübung handelt, nicht möglich. [176]

(3) *Zusammenfassung*

Es wird deutlich, dass die unterschiedlichen Gerichtsbarkeiten unterschiedliche Auffassungen zur Auslegung des Begriffs der Ausübung der Heilkunde im Sinne des § 1 Absatz 2 HeilPraktG vertreten.

Dies ist auf die unterschiedlichen Ziele zurückzuführen: Während die Verwaltungsgerichtsbarkeit über die Erteilung einer Erlaubnis nach § 1 Absatz 1 HeilPraktG entscheidet und dabei insbesondere die Berufsfreiheit des Artikel 12 Absatz 1 GG berücksichtigen muss, hat die Strafgerichtsbarkeit die Aufgabe, Gefahren für die Gesundheit der Allgemeinheit und des Einzelnen zu verhindern. Daher ist im Rahmen der Verwaltungsgerichtsbarkeit ein abstrakt-genereller Maßstab anzuwenden, während in der Strafgerichtsbarkeit eine Einzelfallentscheidung zu treffen ist.[177]

b) *Geistheilung als Ausübung der Heilkunde im Sinne des § 1 Absatz 2 HeilPraktG*

Nach der erfolgten verfassungskonformen Auslegung des Begriffs der Ausübung der Heilkunde im Sinne des § 1 Absatz 2 HeilPraktG bereitet die Subsumtion der Geistheilung unter den Begriff der Ausübung der Heilkunde weiterhin Schwierigkeiten. Ein Blick auf die in der Rechtsprechung entschiedenen Fälle sowie auf die in der Literatur vertretenen Ansichten ist daher unerlässlich.

---

176 *Schelling*, in: Spickhoff, Medizinrecht, § 1 HeilPraktG Rn. 15.
177 *Dorn-Haag*, Hexerei und Magie im Strafrecht, S. 401.

(1) Zivil- und verwaltungsrechtliche Rechtsprechung

Bis zu einer Entscheidung des *BVerfG* im Jahr 2004 sahen die Verwaltungs- und Zivilgerichte die Geistheilung als Ausübung der Heilkunde im Sinne des § 1 Absatz 2 HeilPraktG an. Dabei kam es mit Blick auf das Ziel des weitläufigen Schutzes der Gesundheit der Bevölkerung nicht selten zu einer Ausweitung ihres eigentlich objektiven Verständnisses des Heilkundebegriffs[178]. Zum Teil wurde trotz der eigentlich objektiven Betrachtungsweise zumindest auch auf den Eindruck der Klienten abgestellt; die Verwaltungs- und Zivilgerichte bedienten sich in diesen Fällen der strafrechtlichen Eindruckstheorie[179].

(2) Strafrechtliche Rechtsprechung

Die Strafgerichte subsumierten die Geistheilung unter Anwendung der von ihnen vertretenen Eindruckstheorie zunächst unter den Begriff der Ausübung der Heilkunde im Sinne des § 2 Absatz 1 HeilPraktG. Sofern die nach § 1 Absatz 1 HeilPraktG erforderliche Erlaubnis fehlte, bestand folgerichtig die Strafbarkeit gemäß § 5 HeilPraktG. Der strafrechtliche Heilkundebegriff wurde anfänglich sehr weit verstanden, dann jedoch von der strafrechtlichen Rechtsprechung weiter präzisiert.

So ließ es der *BGH* bei der die Eindruckstheorie begründenden Entscheidung im Jahr 1955 für die Subsumtion unter den Begriff der Ausübung der Heilkunde genügen, dass „angebliche übernatürliche Gewalten mit vermeintlichen oder vorgetäuschten übersinnlichen Kräften bekämpft“[180] würden. Eine unmittelbare Einwirkung auf den Körper oder eine Gesundheitsgefährdung des Klienten wurden weder gefordert noch angesprochen.

Im Jahr 1978 wendete der *BGH* hingegen restriktivere Merkmale an. Er verlangte nicht nur, dass beim Klienten der Eindruck erweckt wurde, die Tätigkeit diene der Feststellung, Heilung oder Linderung von Krankheiten, Schmerzen oder Leiden, sondern auch, dass der Behandelnde sich selbst übernatürliche Fähigkeiten zuschrieb, die zur Heilung oder Linderung des Leidens führen sollten. Darüber hinaus ging der *BGH* auf das Erfordernis ärztlichen Fachwissens ein und bezog die mittelbare Gesundheitsgefahr, die im gegenständlichen Fall gegeben war, in seine Wertung ein.[181]

---

178 *Dorn-Haag*, Hexerei und Magie im Strafrecht, S. 404.

179 So beispielsweise *BVerwG*, Urteil vom 11.11.1993, Az. 3 C 45/91, in: NJW 1994, 3024; *OVG NRW*, Urteil vom 08.12.1997, Az. 13 A 4973-94, in: NVwZ-RR 1999, 40; *OVG NRW*, Urteil vom 02.12.1998, Az. 13 A 5322/96, Rn. 30 ff., zitiert nach juris.

180 *BGH*, Urteil vom 04.11.1955, Az. 5 StR 421/55, in: NJW 1956, 313 (313).

181 *BGH*, Urteil vom 13.09.1977, Az. 1 StR 389/77, in: NJW 1978, 599 f.

Seitdem sind für die Strafgerichte im Wesentlichen die folgenden drei Kriterien entscheidend: (1) Die Tätigkeit muss beim Klienten den Eindruck erwecken, sie diene der Heilung oder Linderung von Krankheiten oder Leiden, (2) es muss so scheinen, als ginge die Heilung von dem Behandelnden selbst aus und (3) durch die drohende Behandlungsverzögerung muss eine zumindest mittelbare Gesundheitsgefährdung bestehen.[182]

Die mittelbare Gesundheitsgefährdung konnte in den Folgejahren nach der Rechtsprechung nicht dadurch beseitigt werden, dass der Geistheiler darauf hinwies, die Therapie könne nicht als Ersatz einer ärztlichen Behandlung dienen. In mehreren Fällen wurde trotz eines solchen Hinweises die Tätigkeit als die drei genannten Kriterien erfüllend und damit als Ausübung der Heilkunde im Sinne des § 1 Absatz 2 HeilPraktG angesehen[183].

(3) Literatur

Die Literatur beschäftigte sich ebenso wie die Gerichte mit der Frage, ob die Geistheilung zur Ausübung der Heilkunde zählt.

Teilweise wurde dabei ein vermittelnder Standpunkt eingenommen und einerseits das Erfordernis ärztlichen Fachwissen, andererseits aber auch der beim Klienten entstandene Eindruck verlangt, die Tätigkeit diene der Heilung[184].

Der Großteil der Literatur folgte allerdings der Auffassung der Verwaltungsgerichte und wendete ausschließlich die sogenannte Fachwissentheorie an[185]. Insbesondere wurde argumentiert, dass allein der subjektive Eindruck, ob eine Tätigkeit der Heilung einer Krankheit diene oder nicht, nicht zu einer Erlaubnispflicht führen darf. Dies insbesondere, da die Erlaubnispflicht die Strafbarkeit auslösen kann. Zudem darf nicht missachtet werden, dass das HeilPraktG nicht das Ziel verfolgt, den Bürger vor seiner eigenen Naivität, sondern die

182 *Dorn-Haag*, Hexerei und Magie im Strafrecht, S. 403.

183 So beispielsweise *OLG Karlsruhe*, Urteil vom 25.02.1993, Az. 2 Ss 1/93, in: MDR 1993, 793; *OLG Frankfurt*, Urteil vom 27.01.1999, Az. 1 Ss 316/97, in: NJW 2000, 1807; anders hingegen *LG Verden*, Urteil vom 26.06.1999, Az. 12 - 24-97, in: NJW 1998, 3429.

184 *Bockelmann*, Das Ende des HeilPraktG, in: NJW 1966, 1145 (1149); *Cramer*, Strafrechtliche Grenzen der Therapiefreiheit und der Heilbehandlung durch den Heilpraktiker, S. 31 ff.

185 *Dannecker*, Alles was Recht ist - Alternative Heilverfahren in rechtlicher Sicht, S. 152 (181); zustimmend: *Schumacher*, Psychotherapie und Heilbehandlung aus rechtlicher Sicht, in: NJW 1970, 1945 (1947); *Wegener*, Was ist Heilkunde?, in: MedR 1990, 250 (250).

Gesundheit der Bevölkerung im Allgemeinen vor der Behandlung durch falsche Ärzte zu schützen.[186]

(4) Zusammenfassung

Zusammenfassend lässt sich daher festhalten, dass die Verwaltungs- und Zivilgerichte trotz ihres objektiven Verständnisses und unter teilweiser Ausweitung dessen die Geistheilung zunächst als Ausübung der Heilkunde im Sinne des § 1 Absatz 2 HeilPraktG ansahen. Die Strafgerichte kamen ebenfalls zu diesem Ergebnis, wenn auch unter Anwendung der Eindruckstheorie. Die Literatur hingegen sah die Geistheilung – größtenteils auf der Grundlage der Fachwissentheorie – nicht als Ausübung der Heilkunde im Sinne des § 1 Absatz 2 HeilPraktG an.

c) Entscheidung des BVerfG im Jahr 2004: Ausschluss der Geistheilung aus dem Anwendungsbereich des HeilPraktG

Im Jahr 2004 hatte das *BVerfG* über die Frage der Geistheilung als Ausübung der Heilkunde und über ihre Erlaubnispflicht nach dem HeilPraktG zu entscheiden. Es entschied, dass die streitgegenständliche Methode der Geistheilung vor dem Hintergrund der Berufsfreiheit aus Artikel 12 GG nicht unter den Begriff der Ausübung der Heilkunde im Sinne des § 1 Absatz 2 HeilPraktG zu subsumieren war und daher keiner Erlaubnis nach § 1 Absatz 1 HeilPraktG benötigte[187].

Bei der streitgegenständlichen Methode der Geistheilung handelte es sich um die des Handauflegens. Der Beschwerdeführer versuchte die Seele seiner Klienten zu berühren, indem er, um die Selbstheilungskräfte anzuregen, positive Energie mit seinen Händen an die betroffenen Organe sendete. Er wurde weder diagnostisch tätig noch versprach er Heilung noch kamen medizinischen Geräte zum Einsatz oder verschrieb er Medikamente. Außerdem riet er seinen Klienten eindringlich, zusätzlich zu der durch ihn erfolgenden Behandlung ärztliche Hilfe in Anspruch zu nehmen.[188]

Das *BVerfG* sah eine Erlaubnispflicht in diesem Falle als Eingriff in die Berufsfreiheit an und führte aus, dass ein solcher Eingriff nach dem Grundsatz der Verhältnismäßigkeit nur gerechtfertigt werden kann, wenn er zur Verfolgung eines legitimen Ziels geeignet, erforderlich und angemessen ist. Das *BVerfG* erkannte das Ziel der Erlaubnispflicht, den Schutz der Gesundheit der Bevölkerung, zwar

---

186 *Wegener*, Was ist Heilkunde?, in: MedR 1990, 250 (251).

187 *BVerfG*, Kammerbeschluss vom 02.03.2004, Az. 1 BvR 784/03, Rn. 10 ff., zitiert nach juris.

188 *BVerfG*, Kammerbeschluss vom 02.03.2004, Az. 1 BvR 784/03, Rn. 3, zitiert nach juris.

als ein legitimes Ziel an. Es hielt eine Erlaubnispflicht bezüglich der Geistheilung aber weder für geeignet noch für erforderlich, um dieses Ziel zu erreichen.[189]

In seiner Argumentation ging das *BVerfG* auf die konkret in Rede stehende Methode der Geistheilung ein. Diese beschränkte sich darauf, Selbstheilungskräfte durch Handauflegen zu aktivieren. Ärztliche Fachkenntnisse waren nach Ansicht des Gerichts dafür nicht erforderlich, insbesondere da die Behandlung stets und losgelöst von der jeweiligen Diagnose durch Handauflegen erfolgte.[190]

Das *BVerfG* setzte sich des Weiteren mit dem Aspekt der mittelbaren Gesundheitsgefährdung auseinander. Es sah die Erlaubnispflicht des § 1 Absatz 1 HeilPraktG in dem konkreten Fall des Handauflegens schon nicht als geeignet an, um dieser Gefahr vorzubeugen. Das Gericht vertrat insoweit die Auffassung, dass Heilpraktiker im Gegensatz zu Geistheilern dem Berufsstand der Ärzte nahestehen. Dies wurde damit begründet, dass Heilpraktiker einen „Teil der ärztlichen Funktion“[191] ausüben dürfen, während Geistheiler spirituellen Riten und der Religion stärker verbunden sind als der Medizin. Vor diesem Hintergrund sah es das *BVerfG* als gerechtfertigt an, dass für die Erteilung der Erlaubnis bei Heilpraktikern vorausgesetzt und geprüft wird, ob sie über gewisse medizinische Fachkenntnisse verfügen. Geistheiler erwecken nach Ansicht des Gerichts hingegen im Allgemeinen gerade nicht die Erwartungen heilkundigen Beistands. Das *BVerfG* befürchtete, dass die Gefahr der mittelbaren Gesundheitsgefährdung in Form des Versäumnisses fachmedizinischer Hilfe vergrößert wird, wenn die Geistheilung als Ausübung der Heilkunde im Sinne des § 1 Absatz 2 HeilPraktG angesehen und eine Erlaubnis nach § 1 Absatz 1 HeilPraktG erforderlich wird. Denn dadurch wird nach der Auffassung des Gerichts der Eindruck erweckt beziehungsweise bestärkt, dass die Geistheilung ein Ersatz für die medizinische Betreuung ist und der Geistheiler entsprechend geprüft ist. In diesem Fall wird eine (fach-)ärztliche Betreuung eher als entbehrlich angesehen werden, als wenn deutlich wird, dass es sich bei der Geistheilung um etwas von der Ausübung der Heilkunde zu Unterscheidendes handelt, eine Art „dritten Weg“.[192]

Dennoch kann die Entscheidung des *BVerfG* nicht als allgemein geltender Freibrief für Geistheiler interpretiert werden. Für die Frage, ob eine Methode

189 *BVerfG*, Kammerbeschluss vom 02.03.2004, Az. 1 BvR 784/03, Rn. 10 ff., zitiert nach juris.

190 *BVerfG*, Kammerbeschluss vom 02.03.2004, Az. 1 BvR 784/03, Rn. 13, zitiert nach juris.

191 *Ebd.*

192 *BVerfG*, Kammerbeschluss vom 02.03.2004, Az. 1 BvR 784/03, Rn. 13 ff., zitiert nach juris.

der Geistheilung unter den Begriff der Ausübung der Heilkunde zu subsumieren ist, ist in erster Linie das Erscheinungsbild des Geistheilers und das daraus resultierende Gefährdungspotenzial entscheidend. Das *BVerfG*[193] legt als Maßstab die medizinische Behandlung an: Je weiter sich das Erscheinungsbild von einer medizinischen Behandlung entfernt, desto geringer ist das Gefährdungspotential, das allein geeignet ist, die Erlaubnispflicht auszulösen.

Solche Methoden der Geistheilung wie das Handauflegen, das Gesundbeten oder das Besprechen haben ein geringes Gefährdungspotential und lösen keine Erlaubnispflicht aus, denn sie haben mit einer medizinischen Behandlung äußerst wenig gemein. Dennoch kann nicht jede Geistheilung als erlaubnisfrei auszuüben angesehen werden. Ob eine Erlaubnispflicht besteht, ist vielmehr eine Einzelfallfrage, die sorgfältig geprüft werden muss.

Die Entscheidung des *BVerfG* hatte und hat seither Auswirkungen auf die strafrechtliche Behandlung von Geistheilern. So entschied das *BVerfG*, dass das Gesagte ebenso für den Begriff der Ausübung der Heilkunde im Rahmen der Strafbarkeit nach § 5 HeilPraktG gelten müsse[194].

Damit bleibt abschließend festzuhalten, dass einige Methoden der Geistheilung unter den folgenden Voraussetzungen nicht unter den Begriff der Ausübung der Heilkunde im Sinne des § 1 Absatz 2 HeilPraktG zu subsumieren sind: Zum einen muss sich die Geistheilung in der Mobilisierung der Selbstheilungskräfte erschöpfen und es darf keine Diagnose durch den Geistheiler gestellt werden. Zum anderen muss sich der Geistheiler auf übernatürliche Kräfte berufen. Zuletzt muss er vor Beginn der Behandlung ausdrücklich darauf hinweisen, dass seine Tätigkeit die ärztliche Behandlung nicht ersetzt. Außerdem ist eine ausreichende gewerberechtliche Kontrolle durch die zuständigen Behörden sicherzustellen. Bei Vorliegen dieser Voraussetzungen ist die jeweilige Methode der Geistheilung nicht als Ausübung der Heilkunde im Sinne des § 1 Absatz 2 HeilPraktG anzusehen, sodass die Strafbarkeit gemäß § 5 HeilPraktG nicht in Betracht kommt.[195] Liegen die Voraussetzungen jedoch nicht vor, so kann die Strafbarkeit gemäß § 5 HeilPraktG bestehen.

d) Rechtsprechung seit der Entscheidung des BVerfG aus dem Jahr 2004

Dennoch brachte die Entscheidung des *BVerfG* keine vollumfängliche Klarheit, welche Methoden der Geistheilung als Ausübung der Heilkunde im Sinne des

193 *BVerfG*, Kammerbeschluss vom 02.03.2004, Az. 1 BvR 784/03, Rn. 16, zitiert nach juris.
194 *BVerfG*, Kammerbeschluss vom 03.06.2004, Az. 2 BvR 1802/02, in: NJW 2004, 2890 f.
195 *Dorn-Haag*, Hexerei und Magie im Strafrecht, S. 409.

§ 1 Absatz 2 HeilPraktG zu qualifizieren sind und welche nicht. Daher beschäftigten einzelne Heilmethoden in den Folgejahren immer noch die Gerichte.

So hatte das *AG Meldorf* im Jahr 2010 über die Tätigkeit eines Geistheilers zu entscheiden, der sich vor seine Klienten stellte und mit erhobenen Händen zu Gott betete, damit Gott zur Heilung des Klienten beitrug. Unter Bezugnahme auf die Entscheidung des *BVerfG* aus dem Jahr 2004 verneinte das *AG Meldorf* die Ausübung der Heilkunde im Sinne des § 1 Absatz 2 HeilPraktG. Daher sah es eine Erlaubnis nach § 1 Absatz 1 HeilPraktG als nicht erforderlich an und verneinte die Strafbarkeit gemäß § 5 HeilPraktG bei dieser Methode der Geistheilung.[196] Allerdings ist an der Entscheidung zu kritisieren, dass die vom *BVerfG* aufgestellten Kriterien nur in unzulänglicher Weise beachtet wurden. So stellte das *AG Meldorf* nicht fest, ob ein nach dem *BVerfG* erforderlicher Hinweis auf die Notwendigkeit ärztlicher Behandlung erfolgte.

Das *AG Gießen* hatte im Jahr 2014 über folgende Methode der Geistheilung zu entscheiden: Der Geistheiler gab an, geistige Kräfte zu haben, mit denen er Menschen von Beschwerden wie beispielsweise Demenz, Alzheimer, Hepatitis oder HIV heilen könne. Seine Tätigkeit bestand in der Analyse des Gesundheitszustands der einzelnen Organe mittels eines Pendels. Nach dem Pendeln legte er vielfach noch die Hände auf. Die Vergütung erfolgte jeweils durch den Klienten; die Preisspanne betrug 60 Euro bis 1.000 Euro. Das *AG Gießen* verneinte eine Ausübung der Heilkunde im Sinne des § 1 Absatz 2 HeilPraktG. Es knüpfte an die generelle Gefährlichkeit der Tätigkeit an und stellte im streitgegenständlichen Fall insbesondere darauf ab, dass mit der dargebotenen Behandlung keine nennenswerten gesundheitlichen Schädigungen verursacht werden könnte. Zwar erkannte das Gericht an, dass auch mittelbare Gesundheitsgefährdungen eine Erlaubnispflicht begründen können; diese konnte es aber bei der streitgegenständlichen Methode der Geistheilung ebenfalls nicht erkennen. Denn der Geistheiler hatte jeden Klienten darauf hingewiesen, dass seine Heilbehandlung die schulmedizinische Behandlung nicht ersetzen könne und forderte seine Klienten stets auf, die schulmedizinische Behandlung weiterzuführen. Weiterhin waren ärztliche Fachkenntnisse für die Tätigkeit des Geistheilers, die sich im Wesentlichen auf das Pendeln und das Handauflegen beschränkte, nach Ansicht des Gerichts nicht erforderlich. Der Geistheiler erweckte zudem nicht den Eindruck, geprüfter Heilpraktiker zu sein, sodass die Klienten keinen heilkundigen

196 *AG Meldorf*, Urteil vom 18.05.2010, Az. 29 Ds 315 Js 277580/09, zitiert nach juris.

Beistand erwarteten, sondern vielmehr Hilfe durch seine geistigen Kräfte sowie seine Spiritualität.[197]

Daneben hatten die Gerichte über andere, der Geistheilung zumindest nahestehende Heilmethoden zu entscheiden. Hier kamen sie zumeist zu anderen Ergebnissen.

Im Jahr 2011 sah der *BGH* die Synergetiktherapie, eine alternative Form der Psychotherapie, als Ausübung der Heilkunde im Sinne des § 1 Absatz 2 HeilPraktG an und forderte daher eine Erlaubnis. Daher ist die Strafbarkeit gemäß § 5 HeilPraktG zu bejahen, wenn die Synergetiktherapie ohne ärztliche Approbation oder Erlaubnis nach § 1 Absatz 1 HeilPraktG betrieben wird. Der *BGH* stellte in seiner Entscheidung darauf ab, dass die Therapie als potentiell gefährlich für die zu behandelnde Person anzusehen ist.[198]

Im selben Jahr sah das *OVG Lüneburg* verschiedene diagnostische und therapeutische Verfahren der Traditionellen Chinesischen Medizin (TCM), beispielsweise die Akupunktur und die Akupressur, aber auch Reflexzonen- und Tuina-Massagen als therapeutische Verfahren, als Ausübung der Heilkunde im Sinne des § 1 Absatz 2 HeilPraktG und daher als erlaubnispflichtig an. Dies wurde damit begründet, dass die Verfahren auf die Feststellung, Heilung oder Linderung von Krankheiten, Leiden oder Körperschäden bei Menschen gerichtet sind und ärztliche Fachkenntnisse erfordern und/oder gesundheitliche Schäden verursachen können. Insbesondere die potenzielle Gefährlichkeit für die zu behandelnde Person war für das Gericht entscheidend.[199]

e) Zwischenergebnis: Kritische Würdigung

Die Entscheidung des *BVerfG* aus dem Jahr 2004 ist im Ergebnis und in Bezug auf den gegebenen Sachverhalt überzeugend.

Zunächst einmal ist festzustellen, dass der Geistheilung durch die Entscheidung des Gerichts kein Freibrief erteilt wurde. Zwar mag die Entscheidung des *BVerfG* Geistheiler in ihrer Berufsausübung stärken, indem es eine Erlaubnispflicht verneint, jedoch stellt das *BVerfG* zugleich Kriterien auf, die Voraussetzung für das Nichtbestehen einer Erlaubnispflicht sind. Die Geistheilung kann damit keinesfalls in jedem Falle erlaubnisfrei ausgeübt werden. Insbesondere das Erfordernis eines Hinweises gegenüber den Klienten, dass eine

---

197 *AG Gießen*, Urteil vom 12.06.2014, Az. 507 Cs 402 Js 6823/11, zitiert nach juris.
198 *BGH*, Urteil vom 22.06.2011, Az. 2 StR 580/10, in: NJW 2011, 3591.
199 *OVG Lüneburg*, Beschluss vom 15.03.2011, Az. 8 ME 8/11, Rn. 40 ff., zitiert nach juris.

schulmedizinische Behandlung durch die Geistheilung nicht ersetzt werden könne und daher in jedem Fall erforderlich sei, ist hierbei zu begrüßen.

Das *BVerfG* hebt hervor, dass durch die in Rede stehende Methode der Geistheilung lediglich mittelbare Gesundheitsgefahren drohen. Die weite Entfernung von Schutzgut und Verbot erfordert nach dem *BVerfG* eine besondere Sorgfalt bei der Abwägung und so kommt das *BVerfG* letztendlich zu dem Schluss, dass die Erforderlichkeit zu verneinen ist. Allerdings drohen durch andere Methoden der Geistheilung nicht nur mittelbare Gefahren für die Gesundheit der Bevölkerung und des Einzelnen. Je nach Sachverhalt und Methode der Geistheilung sind jedoch unmittelbare Gefahren für den Körper und die Gesundheit denkbar, insbesondere aufgrund der starken Heterogenität der Geistheilung und der Unübersichtlichkeit der Behandlungsmethoden.

Darüber hinaus sollte richtigerweise der weitere Zweck des HeilPraktG berücksichtigt werden, den Einzelnen und die Allgemeinheit vor der berufsmäßigen Ausnutzung durch Nicht-Heilkundige zu deren eigenen finanziellen Vorteil zu schützen. Das HeilPraktG wurde nicht nur zum Schutze von Leib und Leben eingeführt, sondern auch im Hinblick auf Vermögensinteressen. Es soll diese unrühmliche Form der Einnahmequelle, das Ausnutzen der Situation Kranker, beenden. Indes ist das Vermögensinteresse des Einzelnen kein besonders wichtiges Schutzgut, das eine Berufszulassungsschranke rechtfertigt.

Des Weiteren muss davon ausgegangen werden, dass die praktische Umsetzung dieser Kriterien Schwierigkeiten aufwirft. Das *BVerfG* hat mit seiner Entscheidung zwar der Gewerbeaufsicht eine konkrete Pflicht zur Kontrolle und wenn nötig auch zur Handlung auferlegt. Eine strenge Kontrolle der Kriterien durch die Behörden, so beispielsweise, ob die Klienten tatsächlich in ausreichendem Maße auf das bestehende Erfordernis einer schulmedizinischen Behandlung ernsthaft hingewiesen werden, ist allerdings mit einem hohen (Verwaltungs-)aufwand verbunden. Soweit das *BVerfG* feststellt, es sei „Sache der Behörden, auf die Einhaltung derartiger Aufklärungsverpflichtungen hinzuwirken und sie durch Kontrollen der Gewerbeaufsicht durchzusetzen“[200] ist dem zwar zuzustimmen – in der Praxis wird es aber geradezu unmöglich sein, dies effektiv durchzusetzen. Es ist kaum vorstellbar, dass die für die Gewerbeaufsicht zuständigen Behörden diese Aufgabe umfassend bewerkstelligen können.

Damit bleibt abschließend festzuhalten, dass die Entscheidung des *BVerfG* zwar im speziellen Fall überzeugt. Unklar ist aber weiterhin, welche anderen

200 *BVerfG*, Kammerbeschluss vom 02.03.2004, Az. 1 BvR 784/03, Rn. 18, zitiert nach juris.

Methoden der Geistheilung, vor allem solche, die unmittelbare Gesundheitsgefährdungen bedeuten können, eine Erlaubnis nach dem HeilPraktG erfordern.

Unter bestimmten Voraussetzungen kann die Geistheilung in Deutschland nach aktueller Rechtsprechung aber erlaubnisfrei ausgeübt werden. Die Strafbarkeit gemäß § 5 HeilPraktG kommt dann nicht in Betracht.

2. Gemäß § 14 i.V.m. § 3 Heilmittelwerbegesetz (HWG)

Die Geistheilung ist nicht nur durch das HeilPraktG nebenstrafrechtlich begrenzt. In engem Zusammenhang mit der Erlaubnispflicht der Geistheilung steht die Frage nach der Zulässigkeit der Werbung für selbige. Insoweit ist insbesondere § 14 HWG von Relevanz, der die Zuwiderhandlung gegen das Verbot der irreführenden Werbung gemäß § 3 HWG unter Strafe stellt.

Das HWG verfolgt in erster Linie den Zweck, Gefahren zu begegnen, die der Gesundheit des Einzelnen und den Gesundheitsinteressen der Allgemeinheit durch missverständliche Heilmittelwerbung drohen[201]. Dazu zählt neben der Gefahr der unsachgemäßen Selbstmedikation beispielsweise die Gefahr der Anwendung wirkungsloser Mittel oder Therapien, die von der Inanspruchnahme einer sachkundigen Behandlung abhalten[202]. Unerheblich ist, ob diese Gefahren tatsächlich eintreten; für die Strafbarkeit gemäß § 14 HWG reicht die Irreführungseignung unabhängig von einem Erfolg aus[203]. Daneben verfolgt das HWG aber auch den Zweck, dafür zu sorgen, dass kranke und insbesondere ältere Menschen nicht durch maßlose, reißerische und beeinflussende Werbung zu Fehlkäufen und -gebräuchen von Arznei- und anderen Heilmitteln angestiftet werden[204]. Die gesetzgeberischen Ziele des HWG sind folglich der Schutz der Gesundheit sowie der Schutz gegen finanzielle Benachteiligung besonders schützenswerter Personen[205].

---

201 *Fritzsche*, in: Spickhoff, Medizinrecht, § 3 HWG Rn. 1; *Pelchen/Anders*, in: Erbs/Kohlhaas, HWG, § 3 Rn. 1.

202 *BVerwG*, Urteil vom 04.03.1954, Az. BVerwG I C 2/53, in: NJW 1954, 1133 (1134) zur früheren HeilmittelwerbeVO; *Fritzsche*, in: Spickhoff, Medizinrecht, § 3 HWG Rn. 1.

203 *Fritzsche*, in: Spickhoff Medizinrecht, HWG, § 14 Rn. 2, mit Verweis auf *BGH*, Urteil vom 16.08.1972, Az. 2 StR 280/72, in: NJW 1972, 2227 (2227 f.) in Bezug auf § 8 AMG.

204 *BGH* Urteil vom 26.09.2002, Az. I ZR 101/00, in: NJW-RR 2003, 478 (479).

205 *BVerfG*, Beschluss vom 20.03.2007, Az. 1 BvR 1226/06, in: NJW-RR 2007, 1048 (1049); *BGH*, Urteil vom 28.09.2011, Az. I ZR 96/10, in: PharmaR 2012, 211 (216); *Fritzsche*, in: Spickhoff Medizinrecht, HWG, § 14 Rn. 1.

Die Gefahr der Anwendung wirkungsloser Behandlungsmethoden und der damit verbundenen Verzögerung sachkundiger Behandlung besteht bei der Geistheilung. Zudem ist das HWG im Hinblick auf den Zweck des Schutzes vor wirtschaftlicher Übervorteilung von Interesse.

a) *Anwendbarkeit des HWG trotz fehlender Erlaubnispflicht nach dem HeilPraktG*

Vorstehend wurde erörtert, dass Geistheiler aufgrund der gemäß Artikel 12 GG zu beachtenden Berufsfreiheit unter bestimmten Voraussetzungen von der Erlaubnispflicht des § 1 Absatz 1 HeilPraktG befreit sind. Vor diesem Hintergrund ist zu untersuchen, ob die Anwendung des HWG auf die Fälle der Geistheiler überhaupt zulässig und das HWG daher von Geistheilern überhaupt zu beachten ist.

Das HWG regelt die Werbemöglichkeiten der im Heilwesen Tätigen. Solche Beschränkungen betreffen Fragen der Berufsausübung[206], da die Werbung für eine berufliche Tätigkeit der Berufsausübung dient und mit ihr verbunden ist[207]. Eine die berufliche Werbung beschränkende staatliche Maßnahme ist daher als Eingriff in die Berufsausübungsfreiheit des Artikel 12 GG anzusehen[208]. Ein solcher Eingriff kann aber gerechtfertigt sein. Dafür ist erforderlich, dass die Regelungen des HWG den verfassungsrechtlichen Anforderungen an grundrechtsbeschränkende Gesetze genügen[209]. Die gesetzlichen Ziele müssen dafür hinreichende Gründe des Gemeinwohls darstellen[210]. Das ist beim HWG der Fall: Wie bereits ausgeführt soll das HWG zum einen Gefahren zu begegnen, die der Gesundheit Einzelner und der Allgemeinheit durch unsachgemäße Selbstmedikation drohen. Zum anderen soll sowohl der Einzelne als auch die Allgemeinheit vor Fehlentscheidungen bei der Wahl des Heilmittels

---

206 *BVerfG*, Beschluss vom 07.11.1991, Az. 1 BvR 1469/86, in: NJW 1992, 550 (551) bzgl. § 3 Absatz 1 Satz 1 WerbeVOStBerG.

207 *BVerfG*, Beschluss vom 22.05.1996, Az. 1 BVR 744/88, in: NJW 1996, 3067 (3067).

208 *BVerfG*, Beschluss vom 11.02.1992, in: BVerfGE 85, 248 (256) mit Verweis auf *BVerfG*, Beschluss vom 20.04.1982, Az. 1 BvR 522/78, in: BVerfGE 60, 215 (229) zum Werbeverbot für Steuerberater und *BVerfG*, Beschluss vom 19.11.1985, Az. 1 BvR 934/82, in: BVerfGE 71, 162 (173) zu den in den ärztlichen Berufsordnungen normierten Werbeverboten.

209 *BVerfG*, Beschluss vom 20.03.2007, in: NJW-RR 2007, 1048 (1049).

210 St. Rspr. des *BVerfG* seit des Apotheken-Urteils: *BVerfG*, Urteil vom 11.06.1958, Az. 1 BvR 596/56, in: NJW 1958, 1035 (1038).

und der Heilbehandlung bewahrt werden. Dies sind gesetzliche Gründe des Allgemeinwohls.

Im Hinblick auf die Rechtsprechung zum HeilPraktG und der mitunter fehlenden Erlaubnispflicht bei Geistheilern ist zu erörtern, ob nicht die Ansicht der Gerichte, die Geistheilung sei keine Ausübung der Heilkunde im Sinne des § 1 Absatz 2 HeilPraktG, im Rahmen des HWG ebenfalls Beachtung finden muss.

§ 1 Absatz 1 Nummer 2 HWG erstreckt den Anwendungsbereich des HWG auf die Werbung für Verfahren, Behandlungen oder andere Mittel, soweit sich die Werbeaussage unter anderem auf die Erkennung, Beseitigung oder Linderung von Krankheiten, Leiden, Körperschäden oder krankhaften Beschwerden bei Mensch oder Tier bezieht. In beiden Fällen steht folglich eine Tätigkeit zur Feststellung oder Erkennung, Beseitigung oder Heilung, oder zur Linderung von Krankheiten, Leiden oder Körperschäden in Rede. Im Anwendungsbereich des HeilPraktG wird die Tätigkeit ausgeübt, im Anwendungsbereich des HWG hingegen beworben. Wenn nun aber die Geistheilung unter bestimmten Voraussetzungen nicht als Ausübung der Heilkunde im Sinne des § 1 Absatz 2 HeilPraktG angesehen wird, liegt es nahe, bezüglich ihrer Bewerbung die Anwendung des HWG jedenfalls in diesen Fällen ebenfalls auszuschließen.

Allerdings sind die jeweiligen Hintergründe der beiden Gesetze zu beachten: Im Unterschied zum HeilPraktG kommt es im Rahmen des HWG nicht auf eine (fachliche) Befähigung zur Heilung an. Vielmehr zielt das HWG darauf ab, Kranke als Verbraucher vor wirtschaftlicher Übervorteilung durch unsachliche und besonders reißerische Werbemaßnahmen zu schützen. Dafür ist es jedoch unerheblich, ob ein Heiler (fachlich) befähigt ist und ob ein Heiler die Erwartung einer heilkundigen Behandlung oder die eines spirituell religiösen Beistands weckt. Die Schutzzwecke des HWG differenzieren zudem nicht danach, ob die beworbene Heilbehandlung auf naturwissenschaftlichen Erkenntnissen, alternativmedizinischen Grundlagen oder spirituellen Heilkräften des Heilenden beruht. Darüber hinaus sind Werbemaßnahmen einschränkende Regelungen im Hinblick auf eine Rechtfertigung eines Eingriffs in die Berufsfreiheit gemäß Artikel 12 GG zur Zweckerreichung geeignet und erforderlich, insbesondere bei der Geistheilung. So kommt vor allem das bei der Erlaubnispflicht nach § 1 Absatz 1 HeilPraktG mildere Mittel eines Hinweises auf die weiter bestehende Erforderlichkeit einer schulmedizinischen Behandlung im Rahmen des HWG nicht als milderes Mittel in Betracht, da es nicht in gleichem Maße wie die Werbebegrenzungen geeignet ist, den Schutz der Gemeinwohlbelange zu erreichen. Denn wenn jemand Heilung sucht und im Rahmen dessen eine Auswahl zwischen Arzt, Heilpraktiker und Geistheiler trifft, ist er bei seiner Entscheidung vor allem durch die oft zumindest als ausweglos empfundene Situation den

Gefahren einer wirtschaftlichen Übervorteilung und Ausnutzung ausgesetzt. Die besondere Anfälligkeit der Adressaten einer Heilmittelwerbung wird durch die im HWG beispielhaft aufgezählten, in besonderem Maße beeinflussenden und Übertreibungen nutzenden Werbemethoden verstärkt. Die Werbemethoden verstärken die generell bereits bestehende Gefahr, Fehlentscheidungen bezüglich der Wahl von Heilmitteln und Heilmethoden zu treffen. Dieser gesteigerten Gefahr kann nicht mit einem bloßen Hinweis auf die Erforderlichkeit der Inanspruchnahme schulmedizinischer Hilfe begegnet werden.[211]

Daher ist das HWG auch bei Geistheilern anwendbar, die keine Heilkunde im Sinne des § 1 Absatz 2 HeilPraktG ausüben und nicht der Erlaubnispflicht des § 1 Absatz 1 HeilPraktG unterliegen. Ein Geistheiler ist im Rahmen des HWG ebenso als ein im Heilberuf Tätiger anzusehen wie ein Arzt oder ein Heilpraktiker; eine Privilegierung der Geistheiler gegenüber den Ärzten oder Heilpraktikern ist daher nicht geboten. Als Täter kommt jeder in Betracht, der eine irreführende Werbung im Sinne des § 3 HWG vornimmt, und daher jeder Geistheiler.

b) Mögliche Szenarien

Nicht selten werben Geistheiler im Internet[212] oder durch sonstige Werbemaßnahmen[213] damit, dass ihre Therapieverfahren Krankheiten und Leiden heilen oder lindern. Das ist problematisch, weil die Wirksamkeit der verschiedenen Methoden der Geistheilung wissenschaftlich nicht bewiesen ist. Solche Werbeaussagen sind geeignet, eine Zuwiderhandlung gegen das Verbot der

211 *BVerfG*, Beschluss vom 20.03.2007, Az. 1 BvR 1226/06, in: NJW-RR 2007, 1048 (1049 f.)

212 *BVerfG*, Beschluss vom 20.03.2007, Az. 1 BvR 1226/06, in: BVerfGK 10, 464, wo das *BVerfG* über einen Fall zu entscheiden hatte, bei dem sich Geistheiler in ihrem Internetauftritt starke Heilkräfte zusagten, indem sie angaben, insbesondere einen Beckenschiefstand in Sekundenschnelle beheben zu können, ohne dabei den Körper zu berühren; oder auch *OLG Schleswig-Holstein*, Beschluss vom 10.06.2010, Az. 6 U 42/09, zitiert nach juris, wo das OLG Schleswig-Holstein über eine Werbung eines Idealvereins für „Therapeutisches Reisen" zu entscheiden hatte, bei der suggeriert wurde, dass die Geistchirurgie einen therapeutischen Erfolg aufweist, obwohl dies wissenschaftlich nicht belegt werden konnte.

213 *AG Meldorf*, Urteil vom 18.05.2010, Az. 29 Ds 315 Js 27580/09, in: NStZ 2012, 458, wo ein Geistheiler ein großflächiges Plakat auf einem Wochenmarkt aufstellte und eine Behandlung zum Beinlängenausgleich sowie zur Beseitigung von Besetzungen anbot.

irreführenden Werbung aus § 3 HWG darzustellen und damit den Straftatbestand des § 14 HWG zu erfüllen.

c) Fälle irreführender Werbung

§ 3 HWG erklärt irreführende Werbung für unzulässig und nennt eine Reihe von nicht abschließenden Beispielen, bei denen eine irreführende Werbung vorliegt.

Eine Werbung ist grundsätzlich als irreführend anzusehen, „wenn sie geeignet ist, durch objektiv unrichtige Angaben irrige Vorstellungen über solche Umstände und Verhältnisse hervorzurufen, die für die Beurteilung der Wirkung, der Brauchbarkeit und des Werts des angepriesenen Mittels von Bedeutung sein können“[214]. Der Eintritt eines Erfolgs ist nicht erforderlich[215].

Bei der Beurteilung, ob eine Werbung als irreführend anzusehen ist oder nicht, ist auf den Aufmerksamkeitsgrad eines „durchschnittlich informierten und verständigen Verbrauchers“[216] abzustellen. Werbung, die derartig reißerisch und aufdringlich ist, dass sie nur zur Irreführung besonders naiver und einfältiger Menschen geeignet ist, ist daher nicht als irreführend im Sinne des HWG anzusehen[217].

Im Hinblick auf Geistheilungen sind vor allem § 3 Satz 2 Nummer 1 und Nummer 2 a) von Interesse.

Nach § 3 Satz 2 Nummer 1 HWG liegt eine Irreführung vor, wenn unter anderem Verfahren und Behandlungen eine therapeutische Wirksamkeit oder sonstige Wirkungen beigelegt werden, die sie nicht haben. Nach § 3 Satz 2 Nummer 2 a) HWG liegt eine Irreführung vor, wenn fälschlich der Eindruck erweckt wird, dass ein Erfolg mit Sicherheit erwartet werden kann.

Als irreführende Werbung aufgrund Beilegung nicht bestehender therapeutischer Wirksamkeit oder Wirkungen im Sinne des § 3 Satz 2 Nummer 1 HWG wird bereits eine Heilmittelwerbung angesehen, die mit nicht hinreichend gesicherten Wirksamkeitsangaben wirbt. Denn wenn für die Erfüllung der Voraussetzungen ein absoluter Nachweis der Unwirksamkeit gefordert werden würde, würde § 3 Satz 2 Nummer 1 HWG weitgehend wirkungslos sein, da eine Wirksamkeit ebenso wie eine Unwirksamkeit praktisch niemals absolut nachweisbar

---

214 *Pelchen/Anders*, in: Erbs/Kohlhaas, HWG, § 3 Rn. 4.

215 *Pelchen/Anders*, in: Erbs/Kohlhaas, HWG, § 3 Rn. 5; *Sosnitza*, in: Zipfel/Rathke, Lebensmittelrecht, § 3 HWG Rn. 15.

216 *BGH*, Urteil vom 20.10.1999, Az. I ZR 167/97 (KG), in: NJW-RR 2000, 1490 (1491) in Bezug auf § 3 UWG.

217 *Sosnitza*, in: Zipfel/Rathke, Lebensmittelrecht, HWG, § 3 Rn. 15.

ist.[218] Dennoch ist es das Ziel der Vorschrift, dass nur mit Wirkungen geworben wird, die entweder durch wissenschaftlich fundierte Erkenntnisse oder durch Erfahrungen in der Praxis gerechtfertigt sind[219].

Wirbt ein Geistheiler damit, dass seine geistigen Heilmethoden wirken, so kann er einen wissenschaftlichen Nachweis nicht führen. Es existieren keine wissenschaftlich fundierten Erkenntnisse über die Wirkungen der verschiedenen Methoden der Geistheilung.

Allerdings ist zu überlegen, ob ein Geistheiler nicht den Beweis durch praktische Erfahrungen führen kann. Dafür ist erforderlich, dass die praktischen Erfahrungen durch Beobachtungen bei einer größeren Anzahl von Personen und regelmäßig über einen gewissen Zeitraum hinweg gesammelt wurden[220]. Geistheiler sehen sich oftmals zur Heilung spezifischer Krankheiten und Leiden durch Anwendung einer speziellen Methode der Geistheilung berufen und wenden nur diese bei ihren Klienten an. Das führt dazu, dass Geistheiler häufig durchaus über umfangreiche praktische Erfahrung bezüglich des Einsatzes einer speziellen Methode der Geistheilung verfügen.

Im Hinblick auf die Zwecke des HWG sind aber hohe Anforderungen an die Rechtfertigung durch praktische Erfahrungen zu stellen. Daher ist eine Rechtfertigung durch praktische Erfahrungen besonders kritisch zu beurteilen, wenn die Nachweise aus der Praxis mit medizinisch-wissenschaftlichen Erkenntnissen nicht vereinbar sind oder ihnen widersprechen. Sofern es sich daher nicht um durch die Methoden der Wissenschaft ermitteltes und aufgearbeitetes Erfahrungsmaterial handelt, haben die wissenschaftlichen Erkenntnisse bei einer Vielzahl von positiven praktischen Erfahrungen dennoch Vorrang.[221]

Da die praktischen Nachweise von Geistheilern im Widerspruch zu medizinisch-wissenschaftlichen Erkenntnissen stehen, kann ein Geistheiler seine Methoden nicht mit einer therapeutischen Wirksamkeit oder Wirkung bewerben, ohne dass die Werbung als irreführend im Sinne des § 3 Satz 2 Nummer 1 HWG anzusehen ist. Dem steht auch nicht entgegen, wenn er die therapeutische Wirksamkeit oder Wirkung in einer Vielzahl von Fällen in der Praxis erlebt hat.

---

218 *Zimmermann*, in: Fuhrmann/Klein/Fleischfresser, Arzneimittelrecht, § 28 Rn. 51.

219 *Bernhardt*, HWG, § 3 Rn. 7; *Doepner*, HWG Kommentar, § 3 Rn. 60 f.

220 *Doepner*, HWG Kommentar, § 3 Rn. 71; *Pelchen/Anders*, in: Erbs/Kohlhaas, HWG, § 3 Rn. 11.

221 *OLG München*, Urteil vom 14.05.2009, Az. 6 U 2187/06, Rn. 93, zitiert nach juris.

Nach § 3 Satz 2 Nummer 2 a) HWG ist eine Werbung irreführend und damit unzulässig, wenn sie den Eindruck eines sicheren Erfolgseintritts suggeriert beziehungsweise erweckt. Ein sicherer Eintritt eines Erfolgs kann nach medizinischem Kenntnisstand nicht belegt werden kann; lediglich die Wahrscheinlichkeit eines Erfolgs ist belegbar[222]. Eine „sinngemäße Erfolgsgarantie"[223] genügt im Rahmen des § 3 Satz 2 Nummer 2 a) HWG. Beispielsweise erfüllt das Versprechen, eine Kur oder ein Verfahren bedeute „Hoffnung für Millionen auch unheilbar Erkrankter"[224], die Voraussetzungen des § 3 Satz 2 Nummer 2 a) HWG. Zudem reicht es aus, wenn der Eindruck hervorgerufen wird, „dass im Regelfall ein sicherer Erfolg erwartet werden kann"[225]. Nicht erforderlich ist hingegen, „dass ein absoluter Heilungserfolg"[226] ausdrücklich versprochen wird.

Beides kann durch die genannten möglichen Szenarien bei der Werbung von Geistheilern erfüllt sein.

d) Zwischenergebnis

Geistheiler haben folglich die Grenzen des Heilmittelwerberechts, insbesondere § 14 i.V.m. § 3 HWG, zu beachten. Sichert ein Geistheiler beispielsweise auf seinem Internetauftritt oder in einer Zeitungsannonce seiner Methode der Geistheilung einen Erfolg zu oder verspricht er eine Wirksamkeit, die er nicht hinreichend beweisen kann, so ist dies eine Zuwiderhandlung gegen das Verbot der irreführenden Werbung aus § 3 HWG und erfüllt den Straftatbestand des § 14 HWG.

3. Ergebnis zu möglichen Strafbarkeiten nach strafrechtlichen Nebengesetzen

Im Ergebnis bleibt damit festzuhalten, dass die Geistheilung nicht in jedem Fall als Ausübung der Heilkunde und damit als eine eine Erlaubnis nach dem HeilPraktG voraussetzende Tätigkeit anzusehen ist. Vielmehr ist eine Erlaubnispflicht und damit die Strafbarkeit eines Geistheilers nach § 5 HeilPraktG ausgeschlossen, wenn die vom *BVerfG* aufgestellten Voraussetzungen vorliegen und die Geistheilung daher nicht als Ausübung der Heilkunde anzusehen ist. Dies darf allerdings nicht als generelle Erlaubnisfreiheit bezogen auf die Geistheilung

---

222 *BVerwG*, Urteil vom 14.10.1993, Az. 3 C 21/91, in: NJW 1994, 2433 (2435).

223 *Pelchen/Anders*, in: Erbs/Kohlhaas, § 3 HWG Rn. 18.

224 *BGH*, Urteil vom 01.12.1983, Az. I ZR 164/81, in: NJW 1984, 1407 (1407).

225 *OLG München*, Urteil vom 02.03.2017, Az. 29 U 4641/16, Rn. 6, zitiert nach juris.

226 *Ebd.*

aufgefasst werden. Durch Beachtung der durch die Rechtsprechung festgelegten Kriterien können Geistheiler ihr Strafbarkeitsrisiko aber minimieren beziehungsweise ausschließen.

Ob die in Rede stehende Methode der Geistheilung als Ausübung der Heilkunde anzusehen ist oder nicht und ob das Verhalten des Geistheilers im jeweiligen Fall erlaubnisfrei oder erlaubnispflichtig ist, macht indes für eine mögliche Strafbarkeit nach § 14 i.V.m. § 3 HWG keinen Unterschied. Die Grenzen des Heilmittelwerberechts haben Geistheiler stets zu beachten.

II. Mögliche Strafbarkeiten nach dem StGB

Neben den speziellen nebengesetzlichen Straftatbestände kommen in Bezug auf Geistheiler verschiedene Straftatbestände des allgemeinen Strafrechts in Betracht. So ist die Strafbarkeit wegen eines Vermögensdelikts wie des Betrugs gemäß § 263 StGB ebenso möglich wie die Strafbarkeit wegen eines Delikts gegen die körperliche Unversehrtheit, beispielsweise wegen fahrlässiger Körperverletzung gemäß § 229 StGB oder sogar fahrlässiger Tötung gemäß § 222 StGB. Gegebenenfalls ist eine Tatbegehung durch Unterlassen gemäß § 13 StGB zu beachten. Darüber hinaus ist die Strafbarkeit wegen Verletzung des Privatgeheimnisses gemäß § 203 StGB denkbar.

1. Betrug gemäß § 263 Absatz 1 StGB

In Betracht kommt zunächst eine mögliche Strafbarkeit wegen Betrugs gemäß § 263 StGB. Den Klienten werden Linderung und/oder ihrer Beschwerden Heilung in Aussicht gestellt oder sogar versprochen, oder es wird der Eindruck des Vorhandenseins besonderer Kräfte geweckt. Zugleich wird das Entrichten eines Honorars gefordert wird. Ob dies den Straftatbestand des Betrugs erfüllt, wird im Folgenden untersucht.

a) Mögliche Szenarien

Bei der Behandlung durch Geistheiler sind verschiedene Szenarien denkbar, die zu einer Betrugsstrafbarkeit gemäß § 263 StGB führen können.

Zunächst ist die Strafbarkeit wegen Betrugs möglich, wenn sich der Geistheiler als Heilpraktiker im Sinne des HeilPraktG oder als Arzt ausgibt. Weiterhin kommt die Strafbarkeit in Betracht, wenn der Geistheiler eine in Wirklichkeit wirkungslose Methode der Geistheilung als Linderung oder Heilung bringend anpreist und empfiehlt. Zudem ist denkbar, dass der Geistheiler behauptet, besondere individuelle, übernatürliche Heilkraft zu besitzen, obwohl dies tatsächlich nicht zutrifft.

b) *Täuschung über Tatsachen: Verfügen über geistige Heilkräfte als Tatsache*

Problematisch kann bei Geistheilern bereits die Voraussetzung der Täuschung über Tatsachen sein.

Die Täuschungshandlung besteht nach dem Gesetzeswortlaut in der Vorspiegelung falscher oder in der Entstellung oder Unterdrückung wahrer Tatsachen. Eine Tatsache wird vorgespiegelt, wenn einem anderen eine in Wahrheit nichtexistierende Tatsache als existierend dargestellt wird. Ein Entstellen liegt hingegen vor, wenn eine Gesamtvorstellung von einem anderen dadurch verfälscht wird, dass einzelne Aspekte hinzugefügt oder weggelassen werden. Schließlich ist ein Unterdrücken einer wahren Tatsache anzunehmen, wenn durch eine Handlung verhindert wird, dass eine Person von einer Tatsache Kenntnis erlangt.[227]

Ein Verhalten des Geistheilers kann folglich als Täuschung im Sinne des § 263 StGB zu werten sein, wenn der Geistheiler durch Einwirkung auf das intellektuelle Vorstellungsbild eines Anderen eine Fehlvorstellung über Tatsachen erzeugt[228].

Eine Tatsache ist etwas Geschehenes oder Bestehendes, das zur Erscheinung gelangt und in die Wirklichkeit getreten, daher sinnlich wahrnehmbar oder wissenschaftlich belegbar und dem Beweis zugänglich ist. Innere Tatsachen sind ebenfalls unter den Tatsachenbegriff des § 263 StGB zu subsumieren.[229] Indes kann die Aussage des Geistheilers, der Klient werde bis zu einem bestimmten Zeitpunkt geheilt sein, keine Täuschung über Tatsachen im Sinne des § 263 StGB sein. Ein derartiges Verhalten ist nicht betrugsrelevant. Etwas Zukünftiges wird erst mit dessen Eintritt zur Tatsache, vorher ist es schlichtweg nicht tatbestandsrelevant im Rahmen des § 263 StGB.[230] Sofern das künftige Geschehen nicht im Voraus berechenbar ist, ist die Behauptung, dass ein Ereignis eintreten werde, nicht als Täuschung anzusehen[231]. Keine Tatsachenbehauptungen sind hingegen bloße Urteile oder Meinungsäußerungen, die insbesondere Elemente der subjektiven Stellungnahme, des Dafürhaltens oder Meinens enthalten und nicht

---

227 *Perron*, in: Schönke/Schröder, § 263 Rn. 6.

228 *Ebd.*

229 H.M., beispielsweise *Perron* in: Schönke/Schröder, § 263 Rn. 8; aufgrund der schweren Abgrenzung zu Werturteilen und Zukunftsdiagnosen kritisch SK-*Hoyer* § 263 Rn. 21 ff.

230 H.M., z.B. NK-*Kinderhäuser*, § 263 Rn. 79 f.; *Perron*, in: Schönke/Schröder, § 263 Rn. 8.

231 *Perron*, in: Schönke/Schröder, § 263 Rn. 8.

wahr oder unwahr, richtig oder falsch sind, weil sie von der persönlichen Überzeugung abhängen[232].

Eine Täuschung über Tatsachen kommt in Betracht, wenn der Geistheiler seine Methode der Geistheilung mit Tatsachen aufwertet, die den Anschein der Wissenschaftlichkeit wecken. Schreibt der Geistheiler seiner Methode der Geistheilung wahrheitswidrig eine wissenschaftliche Wirksamkeit zu, stellt dies eine Täuschung über Tatsachen im Sinne des § 263 StGB dar. Die Wirksamkeit einer Methode der Geistheilung ist dem Beweis zugänglich, sodass eine Täuschung darüber betrugsrelevant ist.[233] Darüber hinaus ist eine Täuschung über Tatsachen möglich, wenn sich der Geistheiler gegenüber den Klienten als approbierter Arzt oder staatlich zugelassener Heilpraktiker ausgibt. Denn ob der Geistheiler über eine Approbation als Arzt oder eine Zulassung zum Heilpraktiker verfügt, stellt eine objektiv beweisbare Tatsache dar.

Weniger eindeutig ist es jedoch, wenn der Geistheiler gegenüber dem Klienten angibt, über besondere Heilkräfte zu verfügen. In derartigen Fällen kommt grundsätzlich eine Täuschung darüber in Betracht, dass eine Fähigkeit zum Heilen mittels geistiger Kräfte tatsächlich besteht.

Dabei ist problematisch, ob das Verfügen über geistige Heilkräfte dem Beweis zugänglich ist und somit dem Begriff der Tatsache zugeordnet werden kann oder nicht. Zwar kann etwas angeblich Geschehenes oder Bestehendes eine Tatsache darstellen, sofern es objektiv bestimmbar und beweisbar ist[234]. Die bei der Geistheilung nach Angaben des Geistheilers zum Einsatz kommenden Heilkräfte sollen aber mitunter von einer übernatürlichen Art und Weise sein. Diese Heilkräfte sind, wie eingangs bereits erläutert, gerade nicht empirisch beweisbar. Daher kann die objektive Beweisbarkeit des Verfügens über die Heilkräfte zu bezweifeln sein. In der Konsequenz würde eine Täuschung über Tatsachen ausscheiden, wenn der Geistheiler angibt, über besondere Heilkräfte zu verfügen.

Für die objektive Beweisbarkeit im Rahmen des § 263 StGB genügt es allerdings, wenn der Täter beim Opfer den Eindruck erweckt, die Begebenheiten existierten tatsächlich[235]. Daher kann das Vorspiegeln übernatürlicher Kräfte betrugsrelevant sein[236].

---

232 H.M., beispielsweise zu § 186 StGB: *Lencker/Eisele*, in; Schönke/Schröder, § 186 Rn. 3.
233 NK-*Kindhäuser*, § 263 Rn. 78.
234 *RG*, Urteil vom 14.11.1921, Az. III 864/21, in: RGSt 56, 227 (231).
235 *Hefendehl*, in: MüKo StGB, § 263 Rn. 72; NK-*Kindhäuser,* § 263 Rn. 77.
236 So beispielsweise im Fall des *LG Mannheim*, Urteil vom 30.04.1992, Az. (12) 4 Ns 80/91, in: NJW 1993, 1488 (1489).

Soweit daran kritisiert wird, dass nicht zugleich auf die Perspektive eines objektiven Beobachters und die beliebige Perspektive eines – gegebenenfalls leichtgläubigen oder gar abergläubischen – Opfers abgestellt werden könne[237], ist dem zwar insofern zuzustimmen, dass das widersprüchlich erscheint. Nicht zutreffend ist aber, dass nur auf anerkannten Tatsachenannahmen beruhende Entscheidungsgrundlagen für Vermögensverfügungen rechtlich garantiert werden können. Entscheidend ist das Vorliegen einer Diskrepanz: Die Tatbestandsmerkmale der Täuschung und des Irrtums sollen lediglich solche Situationen vom Tatbestand des Betrugs im Sinne des § 263 StGB ausschließen, in denen beide Parteien dieselbe Vorstellung teilen. Ein die Strafbarkeit wegen Betrugs ausschließendes Risikogeschäft kann daher nur in Fällen angenommen werden, in denen der auf die Wirksamkeit Vertrauende selbst so massive Zweifel hat, dass er davon ausgeht, mit großer Wahrscheinlichkeit keinen Nutzen aus der Vereinbarung ziehen zu werden. Eine solche Situation liegt aber gerade nicht vor, wenn eine Partei über die Wirksamkeit einer Maßnahme – hier einer Methode der Geistheilung – täuscht, und die andere Partei dies glaubt beziehungsweise jedenfalls keine massiven Zweifel an der Wirksamkeit der Heilmethode hat und sich daraufhin zu einer Vermögensverfügung verleiten lässt. Dann liegt ein betrugsrelevantes Risikogeschäft vor.[238]

Daher kann die Täuschung eines Geistheilers über das Verfügen besonderer Heilkräfte eine betrugsrelevante Tatsache im Sinne des § 263 StGB sein.

c) Erregen oder Unterhalten eines Irrtums

Ist eine Täuschung über Tatsachen zu bejahen, so muss beim Klienten zudem durch diese Täuschung ein Irrtum erregt oder unterhalten werden. Ob der Irrtum vermeidbar ist, ist nicht relevant; es kommt lediglich auf die Tatsache der Fehlvorstellung an, sodass der Schutz des § 263 StGB auch bei Leichtgläubigkeit oder Naivität besteht[239]. Insofern ist nicht relevant, ob der Klient in besonders naiver oder leichtgläubiger Art und Weise den Versprechungen oder dem in Aussicht Gestellten eines Geistheilers Glauben schenkt.

---

237 So NK-*Kindhäuser*, § 263 Rn. 77 f., der eine Betrugsstrafbarkeit ausschließt, wenn ein Opfer sich auf der Basis von Entscheidungsgrundlagen, die nicht mehr als rational beziehungsweise empirisch beweisbar verlässlich gelten können, zu einer Vermögensverfügung hinreißen lässt, da dann das Risiko, das das Opfer eingeht, das Risiko deutlich übersteigt, das üblicherweise eingegangen wird.

238 *Hefendehl*, in: MüKo StGB, § 263 Rn. 76.

239 *Perron*, in: Schönke/Schröder, StGB Kommentar, § 263 Rn. 33.

Ein Irrtum ist das Auseinanderfallen von Vorstellung und Wirklichkeit, folglich eine falsche Vorstellung von der Realität[240]. Der erforderliche Bezug des Irrtums zur Tatsache ist zum einen gegeben, wenn der Getäuschte bestimmte Vorgänge als geschehen annimmt, die in Wahrheit nicht geschehen sind. Zum anderen ist der Bezug zu bejahen, wenn der Getäuschte davon ausgeht, vollständig informiert zu sein, er sich in Wahrheit jedoch einzelne Aspekte einer Gesamtsituation falsch vorstellt oder einzelne Aspekte in seiner Vorstellung fehlen.[241] Um den erforderlichen Zurechnungszusammenhang zwischen Täuschung, Irrtum und Vermögensverfügung bejahen zu können, muss sich der Irrtum gerade auf die Tatsachen beziehen, die dem Getäuschten vorgespiegelt wurden oder über die er trotz bestehender Rechtspflicht nicht aufgeklärt wurde[242]. Ein Irrtum liegt auch dann vor, wenn der Getäuschte Zweifel bezüglich der Wahrheit der behaupteten Tatsache hat, sich aber dennoch dazu hinreißen lässt, eine Verfügung zu tätigen[243]. Ein Irrtum besteht folglich, wenn ein Klient nicht gänzlich von der Anwendung geistiger Heilmethoden überzeugt ist, sie aber in Anspruch nimmt, um nichts unversucht zu lassen. Ein Irrtum ist aber zu verneinen, wenn der Verfügende im Hinblick auf die Wahrheit oder Unwahrheit einer Tatsache von einer Gleichgültigkeit gezeichnet ist, wenn er folglich die Verfügung trifft, ohne die Wahrheit der behaupteten Tatsachen zu erwarten[244]. Entscheidend ist, dass es das Opfer noch für möglich hält, dass die behauptete Tatsache wahr ist und aus diesem Grunde die Vermögensverfügung vornimmt[245].

---

240 *Ebd.*

241 *Perron*, in: Schönke/Schröder, StGB Kommentar, § 263 Rn. 34.

242 *Ebd.*

243 H.M. in Literatur und Rechtsprechung, beispielsweise *BGH*, Urteil vom 08.05.1990, Az. 1 StR 144/90, in: wistra 1990, 305 (305); *BGH*, Urteil vom 11. 7. 2001, Az. 1 StR 576/00, in: NJW 2001, 3718 (3719); *BGH*, Urteil vom 05.12.2002, Az. 3 StR 161/02, in: NJW 2003, 1198 (1198 f.); *Fischer*, § 263 Rn. 55; *Perron*, in: Schönke/Schröder, § 263 Rn. 40; LK-*Tiedemann*, § 263 Rn. 86.

244 *Maurach/Schroeder/Maiwald*, Strafrecht BT 1, § 41 Rn. 62; *Mitsch*, Strafrecht BT 2, S. 291; *Perron*, in: Schönke/Schröder, § 263 Rn. 40; enger hingegen *Hefendehl*, in: MüKo StGB, § 263 Rn. 258, wonach ein Irrtum schon bei bewusster Risikoentscheidung ausscheidet, sofern der Verfügende denkt „Entweder ist die Behauptung wahr, dann habe ich ein gutes Geschäft gemacht. Oder aber die Behauptung stimmt nicht, dann hat sich mein Risiko nicht ausgezahlt.“.

245 *BGH*, Urteil vom 05.12.2002, Az. 3 StR 161/02, in: NJW 2002, 1198 (1199); *Mitsch*, Strafrecht BT 2, S. 290.

Ein Erregen des Irrtums liegt vor, wenn der Täter die Fehlvorstellung durch ausdrückliches oder konkludentes Verhalten hervorruft[246]. Möglich ist zudem, dass der Täter einen bereits bestehenden Zweifel zu einer Fehlvorstellung erhärtet[247]. Ein Irrtum wird hingegen unterhalten, wenn der Täter verhindert, dass eine bereits bestehende Fehlvorstellung beseitigt wird, wobei es nicht erforderlich ist, dass die Fehlvorstellung von ihm selbst hervorgerufen wurde[248].

Ein Irrtum kann beispielsweise dadurch erregt oder unterhalten werden, dass sich der Klient aufgrund von Aussagen des Geistheilers vorstellt, der Geistheiler verfüge über besondere Heilkräfte, obwohl das tatsächlich nicht zutrifft. Ebenso kann ein Irrtum dadurch erregt oder unterhalten werden, dass er sich vorstellt, die Wirksamkeit der Methode der Geistheilung sei wissenschaftlich belegt, wenn dies nicht der Realität entspricht. Darüber hinaus ist es möglich, dass sich der Klient aufgrund von Praxisschildern oder ähnlichem unzutreffend vorstellt, der Geistheiler sei Arzt oder staatlich geprüfter Heilpraktiker.

d) Vermögensverfügung

Der erregte oder unterhaltene Irrtum muss zu einer Vermögensverfügung führen. Die Vermögensverfügung ist ein ungeschriebenes Tatbestandsmerkmal, das den kausalen Zusammenhang zwischen Irrtum und Vermögensschaden herstellt[249].

Eine Vermögensverfügung ist jedes Handeln, Dulden, oder Unterlassen, das eine Vermögensminderung unmittelbar herbeiführt[250]. Eine Verfügung im Sinne des bürgerlichen Rechts ist nicht erforderlich, vielmehr ist jedes tatsächliche Einwirken auf das Vermögen ausreichend[251]. Die Verfügung ist regelmäßig eine einzige Handlung, die unmittelbar zum Schaden führt[252].

---

246 *Perron*, in: Schönke/Schröder, StGB Kommentar, § 263 Rn. 43.

247 *Ebd.*

248 *Perron*, in: Schönke/Schröder, § 263 Rn. 45.

249 *RG*, Urteil vom 29.04.1913, Az. II 1221/12, in: RGSt 47, 152; *RG*, Urteil vom 27.05.1930, Az. I 463/30, in: RGSt 64, 226 (228); *BGH*, Urteil vom 11.03.1960, Az. 4 StR 588/59, in: BGHSt 14, 170; *Hefendehl*, in: MüKo StGB, § 263 Rn. 273; NK-*Kindhäuser*, § 263 Rn. 195; *Kühl*, in: Lackner/Kühl, § 263 Rn. 21; LK- *Perron*, in: Schönke/Schröder, § 263 Rn. 54; *Tiedemann*, § 263 Rn. 96.

250 H.M., stellvertretend für viele: *Perron* in Schönke/Schröder, § 263 Rn. 55.

251 *BGH*, Urteil vom 11.03.1960, Az. 4 StR 588/59, in: BGHSt 14, 170; LK-*Tiedemann*, § 263 Rn. 99.

252 *Perron*, in: Schönke/Schröder, § 263 Rn. 62.

Im Rahmen der möglichen Strafbarkeit von Geistheilern stellt die Bezahlung der Geistheiler die Vermögensverfügung dar.

e) *Vermögensschaden: Problematik des Anspruchs auf Vergütung aus wirksamen Vertrag*

Aus dieser Vermögensverfügung muss sodann ein Vermögensschaden resultieren. Ein solcher liegt vor, wenn das Vermögen nach der Verfügung weniger wert ist als vor der Verfügung[253]. Dem juristisch-ökonomischen Vermögensbegriff[254] folgend werden nur solche wirtschaftlichen Positionen als dem Vermögen zugehörig und daher für einen möglichen Vermögensschaden im Sinne des § 263 StGB relevant angesehen, die von der Rechtsordnung gebilligt beziehungsweise nicht missbilligt und daher geschützt werden[255].

In Fällen, in denen der Getäuschte Teile seines Vermögens weggibt und dafür eine Gegenleistung vom Täter erhält (sogenannte Austauschgeschäfte), liegt nur dann ein Schaden vor, wenn Leistung und Gegenleistung sich nicht entsprechen. Die Vermögensminderung in Form der eigenen Leistung darf daher nicht durch eine unmittelbar erlangte Gegenleistung aufgewogen werden. Um einen Vermögensschaden im Sinne des § 263 StGB zu bejahen, muss bei Austauschgeschäften eine Wertdifferenz anzunehmen sein.[256] Als Vergleichsbasis von Leistung und Gegenleistung dient jeweils der Verkehrswert. Ein Schaden im Sinne des § 263 StGB ist zu bejahen, wenn ein Wertgefälle zum Nachteil des Getäuschten erkennbar ist.[257]

Ein Vergleich des Vermögens des Klienten vor Bezahlung des Geistheilers mit seinem Vermögen nach Bezahlung des Geistheilers zeigt, dass die Summe der geldwerten Güter des Klienten nach der Verfügung weniger wert ist als vor der

---

253 H.M., siehe nur *Kühl*, in: Lackner/Kühl, § 263 Rn. 36; *Perron*, in: Schönke/Schröder, § 263 Rn. 99.

254 H.M., siehe nur NK-*Kindhäuser*, § 263 Rn. 30; *Perron*, in: Schönke/Schröder, § 263 Rn. 82; für eine Darstellung über die verschiedenen Interpretationen des Vermögensbegriffs im Rahmen des § 263 StGB siehe *Hefendehl*, in: MüKo StGB, § 263 Rn. 337 ff.; NK-*Kindhäuser*, § 263 Rn. 16 ff.; und *Perron*, in: Schönke/Schröder, § 263 Rn. 78b ff.

255 *RG*, Urteil vom 06.06.1932, Az. III 422/32, in: RGSt 66, 281 (285); *Foth*, Betrug und illegales Rechtsgeschäft, in: GA 1966, 42 (45 f.); kritisch SK-*Hoyer* Rn. 121; erstmals *Nagler*, Bezugsscheine als Objekte von Vermögensverbrechen, in: ZAkdR 1941, 294 (294 f.); *Satzger*, in: Satzger/Schluckebier/Widmaier, § 263 Rn. 143; LK-*Tiedemann*, Vor § 263 Rn. 31, § 263 Rn. 132.

256 *Perron*, in: Schönke/Schröder, StGB Kommentar, § 263 Rn. 107.

257 *Perron*, in: Schönke/Schröder, StGB Kommentar, § 263 Rn. 109.

Verfügung. Aus der Vermögensverfügung resultiert auf den ersten Blick somit ein Vermögensschaden.

Problematisch ist indes die Frage, wie es sich auswirkt, dass zwischen dem Klienten und dem Geistheiler ein zivilrechtlicher Vertrag geschlossen wird. Der Geistheiler könnte aus diesem Vertrag einen Anspruch auf Zahlung der Vergütung haben. Hat der durch die Vermögensverfügung Begünstigte einen fälligen und einredefreien Leistungsanspruch, ist ein Schaden grundsätzlich zu verneinen[258]. Der Schaden des Klienten entfiele daher. Ein Anspruch auf Vergütung besteht aber nur, wenn der Vertrag wirksam geschlossen wurde. Die anfängliche Unmöglichkeit der Leistung steht der Wirksamkeit eines Vertrags gemäß § 311a Absatz 1 BGB nicht entgegen und schließt einen Vermögensschaden im Sinne des § 263 StGB nicht aus.[259] Daher kann grundsätzlich ein Betrug im Sinne des § 263 StGB vorliegen, wenn das Verfügen über besondere Heilkräfte als möglich dargestellt und versprochen wird und die andere Partei dadurch zu einer Leistung veranlasst wird[260].

Der Wirksamkeit des Vertrags können aber weitere Punkte entgegenstehen. In Betracht kommt bei den Fällen der Geistheilung vor allem eine Nichtigkeit gemäß § 134 BGB oder gemäß § 138 BGB.

Insbesondere kann die Geistheilung als wucherisches Rechtsgeschäft im Sinne des § 138 Absatz 2 BGB anzusehen sein. Voraussetzung dafür ist, dass es sich bei dem Rechtsgeschäft um ein Austauschgeschäft handelt, der Bewucherte sich in einer Opferlage befindet, der Wucherer diesen Umstand ausbeutet und zwischen den Leistungen ein auffälliges Missverhältnis besteht. Bei einem Behandlungsvertrag mit Gegenstand der Geistheilung handelt es sich, um ein Austauschgeschäft im Sinne des § 138 Absatz 2 BGB, da sich der Geistheiler für seine Leistung der Heilbehandlung Vermögensvorteile zunächst versprechen und schließlich gewähren lässt. Die Klienten eines Geistheilers befinden sich als Bewucherte mitunter in der Opferlage der Zwangslage, die auch bei gesundheitlicher Bedrängnis vorliegen kann[261]. Problematisch ist aber bereits die

---

258 *RG*, Urteil vom 07.07.1884, Az. 1568/84, in: RGSt 11, 72 (76 f.); NK-*Kindhäuser*, § 263 Rn. 249; *Kühl*, in: Lackner/Kühl, § 263 Rn. 47; *Perron*, in: Schönke/Schröder, § 263 Rn. 117.

259 *Perron*, in: Schönke/Schröder, § 263 Rn. 151.

260 So im Fall *LG Mannheim*, Urteil vom 30.04.1992, Az. (12) 4 Ns 80/91, in: NJW 1993, 1488.

261 *BGH*, Urteil vom 05.06.1981, Az. V ZR 80/80, Rn. 18, zitiert nach juris, bezüglich einer sich aus einer dauerhaften Pflegebedürftigkeit ergebenden gesundheitlichen Zwangslage.

Voraussetzung des Ausbeutens. Ein Ausbeuten im Sinne des § 138 Absatz 2 BGB setzt eine bewusste Ausnutzung der Opferlage des Bewucherten voraus. Um dies bejahen zu können, muss der Geistheiler als Wucherer in Kenntnis der Opferlage verwerflich vorgehen.[262] Sofern eine Zwangslage in Form der gesundheitlichen Bedrängnis vorliegt, ist davon auszugehen, dass der Geistheiler Kenntnis von dieser Zwangslage hat. Ob ein verwerfliches Vorgehen des Geistheilers gegeben ist, ist jedoch eine Frage des Einzelfalls. Die Möglichkeit einer Sittenwidrigkeit wegen wucherischen Rechtsgeschäfts besteht aber. Die Sittenwidrigkeit würde zur Nichtigkeit des Vertrags zwischen dem Geistheiler und seinem Klienten führen. In diesen Fällen hat der Geistheiler keinen Anspruch auf Zahlung aus dem geschlossenen Vertrag und die geleistete Vergütung ist als Vermögensschaden des Klienten anzusehen.

Für eine Unwirksamkeit des Behandlungsvertrags wegen Nichtigkeit gemäß § 134 BGB muss mit dem Rechtsgeschäft der Geistheilung gegen ein gesetzliches Verbot verstoßen werden. Wie bereits erörtert, kann die Geistheilung unter bestimmten Voraussetzungen erlaubnisfrei ausgeübt werden. Ist die angewandte Methode der Geistheilung jedoch als Ausübung der Heilkunde anzusehen, und übt der Geistheiler seine Tätigkeit aus, ohne eine ärztliche Approbation oder eine Erlaubnis nach dem HeilPraktG zu besitzen, liegt ein Verstoß gegen das gesetzliche Verbot des § 5 i.V.m. §§ 1, 2 HeilPraktG vor[263]. Dann ist das Rechtsgeschäft über die Behandlung durch den Geistheiler gemäß § 134 BGB nichtig und der Behandlungsvertrag ist unwirksam. Der Geistheiler hat in diesem Fall keinen fälligen und einredefreien Anspruch auf Zahlung der Vergütung. Ein Vermögensschaden im Sinne des § 263 StGB ist zu bejahen.

Schließlich ist an eine Nichtigkeit wegen Verstoßes gegen die guten Sitten gemäß § 138 Absatz 1 BGB zu denken. Ein solcher Verstoß ist zu bejahen, wenn entweder der objektive Inhalt des Rechtsgeschäfts oder der Gesamtcharakter des Rechtsgeschäfts unter Hinzuziehung aller Umstände des Einzelfalls mit den

262 H.M., siehe nur *RG*, Urteil vom 07.01.1905, Az. II 344/04, in: RGZ 60, 9 (11); *RG*, Urteil vom 04.03.1915, Az. VI 583/14, in: RGZ 86, 296 (300); *BGH*, Urteil vom 08.07.1982, Az. III ZR 1/81, in: NJW 1982, 2767 (2768); *BGH*, Urteil vom 24.05.1985, Az. V ZR 47/84, in: NJW 1985, 3006 (3007); *BGH*, Urteil vom 19.06.1990, Az. XI ZR 280/89, in: NJW-RR 1990, 1199 (1199); *BGH*, Urteil vom 08.02.1994, in: NJW 1994, 1275 (1276); *Armbrüster*, in: MüKo BGB, § 138 Rn. 154.

263 *BAG*, Urteil vom 03.11.2004, Az. 5 AZR 592/03, in: NZA 2005, 1409 (1410) zu § 5 i.V.m. §§ 1, 2 HeilPraktG als Verbotsgesetz.

grundlegenden Werten der Rechts- und Sittenordnung unvereinbar ist[264]. Der objektive Inhalt des Rechtsgeschäfts der Behandlung in Form der Geistheilung zielt auf die Heilung oder Linderung von Beschwerden und Krankheiten ab. Er ist nach der deutschen Rechts- und Sittenordnung nicht als verwerflich und mit ihr unvereinbar anzusehen. Aus dem objektiven Inhalt des Rechtsgeschäfts kann sich die Sittenwidrigkeit eines Vertrags mit dem Gegenstand der Geistheilung daher nicht ergeben. Bei der Betrachtung des Gesamtcharakters des Rechtsgeschäfts sind hingegen nicht nur Inhalt, Beweggrund und Zweck des Rechtsgeschäfts zu würdigen, sondern auch die äußeren Umstände, die zur Vornahme des Rechtsgeschäfts geführt haben[265]. Bei einer wertenden Betrachtung des Gesamtcharakters ist in den Fällen der Geistheilung nicht grundsätzlich von einer Sittenwidrigkeit des Rechtsgeschäfts auszugehen. Denn ein solches Rechtsgeschäft hat eine bestimmte Methode der Geistheilung zum Inhalt, bei der sowohl der Beweggrund für das Rechtsgeschäft als auch der Zweck desselben in aller Regel zumindest die Linderung von Beschwerden und Krankheiten ist. Das ist im Hinblick auf die deutsche Rechts- und Sittenordnung nicht als verwerflich anzusehen. Es ist daher grundsätzlich davon auszugehen, dass ein Rechtsgeschäft der Geistheilung nach seinem Gesamtcharakter nicht als sittenwidrig im Sinne des § 138 Absatz 1 BGB und damit nicht als nichtig zu beurteilen ist. Im Einzelfall kann allerdings eine andere Beurteilung zu treffen sein.

Im Ergebnis ist das zwischen dem Geistheiler und seinem Klienten geschlossene Rechtsgeschäft in der Regel weder wegen Verstoßes gegen ein gesetzliches Verbot gemäß § 134 BGB noch wegen Wucher gemäß § 138 Absatz 2 BGB oder Sittenwidrigkeit gemäß § 138 Absatz 1 BGB nichtig. Bei Fälligkeit und Einredefreiheit besteht ein Anspruch auf Zahlung der Vergütung aus dem Vertrag. Dieser lässt den Vermögensschaden im Sinne des § 263 StGB entfallen.

Dennoch kann es Fälle geben, bei denen nach einer Gesamtschau aller Umstände eine Sittenwidrigkeit vorliegt. Beispielsweise wenn der Geistheiler vorsätzlich oder absichtlich aus reinem Gewinnstreben und unter bewusster Ausnutzung der emotionalen Zwangslage eines Kranken einen Behandlungsvertrag

---

264 St. Rspr., beispielsweise *BGH*, Urteil vom 21.12.1960, Az. VIII ZR 1/60, in: BGHZ 34, 169 = NJW 1961, 822 (822); *BGH*, Urteil vom 28.02.1989, Az. IX ZR 130/88, in: NJW 1989, 1276 (1277); *BGH*, Urteil vom 03.04.2008, Az. III ZR 190/07, in NJW 2008, 2026 (2027); *Armbrüster*, in: MüKo BGB § 138 Rn. 9.

265 H.M., siehe nur *BGH* Urteil vom 28.02.1989, Az. IX ZR 130/88, in: NJW 1989, 1276 (1277); *BGH*, Urteil vom 10.10.1997, Az. V ZR 74-96, in: NJW-RR 1998, 590 (591); *OLG Hamm*, Beschluss vom 08.11.2016, Az. 10 U 36/15, in: NJW 2017, 576 (577).

zur Geistheilung eingeht, obwohl er um die Unmöglichkeit der von ihm versprochenen Leistung weiß und allein in der Absicht handelt, das Honorar zu erhalten, kommt eine Sittenwidrigkeit in Betracht. In einem solchen Fall sprechen weit überwiegende Gründe dafür, eine Sittenwidrigkeit im Sinne des § 138 BGB anzunehmen. Das führt zur Nichtigkeit des geschlossenen Vertrags und zur Bejahung des Vermögensschadens. Für die Strafbarkeit müssen dann jedoch die weiteren Voraussetzungen des § 263 StGB vorliegen.

f) Tatbegehung durch Unterlassen gemäß § 13 StGB

Inzwischen ist allgemein anerkannt, dass eine Tatbegehung durch Unterlassen gemäß § 13 StGB beim Betrug grundsätzlich möglich ist[266], beispielsweise wenn der Täter eine bereits bestehende oder erst entstehende Fehlvorstellung nicht ausräumt und stattdessen ausnutzt. In solchen Fällen ist es erforderlich, dass den Täter eine rechtliche Aufklärungspflicht trifft[267]. Allerdings ist die Relevanz äußerst gering, da in den meisten Fällen eine konkludente Täuschung, und damit eine Tatbegehung durch aktives Tun vorliegt[268].

g) Zwischenergebnis

Die Strafbarkeit eines Geistheilers wegen Betrugs gemäß § 263 StGB scheitert demzufolge in der Regel mangels Vermögensschadens bereits an der Erfüllung des objektiven Tatbestands.

2. Wucher gemäß § 291 Absatz 1 Nummer 3 StGB

In Betracht kommt die Strafbarkeit wegen Wuchers gemäß § 291 Absatz 1 Satz 1 Nummer 3 StGB. Demnach macht sich strafbar, wer einen Schwächezustand eines anderen ausbeutet, indem er sich für eine Leistung Vermögensvorteile versprechen oder gewähren lässt, die in einem auffälligen Missverhältnis zur Leistung stehen.

a) Anwendbarkeit auf die Fälle der Geistheilung

Die Klienten eines Geistheilers befinden sich mitunter in einer als aussichtslos empfundenen Lage, da sie von der Schulmedizin enttäuscht sind und alternative

---

266 Stellvertretend für viele: *Perron* in: Schönke/Schröder, § 263 Rn. 6.

267 *RG*, Urteil vom 28.01.1913, Az. IV 1328/12, in: RGSt 46, 414 (416); *Perron*, in: Schönke/Schröder, StGB Kommentar, § 263 Rn. 46.

268 *Hefendehl*, in: MüKo StGB, § 263 Rn. 179.

Heilmethoden als einzige noch mögliche Rettung erachten. Davon profitieren Geistheiler, indem sie Heilung oder Linderung in Aussicht stellen und sich diese – teilweise sehr hoch – vergüten lassen. Insbesondere wenn eine solche in Aussicht gestellte Linderung oder Heilung nicht eintritt, ist an die Strafbarkeit des Geistheilers wegen Wucher gemäß § 291 Absatz 1 Nummer 3 StGB zu denken.

b) Psychische Zwangslage als Opferlage im Sinne des § 291 Absatz 1 Nummer 3 StGB

Für die Strafbarkeit des Geistheilers gemäß § 291 Absatz 1 Nummer 3 StGB muss sich der Klient des Geistheilers in einer Opferlage befinden. In seiner Person oder in seiner speziellen Lage muss eine Schwäche bestehen[269]. Das Gesetz nennt die Opferlagen der Zwangslage, der Unerfahrenheit, des Mangels an Urteilsvermögen oder der erheblichen Willensschwäche.

Eine Zwangslage im Sinne des § 291 Absatz 1 StGB ist zunächst einmal eine wirtschaftliche Bedrängnis, die zwar für die jeweilige Person nicht existenzbedrohend ist, aber wirtschaftliche Nachteile von einem starken Ausmaß mit sich bringt[270]. Der Begriff der Zwangslage ist mithin weit auszulegen und umfasst nicht nur die dringende wirtschaftliche Not[271]. Eine weite Auslegung beinhaltet indes nicht zwingend die rein psychische, emotionale Bedrängnis. Das kann bei der Geistheilung von besonderer Relevanz sein. Bei der Geistheilung liegt in der Regel eine emotionale Bedrängnis beziehungsweise eine emotionale Zwangslage vor. Die Klienten befinden sich in einer Lage, in der sie Linderung oder Heilung ersehnen, sich teilweise aber schon als austherapiert erachten. Sie empfinden Ängste bis hin zu einem Panikgefühl und ziehen jede mögliche und mitunter abwegig erscheinende Heilungsmöglichkeit in Betracht, um nichts unversucht lassen. Eine wirtschaftliche Bedrängnis in der Form, wie es § 291 Absatz 1 StGB für eine Zwangslage mitunter zu fordern vermag, ist nicht zwangsläufig gegeben. Sofern in der Literatur[272] das Vorliegen einer psychischen oder emotionalen Bedrängnis allein mit Hinweis auf Gerichtsentscheidungen betreffend den

---

269 *Fischer*, § 291 Rn. 10.

270 BT-Drs. VI/1549, S. 10.

271 *Fischer*, § 291 Rn. 10.

272 So insbesondere *Heine/Hecker*, in: Schönke/Schröder, § 291 Rn. 23; *Pananis*, in: MüKo StGB, § 291 Rn. 14; in diesem Zusammenhang zitierte Rechtsprechung zu § 138 BGB: *BGH*, Urteil vom 22.01.1991, Az. VI ZR 107/90, in: NJW 1991, 1046 f. und *BGH*, Urteil vom 19.02.2003, Az. XII ZR 142/00, in: BGHZ 154, 47.

Begriff der Zwangslage im Rahmen des Wuchers gemäß § 138 BGB als ausreichend für eine Zwangslage im Sinne des § 291 StGB erachtet wird, vermag dies nicht zu überzeugen. Zivilrechtliche Definitionen können nicht ohne Weiteres in das dem öffentlichen Recht zuzuordnende Strafrecht übernommen werden. Dem Wortlaut des § 291 StGB ist nicht zu entnehmen, ob die rein psychische, emotionale Bedrängnis eine Zwangslage im Sinne des § 291 StGB darstellt. Das StGB kennt den Begriff der Zwangslage jedoch noch in weiteren Straftatbeständen, unter anderem beim Straftatbestand des sexuellen Missbrauchs von Jugendlichen gemäß § 182 StGB und beim Straftatbestand des Menschenhandels gemäß § 232 StGB. § 232 Absatz 1 Satz 1 StGB spricht dabei explizit von einer „persönlichen oder wirtschaftlichen Zwangslage", während § 182 StGB – ebenso wie § 291 StGB – dem Wortlaut nach die Zwangslage nicht näher konkretisiert. Dennoch ist bei beiden Straftatbeständen eine persönliche Bedrängnis ohne wirtschaftlichen Hintergrund ausreichend für das Vorliegen einer Zwangslage[273]. Allerdings ist § 182 StGB im 13. Abschnitt des Besonderen Teils des StGB und damit im Abschnitt der Straftaten gegen die sexuelle Selbstbestimmung verortet. § 232 StGB hingegen ist eine Straftat gegen die persönliche Freiheit. Beim Straftatbestand des Wuchers gemäß § 291 StGB schließlich handelt es sich um eine Straftat des 25. Abschnitts des Besonderen Teils des StGB, der den strafbaren Eigennutz zum Gegenstand hat. Zwar können Begriffsdefinitionen unterschiedlicher Abschnitte des StGB als Anhaltspunkte dienen. Im Rahmen des § 291 StGB ist aber vor allem die historische Entwicklung des Normwortlauts zu beachten: Die vorherige Version, § 302a StGB a.F., sprach in ihrem Wortlaut von einer Notlage anstatt einer Zwangslage. Dieser Begriff der Notlage erwies sich aber, weil er lediglich die wirtschaftliche Not im Sinne einer Existenzbetroffenheit umfasste, als zu eng[274]. Daraufhin wurde bei der Neufassung des Straftatbestands in § 291 StGB der Begriff der Notlage durch den der Zwangslage ersetzt. Ausweislich der Gesetzesbegründung fällt unter den Begriff der Zwangslage nun zum einen die wirtschaftliche Bedrängnis, die noch nicht existenzbedrohend ist, aber zum anderen auch eine nicht wirtschaftliche, sondern auf anderweitigen

---

273 BT-Drs. 18/9095, S. 24 f., wonach bei § 232 StGB mit der „Bedrängnis [...] eine wesentliche Einschränkung der Entscheidungs- und Handlungsmöglichkeit verbunden sein [muss], der die Gefahr anhaftet, den Widerstand des Opfers gegen Angriffe auf seine [...] Selbstbestimmung herabzusetzen"; *Eisele*, in: Schönke/Schröder, § 232 Rn. 10; laut *Fischer*, § 232 Rn. 9 kommt u.U. auch die persönliche Bedrängnis wegen Krankheit in Betracht; *Renzikowski*, in: MüKo StGB § 182 Rn. 37; teilweise wird zumindest für § 232 StGB eine wirtschaftliche Zwangslage gefordert.

274 BT-Drs. 7/3441, S. 40.

Umständen beruhende Bedrängnis, die ein unausweichliches Sach- oder Geldbedürfnis hervorbringt[275]. Der in ihrem Endbericht ausgesprochenen Empfehlung der Enquete Kommission, die Vorschrift des § 291 StGB dahingehend zu ändern, dass der Wortlaut der Norm neben wirtschaftlichen explizit psychische und sonstige Zwangslagen umfasst[276], wurde indes nicht entsprochen. Unter Berücksichtigung der Systematik und vor allem der geschichtlichen Entwicklung der Norm ist daher davon auszugehen, dass eine Zwangslage im Sinne des § 291 StGB eine wirtschaftliche Bedrängnis erfordert und eine rein psychische, emotionale Zwangslage folglich nicht ausreicht[277]. Da sich die Klienten des Geistheilers in der Regel nicht in einer Bedrängnis befinden, die ein Sach- oder Geldbedürfnis entstehen lässt, folglich nicht in einer wirtschaftlichen Bedrängnis, scheidet die Opferlage der Zwangslage in der Regel aus.

Unerfahrenheit im Sinne des § 291 Absatz 1 StGB ist ein Mangel an Geschäftskenntnis und Lebenserfahrung im Allgemeinen oder Speziellen, der die Fähigkeit der richtigen Wahrnehmung oder Beurteilung bestimmter Lebensverhältnisse einschränkt[278]. Dass ein solcher Mangel bei dem jeweiligen Klienten festzustellen ist, kann im Einzelfall zu bejahen sein. Eine Unerfahrenheit in diesem Sinne ist in den Fällen der Geistheilung grundsätzlich möglich, aber nicht pauschal anzunehmen.

Eine Willensschwäche im Sinne des § 291 Absatz 1 StGB ist jeder Mangel der Widerstandsfähigkeit gegenüber Reizen, wodurch die Fähigkeit herabgesetzt wird, einem wucherischen Geschäft zu versagen[279]. Die Willensschwäche muss

275 BT-Drs. 7/3441, S. 40 f.

276 Endbericht der Enquete Kommission, BT-Drs. 13/10950, S. 152.

277 *Fischer*, § 291 Rn. 10 hingegen entnimmt dem *BGH*, Urteil vom 19.02.2003, Az. XII ZR 142/00, in: BGHZ 154, 47, das sich auf den Begriff der Zwangslage im Sinne des § 138 BGB bezieht, das Gebot einer weiten Auslegung des Begriffs der Zwangslage offensichtlich auch in Bezug auf § 291 StGB; *Saliger*, in: Satzger/Schluckebier/Widmaier, § 291 Rn. 8, sieht ebenfalls die ernste persönliche Bedrängnis sowie die psychische Bedrängnis als vom Begriff der Zwangslage im Sinne des § 291 StGB erfasst und nimmt dabei ebenfalls Bezug auf das genannte Urteil des *BGH* zu § 138 BGB Bezug sowie auf *BGH*, Beschluss vom 25.02.1997, Az. 4 StR 40/97, in: BGHSt 42, 399, das den Begriff der Zwangslage im Sinne des § 182 StGB zum Gegenstand hat.

278 *RG*, Urteil vom 05.01.1881, Az. 3137/80, in: RGSt 3, 176 (177); *RG*, Urteil vom 10.06.1904, Az. 147/04, in: RGSt 37, 205 (206 f.); *RG*, Urteil vom 29.04.1919, Az. IV 652/16, in: RGSt 53, 50 (50); *BGH*, Urteil vom 03.12.1957, Az. 1 StR 400/ 57, in: NJW 1958, 599 (600); *BGH*, Urteil vom 29.04.1983, in: NJW 1983, 2780 (2781).

279 *Fischer*, § 291 Rn. 12.

in ihrem Ausmaß den anderen Schwächen gleichwertig sein; sie muss daher erheblich sein. Bejaht wird dies vor allem für Fälle, bei denen die Widerstandsfähigkeit krankheitsbedingt herabgesetzt ist, beispielsweise durch Suchterscheinung.[280] Zwar mag in Fällen der Geistheilung keine klassische Suchterscheinung vorliegen. Bei massivem Einfluss einer spirituellen oder ideologischen Person oder Gemeinschaft kann jedoch die Entscheidungsfähigkeit so stark eingeengt sein, dass eine freie Entscheidung bezüglich der Annahme einer überteuerten Dienstleistung nicht mehr möglich ist. Im Einzelfall kann daher eine erhebliche Willensschwäche im Sinne des § 291 StGB vorliegen.

Ein Mangel an Urteilsvermögen im Sinne des § 291 Absatz 1 StGB liegt vor, wenn es jemandem aufgrund eines verstandesmäßigen, nicht durch bloße Erfahrung aufwägbaren Leistungsmangels unmöglich ist oder es aufgrund dessen für ihn erheblich schwerer ist, bei einem Rechtsgeschäft Leistung und Gegenleistung richtig zu bewerten und das Unseriöse eines komplizierten oder Negatives vertuschenden Angebots zu durchschauen[281]. Aufgrund der geschilderten emotionalen Bedrängnis kann im Einzelfall ein Mangel an Urteilsvermögen im Sinne des § 291 Absatz 1 StGB vorliegen. Die emotionale Zwangssituation kann dazu führen, dass es den Klienten nicht mehr möglich ist, Leistung und Gegenleistung richtig gegeneinander abzuwägen und damit die fragwürdigen Aspekte des Angebots eines Geistheilers zu erkennen.

Eine Opferlage des Klienten im Sinne des § 291 Absatz 1 StGB muss folglich jeweils im Einzelfall geprüft werden.

c) *Erfüllen weiterer Voraussetzungen*

Die Tathandlung besteht in der Ausbeutung des jeweiligen Schwächezustands. Das reine Streben nach Vermögensvorteilen reicht für ein Ausbeuten im Sinne des § 291 Absatz 1 StGB noch nicht aus[282], vielmehr muss der Schwächezustand des Opfers bewusst und missbräuchlich genutzt werden, um übermäßige Vorteile zu erlangen[283]. Ob dem Täter die Unangemessenheit bewusst ist oder nicht, ist nicht entscheidend[284].

---

280 NK-*Kindhäuser*, § 291 Rn. 22.

281 *Fischer*, § 291 Rn. 12.

282 *BGH*, Urteil vom 10.09.1968, Az. 1 StR 304/68, Rn. 6, zitiert nach juris.

283 *RG*, Urteil vom 20.06.1919, Az. IV 241/19, in: RGSt 53, 285 (286) zu § 302a ff. a.F.; dies bestätigend: *BGH*, Urteil vom 03.12.1957, Az. 1 StR 400/57, in: NJW 1958, 599 (601) zu § 302a ff. a.F.

284 *Fischer*, § 291 Rn. 14.

Soweit für das Ausbeuten im Sinne des § 291 Absatz 1 StGB zusätzlich eine besonders anstößige und gefährliche Art und Weise des Ausnutzens gefordert wird[285], kann eine solche im Hinblick auf die Geistheilung gegeben sein. Es ist als besonders anstößig anzusehen, wenn die Aussichtslosigkeit einer (schwer) erkrankten Person ausgebeutet wird. Zudem kann es besonders gefährlich sein, beispielsweise, wenn dadurch eine mögliche Linderung von Symptomen wie Schmerzen verhindert wird, oder wenn im Falle einer schulmedizinischen Behandlung bestehende Heilungschancen verringert oder vernichtet werden.

Darüber hinaus muss der Täter sich oder einem Dritten für eine sonstige Leistung Vermögensvorteile versprechen oder gewähren lassen.

Eine sonstige Leistung kann eine Leistung jedweder Art sein[286]. Unter dem Auffangtatbestand des § 291 Absatz 1 Nummer 3 StGB kann damit auch die Heilbehandlung durch den Geistheiler subsumiert werden[287].

Vermögensvorteil im Sinne des § 291 Absatz 1 StGB bedeutet jede günstigere Gestaltung der Vermögenslage. Der Vermögensvorteil muss dabei nicht monetär sein. Andere auch nur bedingt zugesicherte vermögenswerte Vorteile genügen. Voraussetzung ist jedoch, dass der Vorteil wertmäßig bestimmbar ist.[288] Bei der Geistheilung erfolgt in der Regel eine monetäre Vergütung, die einen Vermögensvorteil im Sinne des § 291 Absatz 1 StGB darstellt.

Ein Sichversprechenlassen ist zu bejahen, wenn eine Verpflichtung zur Gegenleistung mit dem Willen angenommen wird, sich das Versprochene gewähren zu lassen[289]. Ein Geistheiler verpflichtet sich zur Durchführung einer Heilbehandlung in dem Willen, sich die Zahlung seines Honorars, und damit die Vermögensvorteile, gewähren zu lassen. Da Vermögensvorteile auch nur bedingt zugesichert werden können[290], steht es dem nicht entgegen, wenn die Zahlung des vereinbarten Honorars beispielsweise unter die Bedingung eines Erfolgs gestellt wird.

Ein Sichgewährenlassen liegt vor, wenn der Vermögensvorteil tatsächlich entgegengenommen wird[291]. Nimmt der Geistheiler die vereinbarte Vergütung

---

285 *Heine/Hecker*, in: Schönke/Schröder, § 291 Rn. 29; *Kühl*, in: Lackner/Kühl, § 291 Rn. 8.

286 *Heger*, in: Lackner/Kühl, § 291 Rn. 2; NK-*Kindhäuser*, § 291 Rn. 15; *Pananis*, in: MüKo StGB, § 291 Rn. 10.

287 *Fischer*, § 291 Rn. 7 führt unter anderem explizit die Heilbehandlung auf; *Heine/Hecker*, in: Schönke/Schröder, § 291 Rn. 7 gibt sogar die von Kurpfuschern durchgeführte Heilbehandlung an.

288 *Heine/Hecker*, in: Schönke/Schröder, § 291 Rn. 10.

289 *RG*, Urteil vom 25.02.1887, Az. 49/87, in: RGSt 15, 333 (333 f.); *Fischer*, § 291 Rn. 15.

290 *Heine/Hecker*, in: Schönke/Schröder, § 291 Rn. 19.

291 LK-*Wolff*, § 291 Rn. 52.

entgegen, so lässt er sich damit den Vermögensvorteil gewähren. Dem kommt aber nur dann eine selbstständige Bedeutung zu, wenn zuvor kein Versprechen stattgefunden hat. Bei einem Großteil der Fälle der Geistheilung wird das jedoch der Fall sein. Eine selbstständige Bedeutung ist aber zu bejahen, wenn sich bei einem ursprünglich nicht unter § 291 Absatz 1 StGB fallenden Vertrag die Verhältnisse ändern und er im Zeitpunkt der Erfüllung einen wucherischen Charakter annimmt[292]. Ansonsten jedoch verbinden sich Sichversprechen- und Sichgewährenlassen zu einer Tat[293], deren Vollendung mit Annahme des Versprechens[294] und deren Beendigung mit dem Gewähren eintritt, folglich dem Entgegennehmen der Vermögensvorteile[295].

Unerheblich ist, ob sich das Opfer des rechtlichen und wirtschaftlichen Ausmaßes seines Versprechens und dessen Erfüllung bewusst ist[296]. Das Opfer muss lediglich das Ausmaß der übernommenen Verpflichtung erkennen[297]. Es reicht folglich aus, wenn sich der Klient bewusst ist, einen Vertrag über die Geistheilung und die damit einhergehenden Verpflichtungen einzugehen.

Zwischen der angebotenen oder erbrachten Leistung und den versprochenen oder gewährten Vermögensvorteilen muss ein auffälliges Missverhältnis bestehen. Ob dies der Fall ist, ist vom Standpunkt des Leistenden aus zu beurteilen; auf die Sicht des Opfers kommt es folglich nicht an[298]. Die vermögenswerten Aufwendungen für die Leistung werden mit den Vermögensvorteilen verglichen, die auf den Leistenden oder einen Dritten aus dem Geschäft entfallen sollen[299].

---

292 *Fischer*, § 291 Rn. 15; a.A. *Heine/Hecker*, in: Schönke/Schröder, § 291 Rn. 19, die es als nicht ausreichend erachten, wenn die Verhältnisse sich später ändern und ein auffälliges Missverhältnis erst bei Entgegennahme der Vermögensvorteile vorliegt.

293 *Fischer*, § 291 Rn. 15, NK-*Kindhäuser*, § 291 Rn. 56; a.A. SK-*Hoyer*, § 291 Rn. 25.

294 *Heine/Hecker*, in: Schönke/Schröder, § 291 Rn. 19.

295 *Fischer*, § 291 Rn. 15.

296 *Heine*/Hecker, in: Schönke/Schröder, § 291 Rn. 20; LK-*Wolff*, § 291 Rn. 53.

297 *Heine/Hecker*, in: Schönke/Schröder, § 291 Rn. 20.

298 H.M., beispielsweise *RG*, Urteil vom 25.02.1890, Az. 280/90, in: RGSt 20, 279 (282); *RG*, Urteil vom 03.07.1906, Az. V 320/06, in: RGSt 39, 126 (129); *RG*, Urteil vom 04.05.1926, Az. I 364/25, in: RGSt 60, 216 (219); *RG*, Urteil vom 29.10.1940, Az. 4 D 404/40, in: RGSt 74, 345 (349); *BayObLG*, Beschluss vom 31.08.1984, Az. RReg. 4 St 112/84, in: BayObLGSt 1984, 95 = NJW 1985, 873 (873); *Fischer*, § 291 Rn. 16; *Heger*, in: Lackner/Kühl, § 291 Rn. 3; *Heine/Hecker*, in: Schönke/Schröder, § 291 Rn. 11; NK-*Kindhäuser*, § 291 Rn. 28; *Pananis*, in: MüKo StGB, § 291 Rn. 25; LK-*Wolff*, § 291 Rn. 26.

299 *Fischer*, § 291 Rn. 19; *Heger*, in: Lackner/Kühl, StGB, § 291 Rn. 3; *Heine/Hecker*, in: Schönke/Schröder, § 291 Rn. 11.

Ein auffälliges Missverhältnis liegt vor, wenn der Wert der Vermögensvorteile im Vergleich zu dem der Leistung so wesentlich höher ist, dass das Missverhältnis für den Kundigen bei Kenntnis aller relevanten Faktoren unübersehbar ist und direkt auffällt. Es ist zu bejahen, wenn für den Kundigen offensichtlich ist, dass der vereinbarte Vermögensvorteil den Wert der Leistung völlig unangemessen übersteigt.[300] Das Missverhältnis muss jedoch nicht ohne nähere Betrachtung der tatsächlichen Umstände unmittelbar erkennbar sein[301]. Beim allgemeinen Leistungswucher im Sinne des § 291 Absatz 1 Nummer 3 StGB ist bei der Beantwortung der Frage, ob ein auffälliges Missverhältnis gegeben ist, der übliche Marktwert entscheidend. Dabei sind die Umstände des jeweiligen Einzelfalls zu beachten.[302] Ob zwischen der erbrachten Geistheilung und dem gewährten Vermögensvorteil der Vergütung selbiger ein auffälliges Missverhältnis in diesem Sinne besteht, ist daher eine Einzelfallprüfung. Zu berücksichtigen ist aber, in welcher Höhe sich andere Geistheiler vergleichbare Geistheilungen vergüten lassen.

Die Erfüllung des subjektiven Tatbestands setzt schließlich Vorsatz hinsichtlich aller objektiven Tatbestandsmerkmale voraus. Im Rahmen des § 291 Absatz 1 Nummer 3 StGB genügt ein bedingter Vorsatz[303]. Er muss aber auch bezüglich des auffälligen Missverhältnisses und bezüglich der Umstände bestehen, aus denen das Missverhältnis resultiert[304].

d) Besonders schwerer Fall im Sinne des Absatz 2 bei Gewerbsmäßigkeit

§ 291 StGB enthält in Absatz 2 drei Regelbeispiele für besonders schwere Fälle.

Relevant kann von den in § 291 Absatz 2 StGB genannten Regelbeispielen insbesondere das gewerbsmäßige Handeln sein. Ein solches liegt vor, wenn sich der Täter aus der wiederholten Tatbegehung eine nicht nur vorübergehende und

---

300 *BayObLG*, Beschluss vom 31.08.1984, Az. RReg. 4 St 112/84, in: BayObLGSt 1984, 95 (95); SK-*Hoyer* § 291 Rn. 50; NK-*Kindhäuser*, § 291 Rn. 28; *Kühl*, in: Lackner/Kühl, § 291 Rn. 3.

301 *Heine/Hecker*, § 291 Rn. 12.

302 H.M., beispielsweise *BayObLG*, Beschluss vom 31.08.1984, Az. RReg. 4 St 112/84, in: BayObLGSt 1984, 95 (95); *Fischer*, § 291 Rn. 19; *Heine/Hecker*, in: Schönke/Schröder, § 291 Rn. 18; NK-*Kindhäuser*, § 291 Rn. 30, 37; *Pananis*, in: MüKo StGB, § 291 Rn. 36; LK-*Wolff*, § 291 Rn. 35.

303 *Haberstroh*, Wucher im vermittelten Kreditgeschäft, in: NStZ 1982, 265 (269) in Bezug auf § 302a StGB a.F.

304 *Fischer*, § 291 Rn. 24.

nicht ganz unerhebliche Einnahmequelle verschaffen will[305]. Übt der Geistheiler die Geistheilung daher dauerhaft aus und dient sie ihm als Einnahmequelle zur Finanzierung seines Lebensunterhalts, ist ein gewerbsmäßiges Handeln zu bejahen.

Zudem kommen unbenannte besonders schwere Fälle in Betracht. Ein solcher kann beispielsweise vorliegen, wenn die Bewucherung ein extremes Ausmaß annimmt oder von langer Dauer ist, wenn der Täter gewohnheitsmäßig oder besonders gewissenlos handelt, wenn das Opfer besonders hilflos ist oder wenn eine schon bestehende Notlage massiv verschärft wird[306]. Erforderlich sind Umstände, die das wucherische Geschehen der normalen Wucherfälle in einer Art und Weise übertrumpfen, dass die Anwendung des normalen Strafrahmens nicht mehr angemessen ist.[307] Bei Geistheilern kann ein unbenannter besonders schwerer Fall beispielsweise bei besonders gewissenlosem Handeln vorliegen. Nutzt der Geistheiler die emotionale Bedrängnis eines Klienten bewusst aus, um aus dieser Notlage Profit zu schlagen, so kann dies im Einzelfall als besonders gewissenlos und damit als ein unbenannter besonders schwerer Fall anzusehen sein.

e) Praktische Relevanz bei der Geistheilung

Zwar wurden im Juli 2017 zwei Geistheilerinnen vom Amtsgericht Ludwigsburg wegen Wuchers zu mehr als zwei Jahren Haft verurteilt[308], wobei das Landgericht Stuttgart das Urteil rund ein Jahr später im Juni 2018 aufhob und die Strafe auf eine Bewährungsstrafe reduzierte[309]. Bei der Betrachtung der gegen Geistheiler ergangenen veröffentlichten Gerichtsentscheidungen fällt jedoch auf, dass der Tatbestand des Wuchers gemäß § 291 StGB nur äußerst selten Berücksichtigung fand. Das ist erstaunlich, ist doch das unmittelbare Schutzgut des § 291 StGB nur das Vermögen als solches[310], wenn auch mittelbar ebenso die

---

305 *RG*, Urteil vom 20.06.1919, Az. IV 241/19, in: RGSt 53, 285 (286); *BGH*, Urteil vom 31.01.1952, Az. 5 StR 14/52, zitiert nach BeckRS 1952, 31192649; *BGH*, Urteil vom 03.12.1957, Az. 1 StR 400/57, in: NJW 1958, 599 (601).

306 NK-*Kindhäuser*, § 291 Rn. 51; LK-*Wolff*, § 291 Rn. 74.

307 *Heine/Hecker*, in: Schönke/Schröder, § 291 Rn. 47.

308 https://www.stuttgarter-zeitung.de/inhalt.prozess-vor-dem-ludwigsburger-amtsgericht-geistheilerinnen-muessen-ins-gefaengnis.378df8a7-b80e-4d83-9123-9893d857dae7.html, letzter Zugriff am 25.10.2020.

309 https://www.stuttgarter-nachrichten.de/inhalt.urteil-des-stuttgarter-amtsgerichts-dubiose-heilerinnen-vor-gericht-erfolgreich.5e704d60-5f2d-4d5a-898f-c49ceb7c1ce9.html, letzter Zugriff am 25.10.2020.

310 H.M., beispielsweise NK-*Kindhäuser*, § 291 Rn. 6 m.w.N.

Vertragsfreiheit[311] und das Vertrauen in die Funktionsfähigkeit der Wirtschaft[312] geschützt wird. Viele Geistheiler verlangen für ihre Heilbehandlung hohe Summen und bringen Klienten um ihr Erspartes – zusätzlich zu den gesundheitlichen Gefahren, die mit einer derartigen Behandlung einhergehen können. Die mangelnde praktische Relevanz des Tatbestands des Wuchers gemäß § 291 StGB kann aber damit erklärt werden, dass das Vorliegen der Tatbestandsvoraussetzungen des § 291 StGB in der Praxis in den Fällen der Geistheilung schwer nachweisbar ist und mitunter nicht gelingt.

f) Zwischenergebnis

Die Strafbarkeit eines Geistheilers wegen Wuchers gemäß § 291 Absatz 1 Satz 1 Nummer 3 StGB hängt folglich insbesondere im Hinblick auf die Opferlage vom Einzelfall ab, ist jedoch bei einem gewerbsmäßig handelndem Geistheiler sogar in Form eines besonders schweren Falls im Sinne des § 291 Absatz 2 StGB möglich. Die praktische Relevanz des Straftatbestands des Wuchers gemäß § 291 StGB ist bei der Geistheilung indes gering.

3. Fahrlässige Körperverletzung gemäß § 229 StGB

Im Rahmen der Straftatbestände gegen Leib und Leben kommt den Fahrlässigkeitsdelikten eine weitaus höhere Relevanz zu als den Vorsatzdelikten. Eine durch die Geistheilung eintretende Gesundheitsschädigung oder Körperverletzung des Klienten ist in der Mehrzahl der Fälle auf mangelnde Erfahrung und Kenntnis des Geistheilers oder auf seine fehlerhafte Einschätzung zurückzuführen. Daher werden die Straftatbestände der vorsätzlichen (gefährlichen) Körperverletzung gemäß §§ 223, 224 StGB sowie der vorsätzlichen Tötung gemäß § 212 StGB, auch in der Form der Tatbegehung durch Unterlassen gemäß § 13 StGB, erst im Anschluss an die Fahrlässigkeitsdelikte und nur in gebotener Kürze betrachtet werden.

Im Rahmen der Fahrlässigkeitsdelikte kommt zunächst die fahrlässige Körperverletzung gemäß § 229 StGB in Betracht. Eine Gesundheitsschädigung oder eine Körperverletzung des Klienten ist sowohl durch die Anwendung ungeeigneter geistiger Heilmethoden als auch durch die fahrlässige fehlerhafte Anwendung geistiger Heilmethoden möglich.

---

311 *Kindhäuser*, Zur Struktur des Wuchertatbestandes, in: NStZ 1994, 105 (106) in Bezug auf § 302a StGB a.F.; NK-*Kindhäuser*, § 291 Rn. 2.

312 *Pananis*, in: MüKo StGB, § 291 Rn. 2.

a) *Tatbestandsmäßige Situation: Die Geistheilung als Körperverletzung im Sinne der §§ 223 ff. StGB*

Zunächst ist zu untersuchen, ob die Geistheilung überhaupt eine Körperverletzung im Sinne der §§ 223 ff. StGB darstellen kann.

Dafür ist entscheidend, ob die Geistheilung mit dem Heileingriff durch einen Arzt oder Heilpraktiker vergleichbar ist. Denn für diese gelten im Rahmen des Körperverletzungstatbestands des § 223 StGB Besonderheiten. Ist die Geistheilung nicht mit dem Heileingriff durch einen Arzt oder Heilpraktiker vergleichbar, so ist weiterhin zu untersuchen, ob eine tatbestandsmäßige Körperverletzung im Sinne des § 223 StGB durch den Geistheiler überhaupt möglich ist.

Eine Körperverletzung im Sinne des § 223 StGB liegt vor, wenn eine körperliche Misshandlung oder eine Gesundheitsschädigung einer anderen Person zu bejahen ist. Eine körperliche Misshandlung ist eine üble und unangemessene Behandlung, die das körperliche Wohlbefinden eines anderen in nicht nur unerheblicher Weise beeinträchtigt[313]. Eine Gesundheitsschädigung ist zu bejahen, wenn ein pathologischer Zustand hervorgerufen oder gesteigert wird[314]. Grundsätzlich besteht bei der Geistheilung die Möglichkeit, dass sie eine körperliche Misshandlung oder Gesundheitsschädigung unmittelbar oder mittelbar hervorruft. Der Klient ist zudem stets eine andere Person im Sinne der §§ 223 ff. StGB. Allerdings ist bei Heileingriffen umstritten, ob sie als Körperverletzung im Sinne der §§ 223 ff. StGB zu behandeln sind.

(1) *Ärztlicher Heileingriff als Körperverletzung im Sinne der §§ 223 ff. StGB*

Bei ärztlichen Heileingriffen werden im Hinblick auf ihre Tatbestandsmäßigkeit als Körperverletzung im Sinne der §§ 223 ff. StGB verschiedene Auffassungen vertreten.

---

313 St. Rspr. und h.M. in der Literatur; siehe nur *BGH*, Urteil vom 03.05.1960, Az. 1 StR 131/60, in: NJW 1960, 1477 (1478); *BGH*, Urteil vom 23.01.1974, Az. 3 StR 324/73, in: BGHSt 25, 277 (277); *Eser/Steinberg-Lieben*, in: Schönke/Schröder, § 223 Rn. 3; *Joecks (Hardtung)*, in: MüKo StGB, § 223 Rn. 4; *Kühl*, in: Lackner/Kühl, § 223 Rn. 4; NK-*Paeffgen/Böse*, § 223 Rn. 8.

314 St. Rspr. und h.M. in der Literatur; siehe nur *BGH*, Urteil vom 21.06.1960, Az. 1 StR 186/60, in: NJW 1960, 2253 (2253); *BGH*, Urteil vom 04.11.1988, Az. 1 StR 262/88, in: NJW 1989, 781 (783); *Eser/Steinberg-Lieben*, in: Schönke/Schröder, § 223 Rn. 5; *Joecks (Hardtung)*, in: MüKo StGB, § 223 Rn. 29; *Kühl*, in: Lackner/Kühl, § 223 Rn. 5; NK-*Paeffgen/Böse*, § 223 Rn. 14.

Die ständige Rechtsprechung sieht seit einer Entscheidung des Reichsgerichts[315] im Jahr 1894 unabhängig von einer erfolgreichen oder erfolglosen, kunstgerechten oder fehlerhaften Durchführung in jeder ärztlichen Maßnahme, die die körperliche Integrität berührt, eine tatbestandliche Körperverletzung. Um dennoch die Strafbarkeit der Ärzte bei Heilmaßnahmen zu verhindern, wird die Problematik im Rahmen der Rechtswidrigkeit über den Rechtfertigungsgrund der (gegebenenfalls mutmaßlichen) Einwilligung gelöst.[316]

In der Literatur hingegen wird eine tatbestandliche Körperverletzung bei ärztlichen Heilmaßnahmen überwiegend mit dem Hinweis verneint, dass die Behandlung eines Kranken mit dem Zwecke der Wiederherstellung seiner Gesundheit keine Körperverletzung sein könne[317].

Die Vertreter der sogenannten Erfolgstheorie[318] unterscheiden zwischen gelungenen und misslungenen Eingriffen, wobei dies nach dem Gesamterfolg beurteilt wird. Demnach ist eine Körperverletzung im Sinne des § 223 StGB nicht gegeben, wenn die Heilmaßnahme als gelungen anzusehen ist, mithin wenn das körperliche Wohlbefinden insgesamt verbessert oder jedenfalls nicht verschlechtert wurde. Nach dieser Auffassung ist bei Heileingriffen der Gesamterfolg und nicht jeder einzelne Teilakt im Sinne der verschiedenen konkreten Handlungen maßgeblich. Ist der Heileingriff jedoch nicht gelungen, hat sich der Gesamtzustand des Patienten im Vergleich zu seinem Zustand vor dem Eingriff verschlechtert hat, liegt auch nach den Vertretern der Erfolgstheorie eine tatbestandliche Körperverletzung vor. Diese kann jedoch durch eine das Risiko abdeckende Einwilligung gerechtfertigt sein.[319]

---

315 *RG*, Urteil vom 31.05.1894, Az. 1406/94, in: RGSt 25, 375 (377 ff.).

316 St. Rspr., siehe nur *BGH*, Urteil vom 28.11.1957, Az. 4 StR 525/57, in: NJW 1958, 267 (268); *BGH*, Urteil vom 19.11.1997, Az. 3 StR 271-97, in: NJW 1998, 1802 (1803); *BGH*, Urteil vom 04.10.1999, Az. 5 StR 712/98, in: NJW 2000, 885 (886) u.a.; oder auch in jüngerer Vergangenheit *BGH*, Urteil vom 22.12.2010, Az. 3 StR 239/10, in: NJW 2011, 1088 (1089); *Eser/Sternberg-Lieben*, in: Schönke/Schröder, StGB Kommentar, § 223 Rn. 29; NK-*Paeffgen/Zabel*, § 228 Rn. 56.

317 *Eser/Sternberg-Lieben*, in: Schönke/Schröder, StGB Kommentar, § 223 Rn. 30.

318 Beispielsweise *Bockelmann*, Strafrecht des Arztes, S. 66 ff.; *Gössel/Dölling*, Strafrecht BT 1, § 12 Rn. 76; jeweils mit weiteren Nachweisen; *Hardwig*, Betrachtungen zur Frage des Heileingriffs, in: GA 1965, 161 (162 f.).

319 *Ebd.*

Für eine andere Auffassung[320] innerhalb der Literatur ist hingegen die Kunstgerechtheit des ärztlichen Heileingriffs entscheidend. Dieser Ansicht nach ist ein zum Zwecke der Heilung und nach den Regeln der ärztlichen Kunst ausgeführter Heileingriff selbst dann keine tatbestandsmäßige Körperverletzung, wenn er missglückt. Dadurch soll das hohe Erfolgsrisiko, das ein jeder Arzt nach der anderen Auffassung trägt, gemindert werden.[321] Diese Auffassung basiert auf dem Gedanken, dass es dem Arzt, der an einen Erfolg seiner Behandlung glaubt, bereits am Körperverletzungsvorsatz fehlt und die Strafbarkeit wegen fahrlässiger Körperverletzung gemäß § 229 StGB mangels Verletzung der im Verkehr erforderlichen Sorgfalt bei einem kunstgerecht durchgeführten Eingriff ebenfalls ausscheidet[322].

Wird jedoch auf die Kunstgerechtheit der Heilmaßnahme abgestellt, so führt das dazu, dass zwar kunstegerecht, aber eigenmächtig ausgeführte Heileingriffe nicht mehr dem Tatbestand der §§ 223 ff. StGB unterfallen. Das hat im Hinblick auf das schutzwürdige Selbstbestimmungsrecht des Patienten eine beträchtliche Schutzlücke zur Folge.[323]

Für die Frage, ob ein ärztlicher Heileingriff eine Körperverletzung im Sinne des § 223 StGB darstellt, ist es nach den Literaturmeinungen folglich entscheidend, was das Ziel beziehungsweise das Ergebnis des Heileingriffs ist und ob der Arzt den Heileingriff kunstgerecht vorgenommen hat. Eine Körperverletzung im Sinne des § 223 StGB ist zu verneinen, wenn der Heileingriff das Ziel oder das Ergebnis einer Verbesserung der gesundheitlichen Lage des Patienten hatte und kunstgerecht ausgeführt wurde; dies selbst dann, wenn der Heileingriff gegen den Willen des Patienten vorgenommen wurde[324].

Der Rechtsprechung folgend ist jedoch jeder ärztliche Heileingriff, der nicht lediglich eine Bagatellmaßnahme darstellt, eine tatbestandliche Körperverletzung im Sinne des § 223 StGB.

---

320 *Engisch*, Die rechtliche Bedeutung der ärztlichen Operation, S. 20; dem ganz überwiegend zustimmend: *Schmidt*, Der Arzt im Strafrecht, S. 69 ff.; *Welzel*, Das Deutsche Strafrecht, S. 289.

321 *Ebd.*

322 LK-*Lilie*, vor §§ 223 ff. Rn. 5.

323 *Eser*, in: Schönke/Schröder, StGB Kommentar, § 223 Rn. 30.

324 *Joecks*, in: MüKo StGB, § 223 Rn. 48, siehe dort auch für einen Überblick über weitere vertretene (Minder)Meinungen, die im Rahmen dieser Dissertation mangels Relevanz nicht im Einzelnen dargelegt werden, auf die aber der Vollständigkeit halber dennoch hingewiesen werden soll.

(2) *Heileingriff durch einen Heilpraktiker als Körperverletzung im Sinne der §§ 223 ff. StGB*

Nach der darlegten Definition der Körperverletzung im Sinne des § 223 StGB kommt bei einem Heileingriff eines Heilpraktikers die Strafbarkeit wegen Körperverletzung gemäß § 223 StGB sowohl in Form der körperlichen Misshandlung als auch der Gesundheitsschädigung in Betracht. Je nach Behandlungsmethode des Heilpraktikers kommt es im Rahmen des Heileingriffs zu negativen Auswirkungen auf Körper und Wohlbefinden des den Heilpraktiker Aufsuchenden und damit zu körperlichen Beeinträchtigungen. Zudem ist eine Gesundheitsschädigung denkbar, wenn ein Krankheitszustand aufgrund fehlerhafter Diagnose oder Therapie des Heilpraktikers aufrechterhalten oder gar verschlimmert wird. Entscheidend ist, ebenso wie beim ärztlichen Heileingriff, ob die Erheblichkeitsschwelle überschritten wird.[325]

Ist dies der Fall, beispielsweise bei nicht lediglich bagatellartigen invasiven Behandlungsmaßnahmen eines Heilpraktikers, kann für die Behandlungen nichts anderes gelten als für ärztliche Heileingriffe. Solche Eingriffe eines Heilpraktikers sind tatbestandliche Körperverletzungen im Sinne des § 223 StGB, die nur durch eine wirksame Einwilligung gerechtfertigt werden können.[326]

(3) *Stellungnahme: Übertragbarkeit auf den Heileingriff durch einen Geistheiler*

Es ist jedoch zu erörtern, ob die für die ärztlichen und heilpraktischen Heileingriffe geltenden Grundsätze auf die Heileingriffe durch Geistheiler übertragbar sind.

Viele Methoden der Geistheilung bedeuten jedenfalls unmittelbar weder eine körperliche Misshandlung noch eine Gesundheitsschädigung. In den meisten Fällen wird die körperliche Integrität des Klienten nicht verletzt. Anders als bei Heilpraktikern kommt es selten zu invasiven Behandlungsmaßnahmen. Legt der Geistheiler beispielsweise die Hand auf, betet er den Klienten gesund oder bespricht ihn, so wird dessen körperliche Integrität in keiner Weise beeinträchtigt. Bei anderen Methoden der Geistheilung hingegen kann eine körperliche Misshandlung oder eine Gesundheitsschädigung im Sinne des § 223 StGB und damit eine tatbestandliche Körperverletzung zu bejahen sein. Daneben kommt durch die Behandlung eines Geistheilers eine Körperverletzung in Form von

---

325 *Cramer*, Strafrechtliche Grenzen der Therapiefreiheit und der Heilbehandlung durch den Heilpraktiker, S. 93.

326 *OLG Koblenz*, Urteil vom 26.02.2007, Az. 12 U 1433/04, in: NJW-RR 2007, 997 (997).

psychischen Schäden in Betracht. Zudem ist vor allem eine mittelbare Gesundheitsschädigung denkbar, wenn ein Krankheitszustand aufgrund fehlerhafter Diagnose oder Therapie des Geistheilers aufrechterhalten oder gar verschlimmert wird. Es sind somit mehrere Situationen denkbar, in denen die Geistheilung nachhaltige negative Auswirkungen auf den Körper und das Wohlbefinden des Klienten haben kann.

Daher kann der Heileingriff durch den Geistheiler eine tatbestandliche Körperverletzung darstellen.

b) Objektive Sorgfaltspflichtverletzung: Objektive Sorgfaltsanforderungen bei der Untersuchung und Behandlung von erkrankten Personen

Für eine Fahrlässigkeitsstrafbarkeit ist weiterhin stets eine objektive Sorgfaltspflichtverletzung erforderlich. Die im Verkehr erforderliche Sorgfalt muss außer Acht gelassen worden sein, der Erfolgseintritt muss objektiv vorhersehbar gewesen sein und es darf sich nicht um ein erlaubtes Risiko gehandelt haben.

Als Maßstab für die anzuwendende Sorgfalt dienen grundsätzlich die Anforderungen, die bei einer ex-ante-Betrachtung der Gefahrenlage an einen achtsamen, sorgfältigen Menschen in der jeweiligen speziellen Lage und sozialen Rolle zu stellen sind[327].

Zu untersuchen ist, ob bei einem Heilbehandler und bei dem Geistheiler im Speziellen besondere Anforderungen an die objektive Sorgfaltspflicht bestehen.

(1) Objektiver Maßstab der erforderlichen Sorgfalt bei der ärztlichen Behandlung

Bei der Untersuchung und Behandlung von Patienten gelten besondere Sorgfaltsanforderungen[328]. Ärzte und Angehörige anderer Gesundheitsberufe haben gemäß § 630a Absatz 2 BGB die zum Zeitpunkt der Behandlung bestehenden, allgemein anerkannten fachlichen Standards zu beachten.

Bei Ärzten dient der Standard eines guten und verantwortungsvollen Handelns eines erfahrenen (Fach)Arztes als objektiver Maßstab für die erforderliche Sorgfalt[329]. Sofern noch kein Standard existiert, ist diejenige Sorgfalt zu tragen, die unter Berücksichtigung der zur Verfügung stehenden Möglichkeiten die

---

327 H.M., siehe nur *Kühl*, in: Lackner/Kühl, § 15 Rn. 37.

328 Zur ausführlichen Darstellung siehe *Knauer/Brose*, in: Spickhoff, Medizinrecht, StGB, § 222 Rn. 17 ff.

329 *BGH*, Urteil vom 19.04.2000, Az. 3 StR 442/99, in: NJW 2000, 2754 (2758).

körperliche Integrität des Patienten am größtmöglichen schont[330]. Wenn mehrere gleichwertige Behandlungsmethoden zur Verfügung stehen, muss der Arzt die Behandlungsmethode auswählen, die am ehesten Heilung verspricht und die körperliche Integrität des Patienten am geringsten gefährdet[331]. Der ärztliche Standard geht dabei über die Schulmedizin hinaus[332], sodass beispielsweise die vertretbare Wahl eines Heilversuchs – eines zwar wissenschaftlich erforschten und positiv bewerteten, aber noch nicht etablierten Heilverfahrens – noch den Sorgfaltsanforderungen genügen kann. Voraussetzung dafür ist aber, dass die standardmäßigen schulmedizinischen Behandlungsweisen erschöpft sind und ex ante eine Nutzen-Risiko-Abwägung vorgenommen wurde, die positiv ausfiel. Der Stand der wissenschaftlichen Forschung über den entsprechenden Heilversuch muss die Annahme rechtfertigen, dass der zu erwartende Nutzen die eventuellen Risiken überwiegt. In solchen Fällen unterliegt die ärztliche Sorgfaltspflicht jedoch besonderen Anforderungen; so muss der Arzt beispielsweise sonst eher abwegigere Risiken bedenken und stärkere Sicherungsmaßnahmen treffen.[333]

(2) Objektiver Maßstab der erforderlichen Sorgfalt bei der Behandlung durch einen Heilpraktiker

Heilpraktiker hingegen müssen nicht die an die Ärzte gestellten Sorgfaltsanforderungen beachten, da sie gerade eine Behandlung abseits der für Ärzte zu erbringenden Standards anbieten. Dennoch bestehen auch für sie im Rahmen der Sorgfaltsanforderungen besondere Pflichten.

Für Heilpraktiker gilt der Maßstab der normalerweise von einem Heilpraktiker zu erwartenden fachgemäßen Heilpraktikerbehandlung[334]. Heilpraktiker müssen sich nicht nur über die von ihnen praktizierten Heilbehandlungsformen einschließlich der Voraussetzungen für ihre gefahrlose Anwendung und der mit

---

330 BT-Drs. 17/10488, S. 19; *Katzenmeier*, in: Laufs/Katzenmeier/Lipp, Arztrecht, Kapitel X Rn. 9, mit Verweis auf die Gesetzesbegründung zu § 630a BGB, in der klargestellt wird, dass „soweit sich in einem Bereich noch kein Standard entwickelt hat, […] in Anknüpfung an die Rechtsprechung die Sorgfalt eines vorsichtig Behandelnden einzuhalten [ist]".

331 *Ulsenheimer*, in: Laufs/Kern, Handbuch des Arztrechts, § 139 Rn. 33.

332 *RG*, Urteil vom 01.12.1931, Az. I 707/31, in: RGSt 67, 12 (23 f.); *BGH*, Beschluss vom 17.05.1991, Az. 3 StR 8/91, in: BGHSt 37, 383 (383); *Laufs*, Die Entwicklung des Arztrechts 1983/84, in: NJW 1984, 1383 (1384).

333 *Knauer/Brose*, in: Spickhoff, Medizinrecht, StGB, § 222 Rn. 24.

334 BT-Drs. 17/10488, S. 19.

ihnen einhergehenden Risiken sachkundig informieren, sondern außerdem in jedem Einzelfall kritisch hinterfragen, ob ihre Fähigkeiten für die Diagnose und ordnungsgemäße Heilbehandlung inklusive aller erforderlichen Eingriffe ausreichen oder nicht[335].

(3) Stellungnahme: Objektiver Maßstab der erforderlichen Sorgfalt bei der Behandlung durch einen Geistheiler

Vor diesem Hintergrund ist zu überlegen, welche Anforderungen an die Sorgfalt von Geistheilern zu stellen sind.

Entscheidend ist zunächst, ob der zwischen einem Geistheiler und seinem Klienten geschlossene Vertrag als Behandlungsvertrag im Sinne des § 630a BGB zu klassifizieren ist. Gemäß der Norm liegt ein Behandlungsvertrag vor, wenn sich eine Partei (der Behandelnde) zur medizinischen Behandlung einer anderen Person und die andere Partei (die zu behandelnde Person) sich zur Gewährung der vereinbarten Vergütung verpflichtet, soweit nicht ein Dritter zur Zahlung verpflichtet ist. Eine Einschränkung danach, welche medizinische Behandlung erfasst ist und welche nicht, nimmt das Gesetz nicht vor. Daher ist zumindest nicht nur die ärztliche Behandlung unter den Behandlungsvertrag gemäß § 630a Absatz 1 BGB zu subsumieren. Insbesondere liegt ein solcher bei Heilpraktikern vor[336]. Ausgehend von dem Wortlaut der Norm erscheint es daher möglich, den zwischen dem Geistheiler und seinem Klienten geschlossenen Vertrag als Behandlungsvertrag im Sinne des § 630a Absatz 1 BGB einzuordnen. Schließlich verpflichtet sich der Geistheiler zur Behandlung seines Klienten und nimmt somit die Rolle des Behandelnden ein, während sich der Klient als die zu behandelnde Person zur Zahlung einer Vergütung verpflichtet. Auch wird der Begriff der Behandlung im Sinne des § 630a Absatz 1 BGB so interpretiert, dass er die Heilbehandlung meint[337]. Diese umfasst die Diagnose und Therapie einschließlich jedweder Maßnahmen und Eingriffe, die dem Ziel dienen, Krankheiten und Beschwerden physischer wie psychischer Art präventiv entgegenzuwirken, zu erkennen, zu lindern oder gar zu heilen[338]. Der Vertrag zwischen dem Geistheiler und seinem Klienten ist wie ein Behandlungsvertrag mit Ärzten oder Angehörigen anderer Gesundheitsberufe auf die Linderung und im besten Fall auf die Heilung von Krankheiten und Beschwerden gerichtet.

---

335 *Knauer/Brose*, in: Spickhoff, Medizinrecht, 2. Auflage 2014, § 222 StGB Rn. 25.
336 So auch BT-Drs. 17/10488, S. 18.
337 BT-Drs. 17/10488, S. 17.
338 *Kern*, in: Laufs/Kern, Handbuch des Arztrechts, § 54 Rn. 3.

Indes sind nach dem Willen des Gesetzgebers nur diejenigen Tätigkeiten unter die Norm zu subsumieren, die einem Heilberuf oder Heilgewerbe im Sinne des Artikel 74 Nummer 19 GG oder dem Heilpraktikertum angehören[339]. Die Geistheilung stellt aber keine Tätigkeit eines Heilberufs oder Heilgewerbes im Sinne des Artikel 74 Nummer 19 GG dar. Sie ist zudem nicht stets dem Heilpraktikertum zuzuordnen. Zu beachten ist vielmehr Folgendes: § 630a Absatz 1 BGB umfasst nur solche Behandlungen, die medizinischer Natur sind[340]. Zwar wird teilweise angenommen, dass der Begriff der medizinischen Behandlung im Sinne der Norm über den Begriff der Ausübung der Heilkunde im Sinne des § 1 HeilPraktG hinausgeht[341], dennoch ist nicht jede Art der Heilbehandlung davon erfasst. Bei der Geistheilung steht aber keine medizinische, sondern eine religiös-spirituelle Tätigkeit im Vordergrund. Darüber hinaus gibt die Gesetzesbegründung keinen Anlass dazu, die Geistheilung als medizinische Behandlung und den Geistheiler als Behandler im Sinne des § 630a Absatz 1 BGB zu klassifizieren. Der zwischen einem Geistheiler und seinem Klienten geschlossene Vertrag ist daher kein Behandlungsvertrag im Sinne des § 630a BGB[342].

Mangels Behandlungsvertrags gemäß § 630a Absatz 1 BGB sind keine besonderen, sondern lediglich die allgemein bei Dienstverträgen geltenden Sorgfaltsanforderungen des § 276 Absatz 2 BGB zu beachten. Es ist zu daher untersuchen, welche Anforderungen an einen Geistheiler zu stellen sind.

Ausgangspunkt ist der Maßstab, der normalerweise bei einer fachgemäßen Geistheilung von einem Geistheiler zu erwarten ist. Problematisch ist allerdings, dass aufgrund des heterogenen Bilds der Geistheilung und der mangelnden staatlichen Kontrolle der Geistheilung ein fachgemäßer Standard nur schwer feststellbar ist. Jedoch müssen sich auch Geistheiler jedenfalls die erforderliche Sachkunde über eine gefahrlose Anwendung ihrer Heilbehandlungen aneignen. Bei Geistheilern ist es zudem umso wichtiger, dass sie regelmäßig im Rahmen der Heilbehandlung kritisch hinterfragen, ob ihre Fähigkeiten (noch) ausreichen oder nicht, um die Heilbehandlung fortzuführen, oder ob die eigenen Kenntnisse und Fähigkeiten nicht mehr genügen. Denn gerade bei einem Geistheiler, der keine über die eines Laien hinausgehenden medizinischen Kenntnisse besitzt, besteht beispielsweise die Gefahr, dass weitergehende oder neu entwickelte

339 BT-Drs. 17/10488, S. 18.

340 BT-Drs. 17/10488, S. 17.

341 *Walter*, in: BeckOGK, § 630a BGB Rn. 37, letzter Zugriff am 09.12.2016.

342 A.A. *Lafontaine*, in: Herberger/Martinek/Rüßmann/Weth/Würdinger, jurisPK, § 630 Rn. 114.

Symptome und Krankheitsbilder beim Klienten nicht erkannt oder medizinisch nicht richtig eingeschätzt werden. Daraus können gesundheitliche Gefahren für den Klienten entstehen.

An den Geistheiler werden die objektiven Sorgfaltsanforderungen gestellt, dass er zum einen die Geistheilung ohne Gefahr für Leib, Leben und Gesundheit des Klienten anwendet und zum anderen sein Handeln und seine Fähigkeiten im jeweiligen Fall stets kritisch hinterfragt und die Geistheilung abbricht, falls seine Kenntnisse und Fähigkeiten nicht mehr ausreichen. Zudem muss er auf das Erfordernis einer (schul)medizinischen Behandlung hinweisen.

c) Kausalität und objektive Zurechnung

Weiterhin ist es notwendig, dass die Handlung kausal für den Eintritt des Erfolgs war[343]. Es gelten die allgemeinen Regeln der Kausalität[344].

Daher ist die Kausalität nach der *Conditio sine qua non-Formel* zunächst als gegeben anzusehen, wenn die Handlung nicht hinweg gedacht werden kann, ohne dass der tatbestandliche Erfolg entfiele[345].

Ein Kausalzusammenhang nach der *Conditio sine qua non-Formel* ist jedoch nicht ausreichend für den Tatbestand der fahrlässigen Körperverletzung. Der tatbestandliche Erfolg muss dem Täter zudem objektiv zurechenbar sein. Dafür müssen Risikozusammenhang und Pflichtwidrigkeitszusammenhang gegeben sein. Für die Bejahung des Risikozusammenhangs ist entscheidend, ob sich die auf die mangelnde Sorgfalt des Täters zurückzuführende Gefahr im Erfolg realisiert hat und ob der Erfolg dem Schutzbereich der Norm zuzuordnen ist. Ist beides der Fall, so ist der Risikozusammenhang gegeben.[346] Im Rahmen des Pflichtwidrigkeitszusammenhangs ist indes zu prüfen, ob das Verhalten des Täters gerade aufgrund der Pflichtwidrigkeit den Erfolg kausal herbeigeführt hat. Der Erfolg muss sich damit als Verwirklichung der unerlaubt und pflichtwidrig gesetzten

---

343 *Eisele,* in: Schönke/Schröder, StGB Kommentar, Vorbemerkungen zu den §§ 13 ff., Rn. 72 f.

344 Siehe dazu beispielsweise *Eisele,* in: Schönke/Schröder, StGB Kommentar, Vorbemerkungen zu den §§ 13 ff., Rn. 71 ff.

345 Nach der heutigen in Wissenschaft und Rechtsprechung ganz herrschenden Meinung, vgl. für die Rechtsprechung beispielsweise schon *RG*, Urteil vom 12.04.1880, Az. 570/80, in: RGSt 1, 373 (374); *BGH*, Urteil vom 28.09.1951, Az. 2 StR 391/51, in: BGHSt 1, 332 (333).; *BGH*, Urteil vom 30.03.1993, Az. 5 StR 720/92, in: BGHSt 39, 195 (195); für die Literatur beispielsweise *Eisele*, in: Schönke/Schröder, Vorbemerkungen zu den §§ 13 ff. Rn. 73a.

346 *Sternberg-Lieben/Schuster*, in: Schönke/Schröder, StGB Kommentar, § 15 Rn. 156.

Gefahr darstellen. Entscheidend ist, ob der Erfolg auch eingetreten wäre, wenn sich der Täter rechtlich zulässig im Sinne von pflichtgemäß sorgfältig verhalten hätte. Ist das der Fall, so beruht der Erfolg nicht auf der Pflichtwidrigkeit, sodass der Pflichtwidrigkeitszusammenhang zu verneinen ist.[347]

Gilt der Klient des Geistheilers als schulmedizinisch austherapiert, ist der Pflichtwidrigkeitszusammenhang nicht gegeben, da der Erfolgseintritt der Körperverletzung auch bei pflichtgemäßem Verhalten des Geistheilers unvermeidbar ist. Dann ist eine objektive Zurechnung und damit die Strafbarkeit des Geistheilers zu verneinen.

d) Besonderheit im Rahmen der Rechtswidrigkeit: Problematik der (mutmaßlichen) Einwilligung

Nach der Auffassung der Rechtsprechung kommt der Einwilligung der zu behandelnden Person im Hinblick auf die durch den Heileingriff erfolgende fahrlässige Körperverletzung bei ärztlichen und heilpraktischen Heileingriffen unter bestimmten Voraussetzungen rechtfertigende Wirkung zu. Dafür ist es allerdings erforderlich, dass der einsichts- und urteilsfähige Einwilligungsberechtigte vor der Behandlung, aber nach umfassender Aufklärung, selbst einwilligt[348]. Ist eine Einwilligung vor Durchführung der Behandlung nicht möglich, so kann bei Vorliegen der spezifischen Voraussetzungen beim ärztlichen Heileingriff eine mutmaßliche Einwilligung genügen[349].

An die erforderliche Aufklärung sind bei Heileingriffen durch Ärzte sowie durch Heilpraktiker hohe Anforderungen zu stellen. Die Aufklärung muss grundsätzlich[350] nicht nur hinsichtlich der Art, des Umfangs und der Methode des Eingriffs, sondern auch hinsichtlich der möglichen Risiken, der Kalkulierbarkeit und den Folgen des Eingriffs sowie hinsichtlich etwaiger bekannter

---

347 H.M. seit *BGH*, Beschluss vom 25.09.1957, Az. 4 StR 354/57 in: BGHSt 11, 1 (7); *BGH*, Beschluss vom 29.11.1985, Az. 2 StR 596/85, in: NStZ 1986, 217 (218); *OLG Köln*, Beschluss vom 31.03.1989, Az. Ss 138/89, in: NZV 1989, 319 (319); *Duttge*, in: MüKo StGB, § 15 Rn. 184; *Sternberg-Lieben/Schuster*, in: Schönke/Schröder, § 15 Rn. 173 f.

348 St. Rspr., siehe nur *BGH*, Urteil vom 20.01.2004, Az. 1 StR 319/03, in: NStZ 2004, 442 (442).

349 *RG*, Urteil vom 31.05.1894, Az. 1406/94, in: RGSt 25, 375 (381 f.).

350 Besonderheiten, auf die hier jedoch nicht näher eingegangen werden soll, bestehen beispielsweise bei Kenntnis des Patienten oder bei Aufklärungsverzicht. Dann kann die Aufklärungspflicht eingeschränkt sein, siehe dazu *Katzenmeier*, in: Laufs/Katzenmeier/Lipp, Arztrecht, Kapitel V Rn. 38 ff.

Behandlungsalternativen in zureichender Weise erfolgen[351]. Das gilt für Ärzte und Heilpraktiker gleichermaßen[352].

Zusätzlich sind insbesondere Heilpraktiker dazu verpflichtet, über ihre Person und ihren Berufsstand sowie die Auswirkungen dessen zu informieren. So müssen sie zum Beispiel mitteilen, dass sie nicht alle Regeln der ärztlichen Kunst beherrschen und schneller an medizinisch fachliche Grenzen stoßen als Ärzte. Erkennt ein Heilpraktiker im Rahmen seiner Behandlung oder schon im Rahmen der Vorbereitung dieser, dass er an seine Grenzen stößt und nicht mehr die nötige Kompetenz für die erforderliche Behandlung aufweist, muss er den Patienten darauf hinweisen. Dem Patienten muss die Möglichkeit gegeben werden, die Durchführung des Eingriffs abzubrechen. In jedem Fall muss sichergestellt sein, dass er keiner Behandlung zustimmt, ohne vorher über die spezifischen Gefahren aufgeklärt zu sein.[353]

Diese Anforderungen können auf den Geistheiler uneingeschränkt übertragen und ausgedehnt werden. Der Geistheiler ist vor Durchführung der Geistheilung verpflichtet, den Klienten hinsichtlich Art, Umfang und Methode seiner Behandlung aufzuklären. Mögliche und insbesondere mittelbare Gefahren, Risiken und Folgen müssen berücksichtigt werden und in die Aufklärung einfließen. Darüber hinaus muss der Geistheiler seinen Klienten über seine Person und den Umfang seiner medizinischen Ausbildung informieren. Dies gilt insbesondere dann, wenn er über keine medizinische Ausbildung verfügt. Zudem muss der Geistheiler sein Können und Handeln regelmäßig kritisch hinterfragen und offenlegen, falls er an seine Grenzen stößt. Darüber hinaus muss der Geistheiler darauf hinweisen, dass seine Behandlung die schulmedizinische Behandlung in keinem Fall ersetzen kann und soll.

Nur wenn diese Voraussetzungen erfüllt sind, kann eine Einwilligung die im Rahmen einer Geistheilung zugefügte Körperverletzung wirksam rechtfertigen.

Einer mutmaßlichen Einwilligung hingegen sollte bei Geistheilungen aufgrund der Tatsache, dass die Geistheilung eine Heilmethode noch abseits der Alternativmedizin ist, keine rechtfertigende Wirkung zukommen.

---

351 St. Rspr., siehe nur NK-*Paeffgen*, § 228 Rn. 63, 75 m.w.N.

352 Für den ärztlichen Heileingriff: *Knauer/Brose*, in: Spickhoff, Medizinrecht, § 223 StGB Rn. 26; für den Heileingriff eines Heilpraktikers: *Taupitz,* Der Heilpraktiker aus der Sicht des Haftungsrechts, in: NJW 1991, 1505 (1510).

353 *Cramer*, Strafrechtliche Grenzen der Therapiefreiheit und der Heilbehandlung durch Heilpraktiker, S. 99.

e) Besonderheit im Rahmen der Schuld: Subjektive Sorgfaltsanforderungen

Die Begehung eines Fahrlässigkeitsdelikts setzt im Rahmen der Schuld die Erfüllung einer besonderen subjektiven Sorgfaltspflichtverletzung voraus, die sich ebenfalls in Vorhersehbarkeit und Zumutbarkeit unterteilt. Dem Täter muss es in der jeweiligen kritischen Situation subjektiv möglich und zumutbar gewesen sein, die objektiv erforderlichen Sorgfaltspflichten zu erkennen und vorherzusehen, sich ihnen entsprechend zu verhalten und so das sorgfaltswidrige Verhalten und den Erfolgseintritt zu vermeiden. Entscheidend sind seine individuellen Fähigkeiten, Erfahrungen und Kenntnisse.[354]

Der Geistheiler muss daher die für seinen Klienten bestehende Gefahr erkennen oder vorhersehen können und es muss ihm möglich und zumutbar sein, sorgfaltsgemäß zu handeln.

Da die subjektiven Kenntnisse und Erfahrungen zu berücksichtigen sind, kann mangelndes Erfahrungswissen entlastend wirken[355]. Dann kommt allerdings eine Übernahmefahrlässigkeit in Betracht[356].

f) Zwischenergebnis

Die Strafbarkeit des Geistheilers wegen fahrlässiger Körperverletzung gemäß § 229 StGB ist somit möglich. Im Regelfall wird allerdings – vorausgesetzt die Strafbarkeit scheitert aufgrund des Grundsatzes der eigenverantwortlichen Selbstgefährdung nicht bereits an der objektiven Zurechnung – eine wirksame Einwilligung die Rechtswidrigkeit und damit die Strafbarkeit des Geistheilers wegen fahrlässiger Körperverletzung ausschließen.

4. Fahrlässige Tötung gemäß § 222 StGB

Kommt es durch die Geistheilung gar ungewollt zum Tod des Klienten, so kommt die Strafbarkeit des Geistheilers wegen fahrlässiger Tötung gemäß § 222 StGB in Betracht.

Der Klient ist stets ein anderer Mensch im Sinne des § 222 StGB und damit mögliches Tatobjekt. Für die Strafbarkeit muss der Geistheiler den Tod des

---

354 *Sternberg-Lieben/Schuster*, in: Schönke/Schröder, § 15 Rn. 195.
355 *Sternberg-Lieben/Schuster*, in: Schönke/Schröder, § 15 Rn. 197.
356 *Sternberg-Lieben/Schuster*, in: Schönke/Schröder, § 15 Rn. 198.

Klienten durch ein fahrlässiges Verhalten verursacht haben, das in einem Tun oder Unterlassen liegen kann[357].

Im Hinblick auf die Fahrlässigkeitsanforderungen kann auf die soeben getätigten Ausführungen verwiesen werden.

5. Fahrlässige Körperverletzung und fahrlässige Tötung durch Unterlassen gemäß §§ 229, 13 StGB beziehungsweise §§ 222, 13 StGB

Neben den Situationen, in denen ein aktives Tun eines Geistheilers zum ungewollten Eintritt einer Körperverletzung oder des Todes eines Klienten führt, sind Situationen denkbar, in denen ein Unterlassen eines Geistheilers zum tatbestandlichen Erfolg einer Körperverletzung oder des Todes des Klienten führt. Dann sind zusätzlich die Voraussetzungen der Tatbegehung durch Unterlassen gemäß § 13 StGB zu prüfen. Insbesondere ist an den Fall zu denken, in dem es der Geistheiler unterlässt, den Klienten darauf hinzuweisen, dass sein Leiden eine (schul)medizinische Behandlung erfordert.

a) Erfolgseintritt durch Unterlassen statten Handlung

Das in Rede stehende Verhalten darf nicht in einem aktiven Tun, sondern muss in einem Unterlassen liegen. Die Abgrenzung, ob ein aktives Tun oder ein Unterlassen vorliegt, erfolgt nach den allgemeinen Regeln. Entscheidend ist der Schwerpunkt der Vorwerfbarkeit[358], beziehungsweise des Täterverhaltens[359]. Im Rahmen des Täterverhaltens ist darauf abzustellen, ob seitens des Täters ein Einsatz von Energie zu erkennen ist[360]. So kann beispielsweise die nicht rechtzeitig erfolgte Verlegung in ein Krankenhaus den Schwerpunkt der Vorwerfbarkeit

357 *Eser/Sternberg-Lieben*, in: Schönke/Schröder, § 222 Rn. 2 ff; *Hardtung*, in: MüKo StGB, § 222 Rn. 3.

358 So erstmals *BGH*, Beschluss vom 17.02.1954, Az. GSSt 3/53, in: NJW 1954, 766 (768).

359 *OLG Düsseldorf*, Urteil vom 03.05.1983, Az. 2 Ss 91/83, in: JMBlNW 1983, 199 (200); *BGH*, Beschluss vom 17.08.1999, Az. 1 StR 390.99, in: NStZ 1999, 607 (607); *Brammsen*, Tun oder Unterlassen?, in: GA 2002, 193 (205); *Duttge*, Anmerkungen zu BGH Urteil vom 14.03.2003, Az. 2 StR 239/02, in: JR 2004, 34 (37); *Engisch*, Die Kausalität als Merkmal der strafrechtlichen Tatbestände, S. 29; *ders.*, Tun und Unterlassen, in: FS Gallas, 163 (170); *Freund*, in: MüKo StGB, § 13 Rn. 9; NK-*Gaede*, § 13 Rn. 7; *Knauer/Brose*, in: Spickhoff, Medizinrecht, § 212 Rn. 4; *Roxin*, Strafrecht AT II, § 31 Rn. 78; SK-*Rudolphi* vor § 13 Rn. 6; *Welp*, Vorangegangenes Tun als Grundlage einer Handlungsäquivalenz der Unterlassung, S. 109 ff.; alle zitiert nach und diesem zustimmend LK-*Weigend*, § 13 Rn. 7.

360 *Ebd.*

und damit eine Tatbegehung durch Unterlassen begründen, wenn die Verlegung durch eine als aktives Tun zu qualifizierende, fehlerhafte Behandlung notwendig wurde[361].

b) Quasikausalität

Im Rahmen der Kausalität besteht bei der Tatbegehung durch Unterlassen die Besonderheit, dass eine sogenannte Quasikausalität vorliegen muss. Diese ist in Umkehrung der *Conditio sine qua non-Formel* zu bejahen, wenn der tatbestandliche Erfolg bei Hinzudenken des objektiv gebotenen und zumutbaren Verhaltens mit an Sicherheit grenzender Wahrscheinlichkeit nicht eingetreten wäre. Entscheidend ist folglich, ob der tatbestandliche Erfolg auch eingetreten wäre, wenn sich der Täter pflichtgemäß verhalten hätte.[362]

Bezogen auf die Fälle der Geistheilung ist es beispielsweise für die Strafbarkeit wegen fahrlässigerer Tötung durch Unterlassen gemäß § 13 StGB erforderlich, dass die Inanspruchnahme der Schulmedizin, beziehungsweise ein Eingreifen der Ärzte, im konkreten Fall zu einer nennenswerten Verzögerung des Todeseintritts geführt hätte.

---

361 *BGH*, Urteil vom 07.07.2011, Az. 5 StR 561/19, in: NJW 2011, 2895 (2897); dem zustimmend *Sternberg-Lieben*, Zur Vorsatzstrafbarkeit eines Schönheitschirurgen nach gravierendem Fehlverhalten, in: MedR 2012, 97 (99).

362 St. Rspr., so z.B. *RG*, Urteil vom 20.12.1886, Az. 2779/86, in: RGSt 15, 151 (153 f.); *RG*, Urteil vom 25.06.1917, Az. III 213/17, in: RGSt 51, 127; *RG*, Urteil vom 07.06.1940, Az. 1 D 223/40, in: RGSt 75, 49 (50 f.); *OLG Hamm*, Urteil vom 21.04.1959, Az. 1 Ss 85/59, in: NJW 1959, 1551 (1551); *BGH*, Urteil vom 28.07.1970, Az. 1 StR 175/70, in: JZ 1973, 173 f.; *BGH*, Urteil vom 19.12.1997, Az. 5 StR 569-96, in: NJW 1998, 1568 (1573); *BGH*, Urteil vom 19.04.2000, Az. 3 StR 442/99, in: NJW 2000, 2754 (2757); *BGH*, Urteil vom 12.01.2010, Az. 1 StR 272/09, in: NJW 2010, 1087 (1090), m. Anm.; H.M. in der Literatur, z.B. *Freund*, in: MüKo StGB, § 13 Rn. 213; *Bosch*, in: Schönke/Schröder, § 13 Rn. 61; Die dahingehende Strenge, dass die Strafbarkeit wegen eines vollendeten Unterlassungsdelikts nur in Betracht kommt, wenn der Erfolg mit an Sicherheit grenzender Wahrscheinlichkeit nicht eingetreten wäre, wird indes teilweise kritisiert; mitunter wird das Vorliegen der Quasikausalität daher bereits bejaht, wenn das gebotene und zumutbare Verhalten das Risiko des Erfolgseintritts gemindert hätte, siehe dazu SK-*Rudokphi/Stein*, Vor § 13 Rn. 16.

c) *Garantenstellung eines Geistheilers*

Wesentliche Voraussetzung der Strafbarkeit des Geistheilers wegen eines Unterlassens ist aber, dass dem Geistheiler eine Handlungspflicht zukommt. Das ist der Fall, wenn er Garant des Klienten ist.

Zur Beurteilung dessen bietet es sich an, die Fälle der Garantenstellung von Ärzten sowie Heilpraktikern darzulegen und im Anschluss Auswirkungen auf eine mögliche Garantenstellung von Geistheilern zu diskutieren.

(1) Garantenstellung eines Arztes kraft Behandlungsübernahme

Ärzte sind ab Übernahme der Behandlung bis zu ihrem Abschluss oder bis zur Übernahme eines anderen Arztes Garanten ihrer Patienten[363]. Diese Garantenstellung ist als Garantenstellung kraft freiwilliger Übernahme an die tatsächliche Übernahme der Behandlung geknüpft. Ob ein zivilrechtlich wirksamer Behandlungsvertrag im Sinne des § 630a BGB geschlossen wurde oder nicht, ist nicht relevant.[364] Mit der Übernahme der ärztlichen Behandlung durch den Arzt wird beim Patienten ein Vertrauen darin hervorgerufen, dass der Arzt ihn unter Einsatz seiner medizinischen Kenntnissen und Fähigkeiten betreut und behandelt und, sofern ihm eine Weiterbehandlung aus fachlichen oder persönlichen Gründen nicht möglich ist, weitere Hilfsmaßnahmen einleitet, beispielsweise ihn an einen qualifizierten Facharzt überweist[365]. Der Patient legt sein Schicksal von Behandlungsbeginn an in die Hände des Arztes und vertraut es ihm an. Daher hat ein Arzt ab Übernahme der Behandlung die ihm möglichen und zumutbaren gebotenen medizinischen Maßnahmen zu ergreifen, um dem Patienten drohende Schädigungen zu verhindern[366]. In welchem Umfang die Garantenpflicht besteht, bestimmt sich nach der ärztlichen Indikation, der Reichweite der Einwilligung des hinreichend aufgeklärten Patienten und den Anforderungen an die Kunstgerechtheit der jeweiligen Behandlung. In den so festgesetzten Grenzen kommt dem Arzt eine Garantenpflicht zu.[367]

---

363 *Knaur/Brose*, in: Spickhoff, Medizinrecht, § 212 Rn. 7; *Lipp*, in: Laufs/Katzenmeier/Lipp, Arztrecht, Kapitel IV Rn. 4 f.; *Stree/Bosch*, in: Schönke/Schröder, § 13 Rn. 28a.

364 *Ulsenheimer*, in: Laufs/Kern, Handbuch des Arztrechts, § 140 Rn. 14.

365 In Bezug auf den speziellen Fall des Arzts für Allgemeinmedizin: *Kreuzer*, Ärztliche Hilfeleistungspflicht, in: *Mergen*, Die juristische Problematik in der Medizin II, S. 224.

366 *BGH*, Urteil vom 02.02.1979, Az. 2 StR 237/78, in: NJW 1979, 1258 (1258).

367 *Lipp*, in: Laufs/Katzenmeier/Lipp, Arztrecht, Kapitel IV Rn. 6.

Ein Arzt hat folglich ab Übernahme der Behandlung grundsätzlich eine Garantenstellung kraft freiwilliger Übernahme inne, die eine Handlungspflicht begründet.

(2) Garantenstellung eines Heilpraktikers

Da nur der staatlich zugelassene Heilpraktiker neben dem Arzt die Heilkunde ausüben darf, ist es naheliegend, für Heilpraktiker eine Garantenstellung kraft freiwilliger Übernahme gegenüber ihren Patienten ab Übernahme der Behandlung anzunehmen. Obwohl der Abschluss eines Behandlungsvertrags im Rahmen der Garantenstellung eines Arztes nicht entscheidend ist, ist dieser für die Frage des Bestehens einer Garantenstellung nicht gänzlich außer Acht zu lassen. Heilpraktiker schließen mit ihren Patienten ebenso wie Ärzte mit ihren Patienten einen Behandlungsvertrag gemäß § 630a BGB[368]. Vor allem muss jedoch ab Behandlungsübernahme ein mit dem ärztlichen Vertrauensverhältnis vergleichbares Verhältnis zwischen dem Heilpraktiker und seinem Patienten entstehen. Art der Behandlungstätigkeit sowie ihr Ziel müssen mit der Situation der Heilbehandlung durch einen Arzt vergleichbar sein. Zwar erbringt der Heilpraktiker gerade eine Behandlung abseits der ärztlichen Standards und daher eine von der ärztlichen Behandlung zu unterscheidende Behandlung. Es gibt aber auch Behandlungsmethoden eines Heilpraktikers, die in weiten Teilen einer ärztlichen Behandlung entsprechen. Zudem führt der Heilpraktiker ebenso wie der Arzt die Behandlung mit dem Ziel durch, die gesundheitliche Lage des Patienten zu verbessern, nämlich ein Leiden zu verhindern oder zu verringern. Entscheidet sich ein Patient, anstatt eines Arztes einen Heilpraktiker aufzusuchen, so legt er sein gesundheitliches Schicksal mit dieser Entscheidung ebenso in die Hände des Heilpraktikers, wie er es in die Hände des Arztes legt, wenn er sich für eine schulmedizinische Behandlung entscheidet. Er vertraut seine Gesundheit und sein körperliches Wohlbefinden im gleichen Maße dem Heilpraktiker an wie im ersten Fall dem Arzt. Dabei kann es keinen Unterschied machen, ob der Patient die Behandlung durch den Heilpraktiker parallel zur Behandlung durch einen Arzt in Anspruch nimmt oder nicht. Das zwischen dem Heilpraktiker und seinem Patienten entstehende Vertrauensverhältnis ist dasselbe. Unabhängig davon, ob die Behandlung durch einen Heilpraktiker allein oder zusammen mit einer ärztlichen Behandlung in Anspruch genommen wird, vertraut der Patient dem Heilpraktiker sein Wohlbefinden an und der Heilpraktiker wird zu dem Zweck der Verhinderung oder Verringerung eines Leidens oder zum Zweck der

368 BT-Drs. 17/10488, S. 18.

Heilung des Patienten tätig. Daher ist die von Heilpraktikern durchgeführte Art der Behandlung zu beachten: Führt ein Heilpraktiker invasive Behandlungsmethoden beim Patienten durch, so hat er dieselben Sorgfaltspflichten zu erfüllen wie ein Arzt, der eine solche invasive Behandlungsmethode anwendet. Die Sorgfaltspflichten sind auch hinsichtlich Fortbildung bezüglich Nutzen und Risiken der Behandlungsmethode zu beachten.[369]

Die Übernahme einer Behandlung begründet daher bei einem Heilpraktiker eine Garantenstellung kraft freiwilliger Übernahme.

Dies bedeutet jedoch nicht, dass die Garantenstellung von Heilpraktikern im gleichen Umfang besteht wie die von Ärzten. Ein Arzt muss zur Erlangung der Approbation zwingend ein Medizinstudium absolvieren und eine staatliche Prüfung bestehen muss (vgl. § 3 BÄO). Das ist bei einem Heilpraktiker in diesem Umfang nicht der Fall. Daher kann die Garantenstellung eines Heilpraktikers nicht den gleichen Umfang haben wie die eines Arztes, dem der Staat durch Verleihung einer Bestehens- sowie einer Approbationsurkunde weitgehende Kenntnisse und Fähigkeiten bescheinigt. Allerdings ist für die Zulassung zur Ausübung der Heilpraktikertätigkeit das Bestehen einer staatlichen Überprüfung der Kenntnisse und Fähigkeiten der Heilpraktiker durch das zuständige Gesundheitsamt erforderlich. Deswegen kann von Heilpraktikern verlangt werden, dass sie die Voraussetzungen einer fachgemäßen Heilbehandlung kennen und beachten.[370]

(3) Stellungnahme: Garantenstellung eines Geistheilers

Zu prüfen ist, ob dem Geistheiler vor dem Hintergrund des Vorstehenden eine Garantenstellung zuzusprechen ist. Die Aufnahme der Geistheilung könnte zum Entstehen einer Garantenstellung des Geistheilers führen.

Der Geistheiler geht mit seinem Klienten einen Vertrag ein, der eine Heilbehandlung zum Gegenstand hat. Die Geistheilung erfolgt mit dem Ziel der Linderung oder gar Heilung von Krankheiten oder Leiden – ungeachtet der Frage, ob die Behandlung als Ausübung der Heilkunde im Sinne des HeilPraktG anzusehen ist oder nicht. Diesbezüglich unterscheidet sich die Geistheilung folglich weder von der ärztlichen Heilbehandlung noch von der Heilbehandlung durch einen Heilpraktiker. Darüber hinaus besteht zwischen dem Geistheiler

369 *BGH*, Urteil vom 29.01.1991, Az. VI ZR 206/90, in: NJW 1991, 1535 (1537).

370 In Bezug auf eine Verantwortlichkeit gemäß § 276 BGB bei einem möglichen Behandlungsfehler: *BGH*, Urteil vom 29.01.1991, Az. VI ZR 206/90, in: NJW 1991, 1535 (1537).

und seinem Klienten ein starkes Vertrauensverhältnis. Durch die ganzheitliche Ausrichtung der Geistheilung entsteht zwischen ihnen eine engere persönliche Bindung, als es zwischen manchem Arzt und seinem Patienten der Fall ist. Gerade wenn sich von der (Schul)Medizin losgesagt und der Geistheilung hingegeben wurde, besteht ein starkes Vertrauen in die Geistheilung und die Fähigkeiten und Kenntnisse des gewählten Geistheilers. Insbesondere solche Klienten legen ihr Schicksal bewusst und gewollt in die Hände des Geistheilers und geben sich in seine Obhut, vor allem vor dem Hintergrund des Glaubens an eine übernatürliche Kraft.

Es ist daher nur folgerichtig, mit Aufnahme der geistheilenden Tätigkeit eine Schutzpflicht des Geistheilers entstehen zu lassen, die seine Garantenstellung begründet.

Im Hinblick auf den Umfang der Garantenstellung ist allerdings zu berücksichtigen, dass weder die Ausbildung von Geistheilern noch die Geistheilung an sich staatlich nicht geregelt ist. Für den Geistheiler ist keine besondere Ausbildung vorgeschrieben und die Geistheilung ist nicht an eine Überprüfung von Kenntnissen und Fähigkeiten durch eine staatliche Stelle gebunden.

Den Geistheiler trifft aufgrund seiner Garantenstellung aber jedenfalls eine Handlungspflicht, wenn die gesundheitliche Situation seines Klienten ein Eingreifen erfordert. Das ist beispielsweise zu bejahen, wenn sich der Gesundheitszustand seines Klienten verschlechtert. Dann ist der Geistheiler aufgrund seiner Garantenstellung verpflichtet, seinen Klienten darauf hinzuweisen, dass er einen Arzt aufsuchen muss, oder aber selbst geeignete Maßnahmen zu treffen. So muss er etwa in konkreten Notsituationen einen Arzt hinzuzuziehen.[371]

d) Entsprechungsklausel

Gemäß § 13 Absatz 1 StGB a.E. ist für die Strafbarkeit wegen eines Unterlassens erforderlich, dass das Unterlassen der Verwirklichung des gesetzlichen Tatbestands durch ein Tun entspricht. Bei reinen Erfolgsdelikten wie §§ 222, 229 StGB spielt diese Entsprechungsklausel indes keine eigenständige Rolle[372].

371 Zur Garantenstellung eines Heilpraktikers bei vorsätzlichen Unterlassungsdelikten siehe *Cramer*, Strafrechtliche Grenzen der Therapiefreiheit und der Heilbehandlung durch den Heilpraktiker, S. 129.

372 H.M., siehe nur *BGH*, Urteil vom 04.08.2015, Az. 1 StR 624/14, in: NJW 2015, 3047 (3049); NK-*Gaede*, § 13 Rn. 19; *Roxin*, Strafrecht AT II, § 32 Rn. 225; *Stree/Bosch*, in: Schönke/Schröder, § 13 Rn. 4; kritisch aber sich im Ergebnis für eine Beachtung der Entsprechungsklausel bei allen Tatbeständen aussprechend *Freund*, in: MüKo StGB, § 13 Rn. 202 ff., 205.

e) Zwischenergebnis

Die Möglichkeit der Strafbarkeit des Geistheilers wegen fahrlässiger Körperverletzung durch Unterlassen gemäß §§ 229, 13 StGB beziehungsweise fahrlässiger Tötung durch Unterlassen gemäß §§ 222, 13 StGB besteht. Der Geistheiler hat gegenüber seinen Klienten ab Aufnahme der Geistheilung eine Garantenstellung inne.

6. *Vorsätzliche Körperverletzungsdelikte gemäß §§ 223, 224 StGB, ggfs. durch Unterlassen gemäß § 13 StGB*

Da die Geistheilung eine Körperverletzung oder Gesundheitsschädigung im Sinne des § 223 StGB sein kann, kommt zudem die Verwirklichung des Straftatbestands der vorsätzlichen Körperverletzung gemäß § 223 sowie der gefährlichen Körperverletzung gemäß § 224 StGB in Betracht. Liegt der Schwerpunkt der Vorwerfbarkeit des Verhaltens des Geistheilers in einem Unterlassen, kommt die Strafbarkeit gemäß §§ 223, (224), 13 StGB in Betracht, für die die Voraussetzungen eines dem Geistheiler zurechenbaren Unterlassens vorliegen müssen.

Allerdings ist für die Strafbarkeit nach den §§ 223, 224 StGB unabhängig von der Begehung durch ein Tun oder Unterlassen in subjektiver Hinsicht ein zumindest bedingter Vorsatz des Geistheilers erforderlich. Der Geistheiler muss die Gesundheitsschädigung oder Körperverletzung seines Klienten zumindest billigend in Kauf nehmen. Das ist im Einzelfall zu prüfen.

Liegt ein (bedingter) Vorsatz bei dem Geistheiler vor, so kommt darüber hinaus der Qualifikationsstraftatbestand der gefährlichen Körperverletzung gemäß § 224 StGB in Betracht. Zu beachten ist insbesondere § 224 Absatz 1 Nummer 5 StGB. Danach handelt es sich bei einer Körperverletzung um eine gefährliche Körperverletzung, wenn sie mittels einer das Leben gefährdenden Handlung begangen wird. Dafür ist ausreichend, dass die Behandlung als Körperverletzungshandlung „nach den Umständen des Einzelfalls generell dazu geeignet ist, das Leben des Opfers zu gefährden“[373]. Es wird nicht gefordert, dass im konkreten Einzelfall eine Lebensgefährdung bestand. Die Körperverletzungshandlung muss vielmehr aufgrund ihrer allgemeinen Gefährlichkeit konkret geeignet sein, einen Lebensgefährdungs-Erfolg herbeizuführen.[374]

---

373 H.M., siehe nur *BGH*, Beschluss vom 16.01.2013, Az. 2 StR 520/12, in: NStZ 2013, 345; *Fischer*, § 224 Rn. 12; so auch *Hardtung*, in: MüKo StGB, § 224 Rn. 42;

374 H.M., siehe nur *BGH*, Beschluss vom 25.08.1987, Az. 4 StR 367/87, Rn. 5 f., zitiert nach juris; *BGH*, Urteil vom 04.09.1996, Az. 2 StR 320/96, in: NStZ-RR 1997, 67; *BGH*, Urteil vom 29.04.2004, Az. 4 StR 43/04, in: NStZ 2004, 618; *BGH*, Urteil vom 25.

In den Fällen der Geistheilung kann eine gefährliche Körperverletzung mittels einer das Leben gefährdenden Behandlung insbesondere im Zusammenhang mit einem Unterlassen vorliegen. Ist das zumindest bedingt vorsätzliche Unterlassen des Geistheilers im konkreten Fall geeignet, das Leben seines Klienten zu gefährden, kann der Straftatbestand der gefährlichen Körperverletzung durch Unterlassen gemäß §§ 223, 224 Absatz 1 Nummer 5, 13 StGB gegeben sein.

7. Totschlag gemäß § 212 StGB, ggf. durch Unterlassen gemäß § 13 StGB

Tritt durch die Geistheilung der Tod des Klienten ein, so kommt die Strafbarkeit wegen Totschlags gemäß § 212 StGB, ggf. in Form des Unterlassens gemäß § 13 StGB in Betracht. Der Klient eines Geistheilers ist stets ein anderer Mensch im Sinne des § 212 StGB. Der Geistheiler muss den Tod des Klienten zurechenbar verursacht haben[375]. Für die Zurechenbarkeit ist es erforderlich, dass durch die Handlung des Geistheilers ein unerlaubtes Risiko für das Leben des Klienten begründet wurde, das sich sodann in seinem Tod niederschlagen haben muss.[376]

Allerdings ist für die Strafbarkeit nach § 212 StGB, ggf. in Verbindung mit § 13 StGB, in subjektiver Hinsicht ein zumindest bedingter Vorsatz des Geistheilers erforderlich. Der Geistheiler muss hinsichtlich aller objektiven Tatbestandsmerkmale einen zumindest bedingten Vorsatz aufweisen.[377] Er muss daher bei der zum Tod führenden Geistheilung den Tod des Klienten billigend in Kauf genommen haben. Dies ist im Einzelfall zu prüfen.

8. Missbrauch von Titeln, Berufsbezeichnungen und Abzeichen gemäß § 132a Absatz 1 Nummer 2 Alternative 1 StGB

Des Weiteren ist die Strafbarkeit des Geistheilers wegen Missbrauchs von Titeln, Berufsbezeichnungen und Abzeichen gemäß § 132a Absatz 1 Nummer 2 Alternative 1 StGB möglich.

---

2. 2010, Az. 4 StR 575/09, in: NStZ-RR 2010, 176 (177); *Fischer*, § 224 Rn. 12; *Kühl*, in: Lackner/Kühl, § 224 Rn. 8; NK-*Paeffgen/Böse*, § 224 Rn. 27; *Stree/Sternberg-Lieben*, in: Schönke/Schröder, § 224 Rn. 12.

375 *Kühl*, in: Lackner/Kühl, § 212 Rn. 2.

376 NK-*Neumann/Saliger*, § 212 Rn. 2.

377 *BGH*, Urteil vom 26.4.1960, Az. 5 StR 77/60, in: BGHSt 14, 193 (194); NK-*Neumann/Saliger*, § 212 Rn. 7.

Die Berufsbezeichnung Arzt ist gemäß § 2a BÄO geschützt. Nur der als Arzt Approbierte oder ansonsten zur Ausübung des ärztlichen Berufs Befugte darf die Berufsbezeichnung „Arzt“ oder „Ärztin“ führen.

Für ein Führen im Sinne des § 132a Absatz 1 StGB ist eine Inanspruchnahme der Bezeichnung durch ein aktives Verhalten gegenüber der Umwelt erforderlich[378]. Dies kann sowohl durch eine ausdrückliche Erklärung als auch durch ein konkludentes Verhalten geschehen[379]. Das bloße Dulden einer Bezeichnung durch einen Dritten, auch in Fällen der Anrede, genügt hingegen nicht[380]. Des Weiteren muss die Handlung die geschützten Interessen der Allgemeinheit in irgendeiner Weise berühren[381]. Der Schutz der Allgemeinheit vor schädlichen Handlungen, die in dem Vertrauen darauf stattfinden, dass eine Person einen bestimmten Titel, eine bestimmte Berufsbezeichnung oder ein bestimmtes Abzeichen führt, muss gefährdet sein[382]. Zu berücksichtigende Kriterien sind insbesondere Qualität und Quantität des Auftretens sowie dessen Reichweite und die Beeinflussbarkeit der die Berufsbezeichnung oder das Abzeichen wahrnehmenden Person[383].

In subjektiver Hinsicht muss die Berufsbezeichnung vorsätzlich unbefugt geführt werden, wobei bedingter Vorsatz ausreicht[384].

Wenn sich der Geistheiler ausdrücklich als Arzt vorstellt oder die Berufsbezeichnung Arzt in anderer Form in Anspruch nimmt, beispielsweise auf Türschildern oder Briefköpfen, besteht die Möglichkeit der Strafbarkeit wegen Missbrauchs von Titeln, Berufsbezeichnungen und Abzeichen gemäß § 132a Absatz 1 Nummer 2 Alternative 1 StGB. Dann ist eine Inanspruchnahme durch aktives Verhalten gegeben.

---

378 H.M., z.B. *OLG Karlsruhe*, Beschluss vom 18.07.2007, Az. 2 Ss 294/06, in: NStZ-RR 2007, 372 (372 f.); *Hohmann*, in: MüKo StGB, § 132a Rn. 26; *Kühl*, in: Lackner/Kühl, StGB, § 132a Rn. 7.

379 *Hohmann*, in: MüKo StGB, § 132a Rn. 26.

380 *RG*, Urteil vom 16.06.1900, Az. 1611/00, in: RGSt 33, 305 (306) in Bezug auf das Annehmen eines Titels.

381 H.M., beispielweise *OLG Stuttgart*, Beschluss vom 04.06.1969, Az. 2 Ss 259/69, in: NJW 1969, 1777 (1778); *Hohmann*, in: MüKo StGB, § 132a Rn. 27; *Sternberg-Lieben*, in: Schönke/Schröder, § 132a Rn. 17.

382 BT-Drs. 7/550, S. 361.

383 *KG*, Beschluss vom 19.01.2007, Az. (2/5) 1 Ss 111/06 (51/06), in: NJW 2007, 1989 (1990).

384 H.M., beispielsweise *Hohmann*, in: MüKo, § 132a Rn. 37; *Kühl*, in: Lackner/Kühl, StGB, § 132a Rn. 10; *Sternberg-Lieben*, in: Schönke/Schröder, §132a Rn. 20.

9. *Verletzung von Privatgeheimnissen gemäß § 203 Absatz 1 Nummer 1 Alternative 5 StGB*

In Betracht kommt zudem die Strafbarkeit wegen Verletzung von Privatgeheimnissen gemäß § 203 Absatz 1 Nummer 1 Alternative 5 StGB.

a) *Täterqualität*

§ 203 StGB ist ein echtes Sonderdelikt. Täter kann nur ein Angehöriger der in Absatz 1 genannten Berufsgruppen sein.[385]

Der Beruf des Geistheilers ist in § 203 Absatz 1 StGB nicht explizit aufgeführt. Der Geistheiler kann daher lediglich dann die von § 203 StGB geforderte Täterqualität aufweisen, wenn er „Angehörige[r] eines anderen Heilberufs" im Sinne des § 203 Absatz 1 Nummer 1 Alternative 5 StGB sind. Die Norm verlangt jedoch ausdrücklich, dass diese „anderen Heilberufe" für ihre Berufsausübung oder für die Führung der Berufsbezeichnung eine staatlich geregelte Ausbildung erfordern.

Das ist in Bezug auf Geistheiler nicht der Fall: Unter den vom *BVerfG* vorgegebenen Voraussetzungen ist die Geistheilung nicht erlaubnispflichtig und darf von jedermann praktiziert werden, unabhängig von einer staatlich geregelten Ausbildung. Denn dann ist die Geistheilung nicht erlaubnispflichtig. Ebenso ist für die Führung der Berufszeichnung „Geistheiler" keine staatlich geregelte Ausbildung erforderlich; jedermann darf sich als Geistheiler bezeichnen.

Geistheiler weisen somit nicht die für das echte Sonderdelikt des § 203 Absatz 1 Nummer 1 Alternative 5 StGB erforderliche Täterqualität auf. Die Strafbarkeit des Geistheilers wegen Verletzung von Privatgeheimnissen gemäß § 203 Absatz 1 Nummer 1 Alternative 5 StGB scheidet aus.

b) *Stellungnahme*

Dieses Ergebnis vermag insbesondere im Hinblick auf das Schutzgut des § 203 StGB nicht zu überzeugen.

Vorrangiges Schutzgut des § 203 StGB ist die Geheimsphäre des Einzelnen[386]. Dafür spricht nicht nur der gesetzgeberische Wille, der insbesondere durch die

---

385 *Cierniak/Niehaus*, in: MüKo StGB § 203 Rn. 31.

386 So beispielsweise *BGH*, Urteil vom 10.07.1991, Az. VIII ZR 296/90, in: NJW 1991, 2955 (2956); *BGH*, Urteil vom 25.03.1993, Az. IX ZR 192/92, in: BGHZ 122, 115 (115); *OLG Hamburg*, Beschluss vom 22.01.1998, Az. 2 Ss 105/97 - I 4/98, in: NStZ 1998, 358 (358); *Cierniak/Niehaus*, in: MüKo StGB, § 203 Rn. 6; *Fischer*, § 203 Rn. 2; *Heger*, in: Lackner/Kühl, § 203 Rn. 1; NK-*Kargl*, § 203 Rn. 4 sieht als Schutzgut lediglich die

explizite Nennung des Schutzes der Privatsphäre[387] und des Privatgeheimnisses[388] in der Gesetzbegründung deutlich wird, sondern auch die Stellung des § 203 StGB im 15. Abschnitt des StGB[389]. Dass gemäß § 205 StGB ein Strafantrag erforderlich ist und Antragsberechtigter der Geheimnisberechtigte ist, folglich die Person, deren Geheimnis dem Täter anvertraut beziehungsweise auf andere Weise bekannt wurde, macht dies ebenfalls deutlich[390].

Die Einbeziehung nur solcher Berufsgruppen in den Täterkreis des § 203 StGB, die für ihre Berufsausübung oder das Führen ihrer Berufsbezeichnung eine staatliche Ausbildung erfordern, ist insbesondere im Hinblick auf das geschützte Rechtsgut des Geheimhaltungsinteresses des Einzelnen problematisch. Das Geheimhaltungsinteresse besteht unabhängig von einer staatlichen Ausbildungsregelung. Ebenso ist eine Geheimhaltungspflicht vorrangig vom Vertrauensverhältnis geprägt.

Vor diesem Hintergrund ergibt sich sodann die Frage, wieso Geistheiler lediglich mangels staatlicher Ausbildung nicht in den Täterkreis des § 203 StGB einbezogen werden, und ob nicht die Berufsgruppe der Geistheiler mit denen der Heilberufe in § 203 Absatz 1 Nummer 1 StGB vergleichbar ist, sodass eine Aufnahme der Geistheiler in den Täterkreis des § 203 StGB für die Zukunft anzustreben wäre[391].

Zunächst einmal ist zu beachten, dass für die Geistheilung keine Anamnese erforderlich ist[392]. Der Geistheiler benötigt für eine erfolgreiche Behandlung

---

Geheimsphäre des Einzelnen an und meint, soweit „die Strafnorm damit zugleich das Vertrauen in die Verschwiegenheit des Berufsangehörigen stabilisiert, so kennzeichnet diese Wirkung lediglich die generalpräventive Intention, die hier jeder Bestrafung steht"; *Lenckner/Eisele*, in: Schönke/Schröder, § 203 Rn. 3; *Rogall*, Die Verletzung von Privatgeheimnissen, in: NStZ 1983, 1 (4 f.).

387 BT-Drs. 7/550, S. 235.

388 BT-Drs. 7/550, S. 238.

389 So auch *Ostendorf*, Der strafrechtliche Schutz von Drittgeheimnissen, in: JR 1981, 444 (446); *Rogall*, Die Verletzung von Privatgeheimnissen, in: NStZ 1983, 1 (3 f.).

390 *BGH*, Urteil vom 15.11.2012, Az. 2 StR 388/12, in: NJW 2013, 549 (551); a.A. *OLG Köln*, Beschluss vom 30.11.1982, Az. 3 ZS 126/82, in: NStZ 1983, 412 (413), *OLG Karlsruhe*, Beschluss vom 25.11.1983, Az. 1 Ws 273/83, in: NJW 1984, 676 (676) und *Cramer*, Strafrechtliche Grenzen der Therapiefreiheit und der Heilbehandlung durch den Heilpraktiker, S. 70 f., die als Schutzgut vorrangig das allgemeine Vertrauen in die Verschwiegenheit der Angehörigen bestimmter Berufsgruppen ansehen.

391 Zu dieser Fragestellung im Hinblick auf Heilpraktiker siehe *Cramer*, Strafrechtliche Grenzen der Therapiefreiheit und der Heilbehandlung durch den Heilpraktiker, S. 71 f.

392 http://www.dgh-ev.de/was-ist-geistiges-heilen.html, letzter Zugriff am 25.10.2020.

nicht unbedingt jegliche Informationen zur Krankengeschichte seines Klienten. Dieser muss nicht, wie es bei einem Arzt oder Heilpraktiker der Fall ist, die intimen Details seiner Krankengeschichte offenlegen. Legt er seine Krankengeschichte nicht offen, muss er sich keine Sorgen machen, ob der Geistheiler diese Unbefugten gegenüber preisgibt oder nicht. Das stellt einen Unterschied zu Ärzten und Heilpraktikern dar. Daher kann es als gerechtfertigt angesehen werden, die Vergleichbarkeit von Geistheilern mit den übrigen Heilberufen des Täterkreises des § 203 StGB zu verneinen. Andererseits ist es jedoch wünschenswert, dass sich der Geistheiler vor der Geistheilung die Krankengeschichte des Klienten erläutern lässt, da der Geistheiler nur bei umfassender Kenntnis der Krankengeschichte angebrachte Maßnahmen der Geistheilung anwenden kann. Daher kann die Vergleichbarkeit der Geistheiler mit den anderen Heilberufen im Sinne des § 203 StGB nicht lediglich mit dem Argument fehlender Anamnese verneint werden. Eine solche Argumentation würde zudem eher dazu animieren, keine Anamnese durchzuführen. Das würde jedoch die für die Bevölkerung und den Einzelnen bestehenden Gefahren verschärfen und kann daher nicht gewollt sein. Außerdem basiert die Geistheilung auf einem ganzheitlichen Menschenbild. Die psychische und seelische Verfassung seines Klienten ist daher für den Geistheiler von besonderem Interesse und besonderer Bedeutung. Ereignisse im Leben des Klienten, die zu einer Beeinträchtigung der psychischen oder seelischen Verfassung geführt haben oder führen, sind für die ganzheitliche Behandlung des Geistheilers in besonderem Maße relevant. Zudem ist gerade die persönliche Zuwendung und Nähe, die der Geistheiler im Unterschied zur schulmedizinischen Behandlung entgegenbringt, ein entscheidendes Merkmal der Geistheilung. Viele Klienten loben die persönliche Zuwendung und die daraus resultierende Geborgenheit, die sie bei den Besuchen bei ihrem Geistheiler erfahren. Dass diese besondere Umgebung zumeist zu einer stärkeren, detailreicheren Mitteilung führt, ist nur verständlich. Es ist aber zweifelhaft, ob die Klienten ihre persönlichen psychischen und seelischen Empfindungen und gegebenenfalls Beeinträchtigungen dem Geistheiler offenlegen, wenn sie nicht davon ausgehen können, dass er sich bei Offenbarung der Geheimnisse dem Straftatbestand des § 203 Absatz 1 Nummer 1 Alternative 5 StGB ausgesetzt sieht.

Des Weiteren ist § 203 Absatz 4 StGB zu beachten, wonach sich mitwirkende Personen wegen der Verletzung von Privatgeheimnissen strafbar machen können. Mitwirkende Personen im Sinne der Norm sind sowohl Gehilfen als auch die zur Vorbereitung auf den Beruf Tätigen[393]. Ein Gehilfe in diesem Sinne ist

393 *Cierniak/Niehaus*, in: MüKo StGB, § 203 Rn. 141.

jemand, der für einen der genannten zur Verschwiegenheit Verpflichteten im Rahmen seiner beruflichen Funktion unterstützend tätig wird und dabei Kenntnis über fremde Geheimnisse erlangt oder erlangen kann. Der Gehilfe unterliegt zudem gegenüber demjenigen, für den er tätig wird, einem Direktionsrecht.[394] Zur Vorbereitung auf den Beruf tätig sind beispielsweise Lehrlinge, Volontäre oder Praktikanten, die einem nach Absatz 1 zur Verschwiegenheit Verpflichtetem zur Ausbildung zugewiesen sind und bei ihm beschäftigt sind[395]. Damit erstreckt sich eine mögliche Strafbarkeit wegen Verletzung von Privatgeheimnissen auf solche Personen, die Zugang zu Privatgeheimnissen haben, ohne große Hindernisse überwinden zu müssen. Das trifft auch auf den Geistheiler zu.

Eine Schweigepflicht des Geistheilers kann aber nach aktuellem Recht zumindest zivilrechtlich aufgrund des Dienstvertrags im Sinne des § 611 BGB bestehen, den der Klient mit dem Geistheiler schließt. Aus diesem Dienstvertrag kann, wie es beispielsweise bei Ärzten und Heilpraktikern beim Behandlungsvertrag der Fall ist[396], als vertragliche Nebenpflicht eine Geheimhaltungspflicht abgeleitet werden. Hier besteht eine Vergleichbarkeit, denn der Geistheiler kann ebenso wie Ärzte und Heilpraktiker Kenntnis über alle Krankenumstände seines Klienten haben. Zudem besteht zwischen dem Geistheiler und seinem Klienten ein Vertrauensverhältnis, das in vielen Fällen sogar enger ist als das zwischen einem Arzt oder Heilpraktiker und seinem Patienten. Daher verpflichten sich die Mitglieder des Dachverbands Geistiges Heilen e.V. nach ihrem Verhaltenskodex für praktizierende Mitglieder zur streng vertraulichen Behandlung aller vom Klienten anvertrauten persönlichen Informationen[397]. Rechtlich bindende Wirkung hat diese Verpflichtung indes nicht.

Aus der zivilrechtlichen Schweigepflicht resultiert allerdings kein strafbewehrtes Verbot der Verletzung von Privatgeheimnissen. Eine strafrechtliche Absicherung ist daher erforderlich. Der Täterkreis des § 203 Absatz 1 StGB muss unabhängig von einer bestehenden staatlichen Berufsausbildung auf jegliche heilend tätig werdende Berufe ausgeweitet werden, bei deren Ausübung der Berufsausübende Kenntnis über persönliche, gesundheitliche Geheimnisse erlangt.

---

394 *Lenckner/Eisele*, in: Schönke/Schröder, § 203 Rn. 64.

395 *Cierniak/Niehaus*, in: MüKo StGB, § 203 Rn. 135.

396 *Zuck*, in: Quaas/Zuck, Medizinrecht, § 2 Rn. 48.

397 Punkt VI. des Verhaltenskodexes für praktizierende Mitglieder des DGH, abrufbar unter https://www.dgh-ev.de/ueber-den-dgh-ev/regelwerke/ethik-kodex.html, letzter Zugriff am 25.10.2020.

10. Problematiken im Rahmen der möglichen Strafbarkeit von Geistheilern nach dem StGB

Eine Strafverfolgung und Verurteilung des Geistheilers wegen eines oder mehrerer der genannten Delikte ist gemessen an der Vielfalt der Möglichkeiten der Strafbarkeit selten. Die relevantesten Gründe dafür werden im Folgenden dargelegt.

a) Soziokulturelle Problematik des Schamgefühls

Die größte Problematik stellt das soziokulturelle Problem des Schamgefühls dar. Klienten eines Geistheilers schämen sich mitunter, betrogen worden zu sein, und wollen dies nicht publik machen. Eine solche Offenbarung bedeutet zugleich, dass sie sich ein gewisses Maß einer eigenen Unzulänglichkeit eingestehen müssen. Dabei verstärkt es das Schamgefühl zusätzlich, dass die Alternativmedizin insgesamt und gerade solche speziellen Formen wie die Geistheilung in der Gesellschaft bisher unbekannt sind beziehungsweise kritisch betrachtet werden. Zwar handelt es sich bei den möglichen Strafbarkeiten vielfach um Offizialdelikte, bei denen das Vorliegen eines Anfangsverdachts von Amtswegen zu ermitteln ist. Jedoch ist eine Verfolgung dieser Delikte davon abhängig, dass den Strafverfolgungsbehörden Tatsachen bekannt werden, die einen solchen Anfangsverdacht begründen.[398]

b) Problematiken im Rahmen der Beweisbarkeit

Ein weiteres Problem im Rahmen der (möglichen) Strafbarkeiten von Geistheilern ist die schwierige Beweisbarkeit. Bei den Fahrlässigkeitsdelikten gegen Leib und Leben ist eine bestehende Kausalität zwischen dem Verhalten des Geistheilers und dem Eintritt des tatbestandlichen Erfolgs häufig nicht nachweisbar. Das steht einer Strafverfolgung der Geistheiler entgegen. Aber auch im Übrigen kann das Beweiserfordernis die Strafverfolgung von Geistheilern erschweren.

---

398 WDR-Dokumentation „Krebsheiler – Das Geschäft mit der Hoffnung“, Ausstrahlung vom 11.03.2018, 11:05 - 12:00 Uhr; ARD-Reportage #Beckmann, „Ich mach Dich gesund - Scharlatane und falsche Heiler“, Ausstrahlung vom 04.04.2015, 09:15 - 10:00 Uhr, und vom 12.06.2017, 01:15 - 02:00 Uhr.

c) *Aspekt der eigenverantwortlichen Selbstgefährdung im Rahmen der Fahrlässigkeitstatbestände*[399]

Im Rahmen einer möglichen Strafbarkeit wegen fahrlässiger Körperverletzung oder fahrlässiger Tötung ist der Aspekt der eigenverantwortlichen Selbstgefährdung zu beachten, der die Pflichtwidrigkeit und damit die objektive Zurechnung entfallen lassen kann[400], sodass die Strafbarkeit des Geistheilers wegen fahrlässiger Körperverletzung oder fahrlässiger Tötung abzulehnen ist. Wenn sich bewusst dafür entschieden wird, einen unkonventionellen Weg der Heilbehandlung abseits der bekannten Formen der Medizin zu beschreiten, kann dies als eigenverantwortliche Entscheidung angesehen werden, deren Konsequenzen zu tragen sind.

Wer eine eigenverantwortlich gewollte und verwirklichte Selbstgefährdung lediglich veranlasst, ermöglicht oder fördert, macht sich grundsätzlich nicht wegen eines fahrlässigen Körperverletzungs- oder Tötungsdelikts strafbar[401]. Voraussetzung ist, dass sich „das mit der Gefährlichkeit bewusst eingegangene Risiko [...] realisiert“[402]. Nach dem Grundgedanken der eigenverantwortlichen Selbstgefährdung schließt es die Eigenverantwortlichkeit eines Jeden für sein eigenes Wohlbefinden aus, einen anderen später rechtlich zu belangen[403]. Dieser Gedanke geht auf das dem Strafrecht zugrunde liegende Verantwortungsprinzip zurück: Im Falle der eigenverantwortlichen Selbstgefährdung „überlagert“[404] das Opferverhalten die dem Mitwirkenden anzulastende Schaffung und Verwirklichung einer Gefahr. Dem Fremdverursacher ist der Erfolg nicht objektiv zurechenbar.[405] Die Mitwirkung ist nicht

399 Eine umfassende Aufarbeitung der Thematik bietet *Frisch*, Das Fahrlässigkeitsdelikt und das Verhalten des Verletzten, 1973.

400 *Hardtung*, in: MüKo StGB, § 222 Rn. 21.

401 St. Rspr. seit *BGH*, Urteil vom 14.02.1984, Az. 1 StR 808/83, in: NJW 1984, 1469 (1470); *BGH*, Urteil vom 22.04.1987, Az. 3 StR 18/87, in: NStZ 1987, 406 (406); *BGH*, Urteil vom 11.04.2000, Az. 1 StR 638/99, in: NJW 2000, 2286 (2287); *BGH*, Beschluss vom 11.01.2011, Az. 5 StR 491/10 , in: NStZ 2011, 341 (342).

402 *BGH*, Urteil vom 20.05.2003, Az. 5 StR 66/03, in: NJW 2003, 2326 (2327).

403 *Heinrich*, in: Dölling/Duttge/König/Rössner, Gesamtes Strafrecht, Vorbemerkungen zu § 13 Rn. 133.

404 *Gropp*, Strafrecht AT, § 4 Rn. 101.

405 H.M., siehe nur *Duttge*, in: MüKo StGB, § 15 Rn. 154; *Eisele*, in: Schenke/Schröder, Vorbemerkungen zu den §§ 13 ff. Rn. 101d; *Kühl*, in: Lackner/Kühl, Vorbemerkung vor § 13 Rn. 14.

tatbestandsmäßig[406]. Es fehlt an einer Sorgfaltspflichtverletzung des Mitwirkenden[407].

Die Annahme einer eigenverantwortlichen Selbstgefährdung ist an das Vorliegen bestimmter Voraussetzungen geknüpft. Ob – in Abgrenzung zur einverständlichen Fremdgefährdung – eine eigenverantwortliche Selbstgefährdung anzunehmen ist, wird anhand des Merkmals der Tatherrschaft bestimmt. Maßgeblich ist, bei wem die Herrschaft über den unmittelbar lebensbeendenden Akt liegt. Insbesondere in den Fällen, in denen die Geistheilung zu einer Verspätung oder einem Auslassen einer (schul-)medizinischen Behandlung und dadurch zu einer mittelbaren Gesundheitsschädigung führt, gestaltet sich eine Abgrenzung als schwierig. Da der Klient des Geistheilers allerdings jederzeit die Möglichkeit hat, die Geistheilung abzubrechen, liegt die Tatherrschaft grundsätzlich beim Klienten.

Allerdings muss der sich selbst in eine gefahrbegründende Situation Begebende die Entscheidung, dies zu tun, eigenverantwortlich treffen. Die Eigenverantwortlichkeit ist vor allem dann zu verneinen, wenn der Mitwirkende weitergehende Kenntnisse bezüglich des konkret möglichen Risikos hat: Kann er das Risiko kraft überlegenen Fachwissens besser erfassen[408], oder erkennt er allein das Risiko[409], so kann keine eigenverantwortliche Selbstgefährdung mehr gegebenen sein. Dann beginnt die Strafbarkeit des Mitwirkenden[410].

Der Geistheiler ist in der Regel ein medizinischer Laie. Er verfügt über kein besonderes Fachwissen und kann daher das Risiko nicht besser erfassen und die Gefahr nicht besser einschätzen. Daher ist die Eigenverantwortlichkeit des Klienten in der Regel zu bejahen, sofern nicht ausschließende Gründe wie beispielsweise Zwang vorliegen.

Darüber hinaus ist zu erörtern, wie es sich die Garantenstellung des Geistheilers auf die Annahme einer eigenverantwortlichen Selbstgefährdung auswirkt.

---

406 Allgemeine Auffassung seit *BGH*, Urteil vom 14.02.1984, Az. 1 StR 808/83, in: NJW 1984, 1469 (1470).

407 *Hardtung*, Anmerkungen zu *BGH*, Urteil vom 11.04.2000, Az. 1 StR 638/99, in: NStZ 2001, 206 (207); NK-*Puppe*, Vorbemerkungen zu §§ 13 ff. Rn. 185.

408 *Hardtung*, Anmerkungen zu *BGH*, Urteil vom 11.04.2000, Az. 1 StR 638/99, in: NStZ 2001, 206 (207); dies ablehnend *Roxin*, Strafrecht AT I, § 11 Rn. 113.

409 *Hardtung*, in: MüKo StGB, § 222 Rn. 23.

410 *BGH*, Urteil vom 14.02.1984, Az. 1 StR 808/83, in: NJW 1984, 1469 (1470) mit Verweis auf LK-*Jähnke*, § 222 Rn. 21.

Die Garantenstellung könnte der Annahme einer eigenverantwortlichen Selbstgefährdung entgegenstehen[411].

Teilweise wird dies bejaht. Den Garanten soll auch dann eine Erfolgsabwendungspflicht treffen, wenn sein Verhalten eine Selbstgefährdung der Person ermöglicht, für deren Rechtsgüter er als Garant einzustehen hat. In Fällen einer bestehenden Garantenstellung soll die Mitwirkung an einer eigenverantwortlichen Selbstgefährdung nur straffrei sein, wenn das Opferverhalten nicht über eine Selbstgefährdung hinausgeht. Realisiert sich jedoch erwartungswidrig das vom jeweiligen Rechtsgutinhaber eingegangene Risiko, so ist der Garant aufgrund seiner gemäß § 13 StGB bestehenden Handlungspflicht zur Abwendung des Erfolgs verpflichtet. Dies wird damit begründet, dass die ursprüngliche Entscheidung des Rechtsgutinhabers zur Gefährdung seines Rechtsguts nicht den Verzicht auf Rettungsmaßnahmen für den Fall beinhaltet, dass das Rechtsgut schließlich konkret gefährdet ist. In einem solchen Fall muss der Garant das ihm Mögliche und Zumutbare leisten, um den Erfolgseintritt abzuwenden. Die eigenverantwortliche Selbstgefährdung führt dann nicht automatisch zu einer Straffreiheit des Garanten.[412]

Dieser Auffassung nach würde die Garantenstellung des Geistheilers in Fällen der eigenverantwortlichen Selbstgefährdung eine Erfolgsabwendungspflicht begründen, wenn das mit der eigenverantwortlichen Selbstgefährdung eingegangene Risiko in eine konkrete Gefährdung des Rechtsguts umschlägt, wenn also die Nicht-Inanspruchnahme (schul)medizinischer Hilfe Leib und Leben des Klienten konkret gefährdet. Dann träfe den Geistheiler eine Handlungspflicht zur Abwendung des tatbestandlichen Erfolgs.

Dem kann nicht gefolgt werden. Die grundsätzlich bei der Mitwirkung an einer eigenverantwortlichen Selbstgefährdung geltende Straffreiheit würde über den Weg der Garantenstellung wieder rückgängig gemacht werden. Das Prinzip der Eigenverantwortlichkeit als eines der grundlegenden Prinzipien im deutschen Strafrecht würde unterlaufen werden. Daher muss richtigerweise in den

---

411 Dies noch offenlassend: *BGH*, Urteil vom 14.02.1984, Az. 1 StR 808/83, in: NJW 1984, 1469 (1470).

412 *BGH*, Beschluss vom 05.08.2015, Az. 1 StR 328/15, in: NJW 2016, 176 (177 f.); *BGH*, Urteil vom 24.11.2016, Az. 4 StR 289/16, in: NStZ 2017, 219 (221 f.); eine Straffreiheit nach den Grundsätzen der eigenverantwortlichen Selbstgefährdung auch im Falle einer bestehenden Garantenstellung bejahend: *OLG Zweibrücken*, Beschluss vom 24.10.1994, Az. 1 Ss 110/94, in: NStZ 1995, 89 (89 f.); *Roxin*, Anm. zu *BGH*, Urteil vom 14.02.1984, Az. 1 StR 808/83, in: NStZ 1984, 410 (412); *ders.*, Strafrecht AT I, § 11 Rn. 112.

Fällen der eigenverantwortlichen Selbstgefährdung auch sofern der Täter eine Garantenstellung innehat Straffreiheit gelten[413].

Die Strafbarkeit des Geistheilers wegen fahrlässiger Körperverletzung gemäß § 229 StGB oder fahrlässiger Tötung gemäß § 222 StGB scheidet daher vielfach mangels objektiver Zurechnung des Erfolgs aufgrund einer anzunehmenden eigenverantwortlichen Selbstgefährdung aus.

11. Ergebnis zu möglichen Strafbarkeiten nach dem StGB

Im Ergebnis ist festzuhalten, dass die Frage möglicher Strafbarkeiten des Geistheilers naturgemäß stets von vielen verschiedenen Faktoren abhängt, deren sorgfältiger Prüfung es im Einzelfall bedarf.

Werden aber die einzelnen Kategorien der Strafbarkeiten betrachtet, so kann festgestellt werden, dass der Schutz der wirtschaftlichen Interessen der Klienten nicht ausreichend ist. Die Strafbarkeit eines Geistheilers wegen Betrugs scheitert in der Regel am Vermögensschaden, da der Geistheiler einen Anspruch auf Vergütung aus dem geschlossenen Vertrag hat. Für die Strafbarkeit wegen Wuchers gemäß § 291 StGB stellen die Tatbestandsvoraussetzungen hohe Hürden auf, sodass ihm nur eine geringe Relevanz zukommt. Vor dem Hintergrund dessen, dass im Hinblick auf die Geistheilung unter anderem die wirtschaftlichen Interessen der Bevölkerung beziehungsweise der einzelnen Klienten geschützt werden sollten, verwundert dies.

Indes besteht hinsichtlich der mit der Geistheilung einhergehenden Gefahren für Leib und Leben der Klienten schon ein weitergehender Schutz. Insbesondere besteht ein solcher auch vor mittelbaren Gefahren sowie vor Schädigungen, die durch ein Unterlassen des Geistheilers eintreten. Hier ist es konsequent und richtig, den Geistheilern eine Garantenstellung zuzuschreiben. Allerdings kann dieser weitreichendere Schutz insbesondere aufgrund der eigenverantwortlichen Selbstgefährdung des Klienten ausgeschlossen sein. Daher ist zu überdenken, ob und wie ein gänzlicher Schutz insbesondere aufgrund der in Rede stehenden hochrangigen Rechtsgüter gewährleistet werden kann.

Schließlich besteht kein ausreichender Schutz vor den Gefahren für die Privatgeheimnisse des Klienten. Das Ergebnis im Rahmen des Straftatbestands der Verletzung von Privatgeheimnissen kann nicht überzeugen. Es ist unverständlich, dass die Strafbarkeit aufgrund des Sonderdeliktscharakters für Geistheiler

---

413 So auch *OLG Zweibrücken*, Beschluss vom 24.10.1994, Az. 1 Ss 110/94, in: NStZ 1995, 89 (90); *Roxin*, Anm. zu *BGH*, Urteil vom 14.02.1984, Az. 1 StR 808/83, in: NStZ 1984, 410 (412); *ders.*, Strafrecht AT I, § 11 Rn. 112.

lediglich deshalb ausgeschlossen ist, weil Geistheiler mangels staatlich geregelter Ausbildung nicht dem Täterkreis angehören. Dies insbesondere vor dem Hintergrund, dass bei Geistheilungen aufgrund der ganzheitlichen Ausrichtung ausführliche und persönliche Gespräche zwischen Geistheilern und ihren Klienten getätigt werden. Dem Schutzgut wird damit keine Rechnung getragen.

III. Ergebnis zur Strafbarkeit von Geistheilern in Deutschland

Die vorstehenden Überlegungen zeigen, dass die Strafbarkeit von Geistheilern in Deutschland lediglich unzureichend geregelt ist. Aufgrund der in Deutschland tatsächlich geltenden Quasi-Kurierfreiheit kann praktisch jedermann die Heilkunde ausüben. Zudem ist die Geistheilung seit der Entscheidung des *BVerfG* aus dem Jahr 2004 in vielen Fällen nicht als Ausübung der Heilkunde im Sinne des § 2 Absatz 1 HeilPraktG zu qualifizieren und kann bereits daher erlaubnisfrei ausgeübt werden. Zwar kann sich der Geistheiler mitunter nach den einschlägigen Normen des StGB oder auch des Nebenstrafrechts strafbar machen, jedoch bestehen Hindernisse. In der Praxis kommt es selten zu einer strafrechtlichen Verantwortung des Geistheilers. Das liegt zum einen daran, dass die Ermittlungsbehörden oft keine Kenntnis erlangen, insbesondere weil viele Klienten keine Anzeige erstatten. Das mag zwar teilweise darauf zurück zu führen zu sein, dass sie mit der Tätigkeit des Geistheilers zufrieden sind, vielleicht sogar eine Verbesserung ihres Zustands empfinden und sich daher nicht betrogen, ausgenutzt oder an ihrer Gesundheit geschädigt fühlen. Teilweise ist eine solche Nicht-Anzeige aber auf die Scham zurückzuführen, einem trügerischen Geistheiler zum Opfer gefallen zu sein. Zum anderen lässt die eigenverantwortliche Selbstgefährdung des Klienten die Strafbarkeit des Geistheilers vielfach entfallen.

Gleichzeitig kann die Geistheilung aber eine nicht nur unerhebliche Gefahren für die Klienten bedeuten und ernsthafte gesundheitliche Folgen sowie wirtschaftliche Nachteile mit sich bringen. Auf der Grundlage der getätigten Überlegungen ist daher zu untersuchen, wie den Gefahren der Geistheilung begegnet werden kann.

Im Wesentlichen bieten sich zwei Wege an. Entweder kann die Geistheilung per se unter Strafe gestellt werden. Das kann beispielsweise durch eine Norm im StGB erreicht werden, die die Ausübung der Heilkunde oder speziell die Geistheilung durch medizinische Laien unter Strafe stellt.

Als gegensätzlicher Ansatz kann die Geistheilung in das deutsche Gesundheitssystem in dem Sinne integriert werden, dass eine erkrankte Person bei Bedarf optional das Recht hat, zusätzlich zur schulmedizinischen Behandlung eine Behandlung durch einen Geistheiler hinzuzuziehen. Dieser würde die erkrankte Person dann mit dem behandelnden Schulmediziner gemeinsam betreuen.

Eine Betrachtung der Strafbarkeit von Geistheilern in Österreich und England soll bei der Beantwortung der Frage helfen, welche Methode erfolgsversprechender im Hinblick auf das Ziel des Schutzes der Gesundheit der Allgemeinheit und des Einzelnen sowie des Schutzes vor wirtschaftlicher Ausnutzung ist.

B. Geistheilung aus (medizin-)strafrechtlicher Sicht nach österreichischem Recht

Im folgenden Teil wird betrachtet, wie die Geistheilung nach österreichischem (Medizin)Strafrecht zu beurteilen ist. Die Untersuchung, ob und auf welche Art und Weise der Schutz vor den Gefahren der Geistheilung in anderen (europäischen) Ländern gewährleistet wird, ist sinnvoll, um so Anregungen zur Optimierung der deutschen Regulierung zu erhalten.

I. Mögliche Strafbarkeiten nach dem öStGB

Die Untersuchung der möglichen Strafbarkeiten nach dem öStGB konzentriert sich aus Relevanzgründen insbesondere auf die Straftatbestände der Kurpfuscherei gemäß § 184 öStGB, des Betrugs gemäß § 146 öStGB sowie der fahrlässigen Körperverletzung oder Tötung, §§ 80 und 88 öStGB. Daneben kommen mit den verwaltungsstrafrechtlichen Bestimmungen des § 2 Absatz 2 i.V.m. § 3 Absatz 4 i.V.m. § 199 öÄrzteG Straftatbestände des Nebenstrafrechts in Betracht.

1. Kurpfuscherei gemäß § 184 öStGB

Von besonderem Interesse ist eine mögliche Strafbarkeit wegen Kurpfuscherei gemäß § 184 öStGB. Nach dieser Norm macht sich strafbar, wer ohne die zur Ausübung des ärztlichen Berufs erforderliche Ausbildung erhalten zu haben, eine Tätigkeit, die den Ärzten vorbehalten ist, in Bezug auf eine größere Zahl von Menschen gewerbsmäßig ausübt. Das Strafmaß beträgt Freiheitsstrafe bis zu drei Monaten oder Geldstrafe bis zu 180 Tagessätzen. Bei § 184 öStGB handelt es sich um ein abstraktes Gefährdungsdelikt, sodass der Eintritt einer konkreten Gefahr für die jeweilige zu behandelnde Person nicht erforderlich ist[414].

---

414 *Murschetz*, in: Wiener Kommentar, § 184 Rn. 1; *Tipold*, in: Leukauf/Steininger, StGB, § 184 Rn. 1.

a) *Vorüberlegung: Geistheilung als religiöser Ritus*

Bevor eine Untersuchung der Voraussetzungen des Straftatbestands der Kurpfuscherei sowie der Strafbarkeit des Geistheilers wegen Kurpfuscherei gemäß § 184 öStGB erfolgen kann, muss zunächst eine Vorüberlegung dahingehend getätigt werden, ob der Anwendungsbereich des § 184 öStGB eröffnet ist.

Das ist zu verneinen, wenn die Geistheilung als religiöser Ritus einer anerkannten Kirche und Religionsgesellschaft oder einer eingetragenen Bekenntnisgemeinschaft zu qualifizieren ist. In solchen Fällen handelt es sich bei der Geistheilung um eine „innere Angelegenheit" im Sinne des Artikel 15 öStGG. Eine solche „innere Angelegenheit" unterliegt dem Selbstbestimmungsrecht der jeweiligen Kirche und Religionsgesellschaft oder eingetragenen Bekenntnisgemeinschaft, sodass die Strafbarkeit nach § 184 öStGB und eine verwaltungsrechtliche Strafbarkeit nach dem öÄrzteG ausgeschlossen ist.[415] Im Regelfall wird dies aber zu verneinen sein.

b) *Täterqualität*

Bei § 184 öStGB handelt es sich um ein Sonderdelikt[416]: Täter kann ausweislich des Gesetzestextes nur sein, wer nicht die zur Ausübung des ärztlichen Berufs erforderliche Ausbildung erhalten hat. Entscheidend ist ein abgeschlossenes Studium der Medizin im Inland oder ein gleichwertiger Studienabschluss im Ausland[417]. Daher kann derjenige, der seinen ärztlichen Beruf nicht mehr ausübt oder nicht mehr ausüben darf, nicht die für § 184 öStGB erforderliche Täterqualität innehaben und damit kein Täter sein[418]. Denn er hat nach wie vor die zur Ausübung des ärztlichen Berufs erforderliche Ausbildung erhalten.

c) *Tathandlung: Problematik des Kriteriums der „medizinisch-wissenschaftlichen Erkenntnisse"*

Die Tathandlung des § 184 öStGB ist die Ausübung einer den Ärzten vorbehaltenen Tätigkeit. Welche Tätigkeiten den Ärzten vorbehalten sind, welche Grenzen

---

415 *Kalb/Wakolbinger*, in: Resch/Wallner, Handbuch Medizinrecht, XXXV. Medizinrecht und Religionsrecht, Rn. 106 f.

416 *Murschetz*, in: Wiener Kommentar, § 184 Rn. 6; *Tipold*, in: Leukauf/Steininger, § 184 Rn. 2.

417 *Bertel/Schwaighofer*, BT II, § 184 Rn. 1; *Hinterhofer/Rosbaud*, Strafrecht BT II, § 184 Rn. 2; *Manhart*, in: Salzburger Kommentar, § 184 Rn. 13; *Murschetz*, in: Wiener Kommentar, § 184 Rn. 2.

418 *Hinterhofer/Rosbaud*, Strafrecht BT II, § 184 Rn. 2.

folglich für den Arztvorbehalt und damit für den Straftatbestand der Kurpfuscherei gelten, ergibt sich jedoch nicht aus § 184 öStGB, sondern aus § 2 Absatz 2 öÄrzteG. Demnach sind alle auf medizinisch-wissenschaftlichen Erkenntnissen beruhenden Tätigkeiten, die unmittelbar am oder mittelbar für den Menschen ausgeführt werden, den Ärzten vorbehalten. Dazu zählen ausweislich des Gesetzestexts insbesondere Diagnose (§ 2 Absatz 2 Nummer 2 öÄrzteG), Behandlung (§ 2 Absatz 2 Nummer 3 öÄrzteG) und Vorbeugung (§ 2 Absatz 2 Nummer 5 öÄrzteG) von Erkrankungen.

Die Geistheilung wird zwar unmittelbar am oder mittelbar für den Menschen ausgeführt. Problematisch ist allerdings das Kriterium der medizinisch-wissenschaftlichen Erkenntnisse: Legt man das Merkmal der auf medizinisch-wissenschaftlichen Erkenntnissen beruhenden Tätigkeit dem allgemeinen Sprachgebrauch entsprechend aus, fällt die Geistheilung nicht darunter. Sie wäre daher stets vom Arztvorbehalt im Sinne der §§ 2 Absatz 2, 3 Absatz 4 öÄrzteG und damit vom Straftatbestand der Kurpfuscherei gemäß § 184 öStGB ausgeschlossen. Zu untersuchen ist daher, wann eine Tätigkeit auf medizinisch-wissenschaftlichen Erkenntnissen beruht, mithin welche Bedeutung dieses Kriterium hat.

(1) Bisheriges österreichisches (verwaltungsrechtliches) Verständnis

Das Kriterium der medizinisch-wissenschaftlichen Erkenntnisse ist in zwei Elemente aufzugliedern. Zunächst ist zwischen medizinischen und nicht-medizinischen Erkenntnissen zu unterscheiden[419]. Medizinische Tätigkeiten sind all solche Tätigkeiten, die der Diagnose, Behandlung, Operation usw. von Krankheiten dienen (finalorientierte Betrachtungsweise)[420]. Eine Einschränkung erfolgt sodann durch das Element der „wissenschaftlichen Erkenntnisse". Medizinisch-wissenschaftliche Erkenntnisse sind danach solche Erkenntnisse, die ein medizinisches Wissen erfordern, wie es typischerweise in der medizinischen Ausbildung vermittelt wird.[421]

Nach dem bisherigen österreichischen verwaltungsrechtlichen Verständnis ist unter einer auf medizinisch-wissenschaftlichen Erkenntnissen beruhenden Tätigkeit folglich jede Tätigkeit zu verstehen, die der Vorbeugung, Erkennung und Behandlung von Krankheiten dient und deren Vornahme eine medizinische Ausbildung zum Arzt voraussetzt. Dieses Verständnis ist insbesondere im

---

419 *Mazal*, Krankheitsbegriff und Risikobegrenzung, S. 246.
420 *Mazal*, Krankheitsbegriff und Risikobegrenzung, S. 248.
421 *Mazal*, Krankheitsbegriff und Risikobegrenzung, S. 249 f.

Hinblick auf Sinn und Zweck des Arztvorbehalts, den Schutz der erkrankten Personen, überzeugend[422].

(2) Österreichisches strafrechtliches Verständnis

In der österreichischen strafrechtlichen Judikatur und Literatur wird das Kriterium der medizinisch-wissenschaftlichen Erkenntnisse bisher im verwaltungsrechtlichen Sinne verstanden. Es wird nicht als Voraussetzung gesehen, um eine diagnostische oder therapeutische Maßnahme der ärztlichen Berufsausübung zuzurechnen, sondern vielmehr als Gebot der ärztlichen Standespflicht. Damit werden solche Tätigkeiten, die dem allgemeinen Sprachgebrauch entsprechend bei wörtlicher Auslegung nicht auf medizinisch-wissenschaftlichen Erkenntnissen beruhen, als dem Arztvorbehalt unterfallende Tätigkeiten angesehen.[423] Nach dem österreichischen strafrechtlichen Verständnis unterliegt die Geistheilung daher dem Arztvorbehalt.

(3) Verständnis in der jüngeren österreichischen wettbewerbsrechtlichen Judikatur

In der jüngeren wettbewerbsrechtlichen Judikatur Österreichs ist allerdings eine Entwicklung hin zur Abkehr vom bisherigen Begriffsverständnis im dargestellten Sinne zu beobachten.

Im Jahr 2003 hatte der *OGH*[424] über einen Fall zu entscheiden, der den Bereich der Geist- und Naturheilung betraf. In einem Institut für Geist- und Naturheilung wurden Aurainterpretationen unter Zuhilfenahme einer Einhandrute durchgeführt. Diese bestand aus einem Metallgriff und einem Pendel. Der zu behandelnden Person wurde eine Elektrode in die Hand gegeben, die sie auf verschiedene Punkte des Körpers halten sollte. Das Pendel schlug dann verschieden aus. Auf diesem Wege sollte die Körperenergie gemessen werden. In dieser Entscheidung verneinte der *OGH*[425] einen (wettbewerbsrechtlichen) Verstoß gegen den Arztvorbehalt und begründete dies damit, dass die Klienten darauf hingewiesen wurden, dass die durchgeführte Behandlung keine Handlung im medizinischen Sinne, sondern eine Art religiöse Handlung sei, die eine

---

422 *Wallner*, Handbuch Ärztliches Berufsrecht, Kapitel 4.2, S. 10.

423 *Wallner*, Handbuch Ärztliches Berufsrecht, Kapitel 4.2, S. 10 f., mit verschiedenen Beispielen aus der österreichischen Judikatur.

424 *OGH*, Beschluss vom 23.09.2003, Az. 4 Ob 166/03w, in: RdM 2004/20, Heft 1/2004, 27 (30).

425 *Ebd.*

ärztliche Behandlung nicht ersetzen könne. Zwar habe die Auslegung derjenigen Tätigkeiten, die den Ärzten vorbehalten seien, extensiv zu erfolgen. Der primären Zielsetzung des Gesetzgebers sei jedoch durch die Hinweise im konkreten Fall hinreichend Rechnung getragen worden. Als primäre Zielsetzung wurde es nämlich angesehen, dass der den gesundheitlichen Rat Suchende nicht dadurch gefährdet werden soll, dass ein Nichtarzt den Eindruck erweckt, bereits durch seine Konsultation könne all das erreicht werden, was es bei einem Arztbesuch zu erreichen gäbe, sodass ein Arztbesuch unterbleiben könne. Dieser Zielsetzung werde mit den Hinweisen aber Rechnung getragen.

Im Jahr 2004 führte der *OGH*[426] in einer asiatische Massagetechniken betreffenden Entscheidung schließlich an, dass das Kriterium der medizinisch-wissenschaftlichen Erkenntnisse in § 2 Absatz 2 öÄrzteG als grundlegendes Kriterium des Arztvorbehalts anzusehen sei. Um das Merkmal der medizinisch-wissenschaftlichen Erkenntnisse bejahen zu können, sei es erforderlich, dass die angewandte Methode ein Mindestmaß an Rationalität aufweise.

Zu den entschiedenen Heilmethoden und -verfahren, die in wettbewerbsrechtlicher Hinsicht im österreichischen Recht nicht dem Arztvorbehalt unterfallen, zählen die asiatischen Massagetechniken, die Beleuchtung von Fingernägeln mithilfe einer Stablampe[427] und die Anwendung der Irisdiagnose[428].

(4) Entwicklungen im Rahmen der Gesetzesnovelle zum öÄrzteG

Im Jahr 2018 wurde ein Ministerialentwurf[429] zu einem Bundesgesetz in den österreichischen Nationalrat eingebracht, mit dem unter anderem das öÄrzteG geändert werden sollte. Der Entwurf sah für § 2 Absatz 2 öÄrzteG eine Änderung vor, wonach die Tätigkeit des ärztlichen Berufs explizit komplementär- und alternativmedizinische Heilverfahren einschließen sollte.

Dieser klarstellende Passus wurde von Anbietern komplementär- und alternativmedizinischer Heilverfahren sowie der Wirtschaftskammer jedoch stark kritisiert. Im Zuge der Stellungnahmen und Ausschuss- und Plenarberatungen wurde die Klarstellung aus dem finalen Entwurf wieder gestrichen, sodass er

---

426 *OGH*, Beschluss vom 30.11.2004, Az. 4 Ob 217/04x, in: ÖBl 2005/21, Heft 3/2005, 108 (110).

427 *OGH*, Beschluss vom 14.03.2006, Az. 4 Ob 256/05h, zitiert nach RDB.

428 *OGH*, Beschluss vom 21.11.2006, Az. 4 Ob 151/06v, in: RdM 2007/59, Heft 3/2007, 92 ff.

429 Abrufbar unter https://www.parlament.gv.at/PAKT/VHG/XXVI/ME/ME_00086/fname_712781.pdf, letzter Zugriff am 25.10.2020.

in dem Bundesgesetz[430], mit dem unter anderem das öÄrzteG geändert wurde, nicht mehr enthalten war.

(5) Bedeutung für das österreichische strafrechtliche Begriffsverständnis und Stellungnahme

Auch wenn die Geistheilung nicht der klassischen Komplementär- und Alternativmedizin zuzuordnen ist und der klarstellende Passus daher keine unmittelbare Bedeutung für die Geistheilung entfalten kann, hat es der österreichische Gesetzgeber mit der Streichung versäumt, ein Zeichen hinsichtlich des Kriteriums der medizinisch-wissenschaftlichen Erkenntnisse zu setzen.

Ob der *OGH* bei der Auslegung des Merkmals der auf medizinisch-wissenschaftlichen Erkenntnissen beruhenden Tätigkeit im Rahmen des § 184 öStGB und damit im Rahmen des strafrechtlichen Begriffsverständnisses eine Wende entsprechend der jüngeren wettbewerbsrechtlichen Judikatur vollziehen wird, ist bisher nicht erkennbar. Das *OLG Graz* hat sich aber bereits im Jahr 2006 der wettbewerbsrechtlichen Judikatur Österreichs angeschlossen, im Rahmen des § 184 öStGB im Hinblick auf das Kriterium der medizinisch-wissenschaftlichen Erkenntnisse ein Mindestmaß an Rationalität verlangt und dies bezüglich Geist- und Wunderheiler explizit verneint[431].

Es ist daher zu erörtern, ob ein solcher Wandel im strafrechtlichen Bereich wünschenswert wäre oder nicht.

Wallner[432] kritisiert den Wandel der Gerichte zum einen im Hinblick auf die kriminalpolitische Zielsetzung des Arztvorbehalts, zum anderen in logischer Hinsicht im Hinblick auf das Erfordernis der Rationalität. Die kriminalpolitische Zielsetzung des Arztvorbehalts sei keineswegs darauf beschränkt, den Kranken davor zu schützen, dass er sich durch den Besuch beim Kurpfuscher von einem Arztbesuch abhalten lasse. Das primäre Ziel des Arztvorbehalts liege darin, dass Tätigkeiten, die nur mit entsprechender medizinischer Ausbildung durchgeführt werden sollten, von Nichtmedizinern nicht angeboten würden. Diese Tätigkeiten seien per se gefährlich, unabhängig davon, ob sie den Patienten von einem weiteren Arztbesuch abhielten oder nicht. Ärztliche Maßnahmen, insbesondere die Untersuchung des Patienten, die Diagnosestellung und die Therapie sollten daher nach dem Willen des Gesetzgebers nur von Personen erbracht werden, die

---

430 BGBl. Nr. 20/2019, abrufbar unter https://www.ris.bka.gv.at/Dokumente/BgblAuth/BGBLA_2019_I_20/BGBLA_2019_I_20.pdfsig, letzter Zugriff am 25.10.2020.

431 *OLG Graz*, Entscheidung vom 01.03.2006, Az. 9 Bs 254/05d, zitiert nach RDB.

432 *Wallner*, Handbuch Ärztliches Berufsrecht, Kapitel 4.2, S. 11.

über eine entsprechende Ausbildung verfügen. Dies gelte zweitens auch unabhängig davon, wie sinnvoll die Ratschläge des Nichtarztes seien. Es sei völlig unverständlich, dass es einem Nichtarzt zwar verboten sein sollte, schulmedizinisch sinnvolle Ratschläge zu geben, aber gestattet, dem Kranken völlig obskure (unterhalb der vom *OGH* so bezeichneten Rationalitätsschwelle liegende) Maßnahmen vorzuschlagen. Die Befolgung derartiger obskurer Maßnahmen werde in der Regel mindestens genauso gefährlich sein, wie das Vertrauen in schulmedizinische Behandlungsvorschläge eines Nichtarztes. Wenn sich daher in Österreich der Gesetzgeber dazu entschieden habe, die Untersuchung, Diagnose und Behandlung von Patienten Personen vorzubehalten, die über eine ärztliche Ausbildung verfügen, könne diese Entscheidung nicht dadurch unterlaufen werden, dass besonders fragwürdige und irrationale Ratschläge durch Nichtärzte plötzlich erlaubt sein sollten, nur deshalb, weil diese Maßnahmen Ärzten wegen ihrer Unvernünftigkeit verboten seien.

Auch im Hinblick auf den Schutzzweck des § 184 öStGB ist es nicht überzeugend, dass nur auf im wörtlichen Sinne medizinisch-wissenschaftlichen Erkenntnissen beruhende Tätigkeiten dem Arztvorbehalt unterliegen. Es wäre nur dann sinnvoll, es Nichtärzten zu verbieten, auf medizinisch-wissenschaftlichen Erkenntnissen beruhende Heilbehandlungen anzubieten, wenn § 184 öStGB gerade die Ärzte vor Konkurrenz schützen wollte. Denn Heilbehandlungen, die auf medizinisch-wissenschaftlichen Erkenntnissen beruhen, sind genau die Leistungen, die gerade von Ärzten angeboten werden. Der Konkurrenzschutz der Ärzte ist aber nicht der Schutzzweck der Norm, weder des Straftatbestands der Kurpfuscherei gemäß § 184 öStGB noch des Arztvorbehalts der §§ 2 Absatz 2, 3 Absatz 4 öÄrzteG. Schutzzweck ist jeweils in erster Linie der Schutz der Gesundheit der Bevölkerung. Eine Heilbehandlung durch Nicht-Heilkundige ist nicht nur dann gefährlich, wenn diese versuchen, medizinisch sinnvolle Maßnahmen durchzuführen, sondern auch dann, wenn sie ihre Klienten mit unwissenschaftlichen Methoden behandeln. Für die Bevölkerung ist es tatsächlich mindestens ebenso gefährlich, wenn nicht gar gefährlicher, wenn Nicht-Heilkundige mangels ärztlicher Ausbildung eine Heilbehandlung gerade nicht nach medizinisch-wissenschaftlichen Grundsätzen erbringen.[433]

Vor dem Hintergrund des Schutzzwecks des § 184 öStGB sowie der §§ 2 Absatz 2, 3 Absatz 4 öÄrzteG vermag es daher nicht zu überzeugen, nur solche Heilmethoden dem Arztvorbehalt zu unterstellen, die ein Mindestmaß an Rationalität aufweisen. Aufgrund dessen ist anzunehmen, dass die Geistheilung

433 *Wallner*, Grenzen des Ärztevorbehalts, in: RdM 2011, 145 (147).

unter den Arztvorbehalt fällt und daher nur von Ärzten ausgeübt werden darf. Bei dem Geistheiler besteht daher die Möglichkeit der Strafbarkeit wegen Kurpfuscherei gemäß § 184 öStGB.

d) Problematik der Tatbestandsmerkmale der Gewerbsmäßigkeit sowie der „größeren Anzahl von Menschen"

Erforderlich ist weiterhin, dass die Tätigkeit in Bezug auf eine größere Zahl von Menschen gewerbsmäßig ausgeübt wird.

Dabei war zunächst streitig, wann von einer größeren Zahl von Menschen gesprochen werden kann. Nach heute allgemeiner Auffassung ist das ab einer Anzahl von mindestens zehn Personen zu bejahen[434].

Zudem ist bezüglich der Auslegung des Merkmals der „größeren Anzahl von Menschen" zum einen unklar, ob es zur Behandlung einer größeren Zahl von Menschen gekommen sein muss oder ob es ausreicht, dass die Behandlung einer größeren Zahl von Menschen nur gewollt und angestrebt ist. Zum anderen ist umstritten, ob eine Gewerbsmäßigkeit in einem Behandlungsfall ausreicht, oder ob ein gewerbsmäßiges Handeln bezüglich der größeren Zahl von Menschen erforderlich ist.[435]

Wird der Wortlaut der Norm betrachtet, so liegt es nahe, dass es ausreicht, wenn der Täter die Behandlung einer größeren Zahl von Menschen angestrebt hat. Denn nach dem Wortlaut muss die Tätigkeit nicht „an" einer größeren Anzahl, sondern nur „in Bezug auf" eine größere Anzahl an Personen ausgeübt werden.[436]

Unter Hinzuziehung teleologischer Aspekte ist es aber überzeugender, dass tatsächlich eine größere Anzahl von Menschen behandelt werden muss. Denn das typische Unrecht der Tat wird erst durch die Behandlung einer größeren Zahl von Menschen verwirklicht[437]. Nur wenn ein gewisser Umfang der nichtärztlichen Behandlung gegeben ist, ist die Tätigkeit eines Nichtarztes in Bezug auf die Gesundheit der Bevölkerung gemeingefährlich[438]. Dafür spricht auch, dass im Gegensatz dazu für die Gewerbsmäßigkeit die Absicht genügt[439].

---

434 *LGSt Wien*, Entscheidung vom 11.09.1989, Az. 13c Bl 545/89, in: ÖJZ 1989/190; *Manhart*, in: Salzburger Kommentar, § 184 Rn. 17; *Murschetz*, in: Wiener Kommentar, § 184 Rn. 4; *Tipold*, in: Leukauf/Steininger, § 184 Rn. 7.

435 *Manhart*, in: Salzburger Kommentar, § 184 Rn. 15.

436 *Hinterhofer/Rosbaud*, Strafrecht BT II, § 184 Rn. 9.

437 *Murschetz*, in: Wiener Kommentar, § 184 Rn. 4.

438 *Murschetz*, in: Wiener Kommentar, § 184 Rn. 4 mit Verweis auf die Vorauflage.

439 *Bertel/Schwaighofer*, Strafrecht BT II, § 184 Rn. 4.

Darüber hinaus kommt der dahingehenden Auslegung, dass die reine Absicht ausreicht, zwar der Vorteil der stärkeren Prävention zu, jedoch ist sie nur dann konsequent, wenn die größere Zahl als Merkmal der Gewerbsmäßigkeit aufgefasst wird. Dagegen spricht jedoch der Wortlaut der Norm. Zudem wird der Prävention mit der Versuchsstrafbarkeit Genüge getan und sonstige Lücken werden durch die Verwaltungsstrafbarkeit gemäß § 199 öÄrzteG aufgefangen.[440]

Schließlich wird vermittelnd teilweise die Tat dann als in Bezug auf eine größere Zahl von Menschen begangen angesehen, wenn mindestens eine Person unter objektiven Begleitumständen behandelt wird, die darauf schließen lassen, dass die Behandlung einer größeren Zahl von Menschen geplant war. Das kann beispielsweise bei Werbemaßnahmen oder Äußerungen gegenüber Dritten gegeben sein.[441]

Für eine Gewerbsmäßigkeit muss der Täter in der Absicht handeln, sich durch die wiederkehrende Begehung eine fortlaufende Einnahmequelle zu verschaffen. Dabei ist nicht das Verlangen eines Honorars, sondern das Annehmen eines solchen entscheidend.[442] Diese Absicht des Täters muss sich aber, um die Fälle menschlicher Hilfsbereitschaft von der Strafbarkeit auszuschließen, auf eine größere Zahl von Menschen beziehen. Straflos ist daher die Behandlung nur einer Person, jedenfalls sofern keine Absicht zur Gewebsmäßigkeit besteht.[443]

Der Geistheiler muss seine Behandlung folglich bei einer größeren Zahl von Menschen, das heißt bei mindestens circa zehn Personen, durchgeführt haben und dabei die Absicht gehabt haben, sich eine dauerhafte Einnahmequelle zu verschaffen.

e) Erfüllen weiterer Voraussetzungen

Weiterhin ist es erforderlich, dass der Täter zumindest bedingt vorsätzlich handelt[444].

Zu beachten ist zudem, dass die Einwilligung des Klienten in die Behandlung durch einen Kurpfuscher irrelevant ist. Sie hat aufgrund des Schutzzwecks des

---

440 *Manhart*, in: Salzburger Kommentar, § 184 Rn. 22.

441 *Kienapfel/Schmoller*, Studienbuch Strafrecht BT III, § 184, S. 46.

442 *Fabrizy*, § 184 Rn. 4; kritisch: *Bertel/Schwaighofer*, Strafrecht BT II, § 184 Rn. 4, die die Bejahung der Gewerbsmäßigkeit bei Annahme eines freiwillig überreichten Honorars als „zweifelhaft" bezeichnen.

443 *Murschetz*, in: Wiener Kommentar, § 184 Rn. 5.

444 *Tipold*, in: Leukauf/Steininger, § 184 Rn. 9.

§ 184 öStGB, der in der Gesundheit der Bevölkerung allgemein und nicht in der Gesundheit des einzelnen Individuums liegt, keine rechtfertigende Wirkung.[445]

f) Zwischenergebnis

Mit § 184 öStGB existiert im österreichischen Recht eine Strafvorschrift in Form eines abstrakten Gefährdungsdelikts, die die Ausübung einer den Ärzten vorbehaltenen Tätigkeit durch Nichtärzte unter Strafe stellt. Zu den den Ärzten vorbehaltenen Tätigkeiten zählt zumindest bisher auch die Geistheilung. Daher besteht für den Geistheiler, der kein Medizinstudium abgeschlossen hat, bei Ausübung der Geistheilung die Möglichkeit der Strafbarkeit wegen Kurpfuscherei gemäß § 184 öStGB. Es bleibt jedoch abzuwarten, ob die österreichische strafrechtliche Rechtsprechung die Geistheilung weiterhin als eine auf medizinisch-wissenschaftlichen Erkenntnissen beruhende und daher den Ärzten vorbehaltene Tätigkeit ansieht, oder ob sie sich der österreichischen wettbewerbsrechtlichen Rechtsprechung anschließt und dies mangels eines erforderlichen Mindestmaßes an Rationalität der Tätigkeit verneint.

2. Betrug gemäß § 146 öStGB

Daneben besteht die Möglichkeit der Strafbarkeit des Geistheilers wegen Betrugs gemäß § 146 öStGB.

Im Wesentlichen kommen die Szenarien wie sie bereits aufgeführt wurden in Betracht. Relevant ist insbesondere, wenn ein Nicht-Heilkundiger über seine Befugnisse oder Fähigkeiten im Hinblick auf die Heilbehandlung täuscht.

Es lassen sich weitgehende Parallelen zwischen dem deutschen und dem österreichischen Recht feststellen.

Gemäß § 146 öStGB macht sich strafbar, wer mit dem Vorsatz der unrechtmäßigen Eigen- oder Fremdbereicherung einen anderen über Tatsachen täuscht und dadurch zu einer Handlung, Duldung oder Unterlassung verleitet, die in einer Schädigung des Vermögens resultiert.

a) Täuschung über Tatsachen: Befugnisse und Fähigkeiten eines Kurpfuschers als Tatsache im Sinne des § 146 öStGB

Unter der Täuschungshandlung im Sinne des § 146 öStGB wird im Allgemeinen die Abgabe einer unwahren Erklärung gegenüber einem anderen verstanden[446].

445 *Manhart*, in: Salzburger Kommentar, § 184 Rn. 25.

446 *Kienapfel/Schmoller*, Studienbuch Strafrecht BT II, § 146 Rn. 32.

Differenzierter betrachtet ist die Täuschung ein Verhalten, das dazu bestimmt und geeignet ist, auf das intellektuelle Vorstellungsbild eines anderen einzuwirken, wodurch bei diesem ein Irrtum über Tatsachen hervorgerufen oder aufrecht erhalten werden soll[447]. Eine Erkennbarkeit der wahren Sachlage schließt die Täuschung ebenso wenig aus, wie dass der Getäuschte nachlässig oder leichtgläubig ist[448]. Die Täuschung kann ausdrücklich durch aktives Tun (mündlich oder schriftlich)[449], konkludent (durch ein schlüssiges Gesamtverhalten, das nach der Verkehrsauffassung als stillschweigende Erklärung über eine Tatsache zu werten ist)[450] oder durch Unterlassen der gebotenen Aufklärung über bestimmte Tatsachen[451] erfolgen.

Allerdings reicht nicht jede Täuschung für die Strafbarkeit nach § 146 öStGB aus. Die Täuschung muss sich vielmehr, wie anhand des Gesetzeswortlauts erkennbar, auf Tatsachen beziehen. Es muss sich also eine Täuschung gerade über Tatsachen handeln. Tatsachen sind dabei alle objektiv feststellbaren, mithin beweisbaren Umstände, Geschehnisse oder Begebenheiten der Vergangenheit und der Gegenwart.[452] Zukünftiges kann eine Tatsache darstellen, sofern eine Verknüpfung mit Gegenwärtigem besteht[453]. Wesentliche Kriterien für den Begriff der Tatsachen im Sinne des § 146 öStGB sind folglich die der sinnlichen Wahrnehmbarkeit und der Beweiszugänglichkeit[454].

Das österreichische Recht gleicht damit dem deutschen Recht. Wie im deutschen Recht ist im österreichischen Recht zu untersuchen, ob die Kräfte des Geistheilers Tatsachen im Sinne des § 146 öStGB sein können. Zu berücksichtigen ist das Problem der objektiven Beweisbarkeit von solchen Behauptungen, die das Verfügen über geistige Heilkräfte zum Inhalt haben. Zwar kann das angeblich Bestehende als Tatsache im Sinne des § 146 öStGB anzusehen sein; dies allerdings nur, sofern dem angeblich Bestehendem das Merkmal der objektiven Bestimmtheit und Gewissheit zu eigen ist[455]. Das ist im Hinblick auf die

447 *Flora*, in: Leukauf/Steininger, § 146 Rn. 6.

448 *Kirchbacher*, in: Wiener Kommentar, § 146 Rn. 17 mit Beispielen aus der österreichischen Judikatur.

449 *Flora*, in: Leukauf/Steininger, § 146 Rn. 16.

450 *Birklbauer/Hilf/Tipold*, Strafrecht BT I, §§ 146 ff. Rn. 10; *Kienapfel/Schmoller*, Studienbuch Strafrecht BT II, § 146 Rn. 52; *Kirchbacher*, in: Wiener Kommentar, § 146 Rn. 20.

451 *Flora*, in: Leukauf/Steininger, § 146 Rn. 18.

452 *Kirchbacher*, in: Wiener Kommentar, § 146 Rn. 31.

453 *Kert*, in: Salzburger Kommentar, § 146 Rn. 45.

454 *Kert*, in: Salzburger Kommentar, § 146 Rn. 46.

455 *Kert*, in: Salzburger Kommentar, § 146 Rn. 47.

Kräfte des Geistheilers zweifelhaft. Dennoch ist im österreichischen Recht anerkannt, dass das Wissen und Können eines anderen im Allgemeinen als Tatsache anzusehen ist, auch wenn es auf nicht verifizierbaren Aussagen und Darstellungen beruht[456]. So wurde im Rahmen des § 146 öStGB bereits höchstrichterlich entschieden, dass zum Tatsachenbegriff im Sinne des § 146 öStGB auch Behauptungen einer Person zählen, durch okkulte Handlungen, spirituelle Sitzungen oder diverse Rituale bestimmte Ergebnisse erzielen oder Probleme lösen zu können[457].

Sofern argumentiert wird, dass ein einsichtiger Mensch, selbst wenn er nicht über medizinische Fachkenntnisse verfügt, daran zweifeln wird, dass Krankheiten durch geistige Heilmethoden wie beispielsweise Handauflegen und Gesundbeten geheilt werden können, ist dies irrelevant. Dass die Unrichtigkeit der Angaben objektiv erkennbar ist oder dass dem Klienten Zweifel kommen, schließt die Tauglichkeit als Täuschung über Tatsachen nicht aus; ebenso ist kein besonders gewieftes Verhalten des Täters erforderlich[458]. Jede unwahre Behauptung kann eine Täuschung im Sinne des § 146 öStGB darstellen, unabhängig davon, ob die Unrichtigkeit der Angaben für einen einsichtigen Menschen erkennbar wäre oder nicht. Daher kann auch dann eine Täuschung vorliegen, wenn eine einsichtige und vernünftige Person die Angaben nicht glauben würde.[459]

Bei der Geistheilung kommt eine Täuschung über Tatsachen damit in Betracht.

Die Täuschung kann sowohl „im ausdrücklichen Behaupten falscher […] [als auch] im Entstellen wahrer Tatsachen“[460] liegen. Beim Vorspiegeln wird eine wahrhaftig nicht existierende Tatsache als tatsächlich bestehend dargestellt.

---

456 *Kirchbacher*, in: Wiener Kommentar, § 146 Rn. 36.

457 *OGH*, Beschluss vom 29.06.2004, Az. 11 Os 50/04; *OGH*, Entscheidung vom 01.12.2004, Az. 13 Os 127/04; *OGH*, Entscheidung vom 23.02.2006, Az. 12 Os 132/05m, alle RIS-Justiz RS0119226, zitiert nach RDB; *Kirchbacher*, in: Wiener Kommentar, § 146 Rn. 36; kritisch dazu *Birklbauer/Hilf/Tipold*, Strafrecht BT I, §§ 146 ff. Rn. 7: es bestehe in diesen Fällen keine Möglichkeit, die übersinnliche Eignung zur Herbeiführung des Erfolgs objektiv festzustellen, weswegen sie keinem Beweis zugänglich sei.

458 *OGH*, Entscheidung vom 20.01.1977, Az. 13 Os 183/76, in: ÖJZ-LSK 1977/99 (Ls.).

459 *Flora*, Die Anwendung nicht-wissenschaftlicher Behandlungsmethoden durch Ärzte - ein Betrug?, in: RdM 1997, 109 (111).

460 *OGH*, Entscheidung vom 08.09.1977, Az. 12 Os 76/77, in: ÖJZ-LSK 1977/347 (Ls.); *OGH*, Entscheidung vom 13.12.1977, Az. 11 Os 176/77, RIS-Justiz RS0094115, zitiert nach RDB.

Beim Entstellen wird hingegen eine wahre Tatsache derart abgewandelt, dass die enthaltene tatsächliche Wahrheit nicht mehr als solche erkennbar ist.[461]

Erklärt der Geistheiler seinem Klienten wahrheitswidrig, er verfüge über geistige Heilkräfte, drückt er selbiges durch sein Verhalten konkludent aus oder klärt er ihn über einen solchen Irrtum nicht auf, kann dies eine Täuschung über Tatsachen im Sinne des § 146 öStGB und damit eine betrugsrelevante Handlung darstellen.

b) Erfüllen weiterer Voraussetzungen

Durch die Täuschung des Geistheilers muss beim Klienten ein Irrtum hervorgerufen oder bestärkt werden. Liegen die Voraussetzungen der Unterlassensstrafbarkeit des § 2 öStGB vor, insbesondere sofern eine Rechtspflicht zur Aufklärung besteht, reicht es aus, wenn der Geistheiler einen bereits bestehenden Irrtum ausnutzt.[462]

Ein Irrtum ist– parallel zum deutschen Verständnis – jede von der Wirklichkeit abweichende, mithin falsche Vorstellung von Tatsachen[463]. Irrelevant ist, ob der Getäuschte den Irrtum hätte vermeiden können, wenn er aufmerksam gewesen wäre. Die Täuschung darf nur nicht von vornherein zur Irreführung gänzlich ungeeignet sein.[464] Wie bereits im Rahmen der Täuschung festgestellt, schließen Leichtsinn oder Naivität[465] den Irrtum ebenso wenig wie Zweifel[466] aus.

Der Irrtum muss durch die Täuschung zumindest mitverursacht beziehungsweise mitursächlich verstärkt worden sein. Es ist folglich ein Ursachenzusammenhang im Sinne der Äquivalenztheorie erforderlich.[467]

Geht der Klient des Geistheilers daher davon aus, dass dieser über besondere Kräfte zur Geistheilung verfügt oder dass der Geistheiler über eine medizinische Ausbildung verfügt, obwohl dies nicht der Wahrheit entspricht, irrt er sich im Sinne des § 146 öStGB.

---

461 *Flora*, in: Leukauf/Steininger, § 146 Rn. 15.

462 *Kirchbacher*, in: Wiener Kommentar, § 146 Rn. 43.

463 *Flora*, in: Leukauf/Steininger, § 146 Rn. 23; *Kert*, in: Salzburger Kommentar, § 146 Rn. 134; *Kirchbacher*, in: Wiener Kommentar, § 146 Rn. 43 f.

464 H.M., so beispielsweise *OGH*, Entscheidung vom 10.12.1975, Az. 9 Os 142/75, in: RZ 1976/60, S. 99; *Kienapfel/Schmoller*, Studienbuch Strafrecht BT II, § 146 Rn. 49.

465 *OGH*, Entscheidung vom 10.12.1996, Az. 11 Os 106/96, in: RZ 1997/47, S. 170.

466 *OGH*, Entscheidung vom 03.10.2007, Az. 13 Os 74/07t, RIS-Justiz RS0122591, zitiert nach RDB.

467 *Flora*, in: Leukauf/Steininger, § 146 Rn. 28.

Mittels des durch die Täuschung über Tatsachen erregten oder bestärkten Irrtums muss der Getäuschte zu einer freiwilligen Vermögensverfügung verleitet werden, die ihn oder einen Dritten am Vermögen schädigt. Eine Vermögensverfügung ist jede Handlung, Duldung und Unterlassung, die auf das Vermögen des Getäuschten oder eines Dritten einwirkt. Für ein Verleiten muss der Täuschende zumindest mitursächlich dafür werden, dass der Getäuschte die betreffende Handlung vornimmt. Der rechtsgeschäftliche Charakter und die Rechtswirksamkeit der Vermögensverfügung sind irrelevant, allein das faktische Verhalten zählt. Ebenso ist kein Verfügungsbewusstsein erforderlich.[468]

Die erforderliche Vermögensverfügung ist in der Bezahlung des Geistheilers durch den Klienten zu sehen.

c) Vermögensschaden: Problematik des Anspruchs auf Vergütung aus Vertrag

Wie im deutschen Recht muss aus der getätigten Vermögensverfügung eine Vermögensschädigung resultieren, die unmittelbar auf die Verfügung zurückgehen muss[469].

Ein Vermögensschaden ist gegeben, wenn die Vermögenslage nach der Tat ungünstiger ist als vorher[470]. Erforderlich ist ein effektiver Verlust an Vermögenssubstanz[471]. Ob ein solcher Verlust eingetreten ist, wird im Wege der Gesamtsaldierung bestimmt, bei der das wirtschaftliche Gesamtvermögen vor der Vermögensverfügung mit dem nach der Vermögensverfügung verglichen wird[472]. Der erforderliche Verlust liegt in der sich durch den Vergleich ergebenden Differenz[473].

In diesem Zusammenhang ist zu untersuchen, ob einem Schaden des Klienten ein möglicher Vergütungsanspruch des Geistheilers aus dem zwischen dem Klienten und dem Geistheiler geschlossenen (wirksamen) Vertrag entgegensteht. Dabei ist zu beachten, dass der Vertrag zwischen Klient und Geistheiler nach der hier vertretenen Ansicht gemäß § 879 öABGB nichtig ist. Er

468 *Kirchbacher*, in: Wiener Kommentar, § 146 Rn. 52 f.

469 *Kirchbacher*, in: Wiener Kommentar, § 146 Rn. 57 f.

470 *Kirchbacher*, in: Wiener Kommentar, § 146 Rn. 66.

471 H.M., siehe nur *Kirchbacher*, in: Wiener Kommentar, § 146 Rn. 66 mit Beispielen aus der österreichischen Rechtsprechung.

472 *Flora*, in: Leukauf/Steininger, § 146 Rn. 41; *Birklbauer/Hilf/Tipold*, Strafrecht BT I, §§ 146 ff. Rn. 24; *Kert*, in: Salzburger, § 146 Rn. 238; *Kienapfel/Schmoller*, Studienbuch Strafrecht BT II, § 146 Rn. 161; *Kirchbacher*, in: Wiener Kommentar, § 146 Rn. 77.

473 *Kienapfel/Schmoller*, Studienbuch Strafrecht BT II, § 146 Rn. 146.

verstößt gegen gesetzliche Verbote, die „dem Schutz von Allgemeininteressen, der öffentliche Ordnung und Sicherheit dienen“: den Arztvorbehalt gemäß § 2 Absatz 2, 3 Absatz 4 öÄrzteG und den Straftatbestand der Kurpfuscherei gemäß § 184 öStGB.[474] Sinn und Zweck des Arztvorbehalts sowie des Straftatbestands der Kurpfuscherei ist es, die Allgemeinheit vor der gewerbsmäßigen Behandlung durch Nichtärzte und den daraus resultierenden Gefahren zu schützen. Würde der Vermögensbegriff im österreichischen Recht ebenso wie im deutschen Recht verstanden, wäre daher vom Vorliegen eines Schadens auszugehen, da kein Anspruch auf Vergütung aus dem Vertrag bestehen kann.

Im österreichischen Recht wird der Begriff des Vermögens im Sinne des § 146 öStGB jedoch als die Gesamtheit der wirtschaftlichen Werte einer natürlichen oder juristischen Person verstanden[475]. Im Gegensatz zum deutschen Recht liegt dem österreichischen Recht folglich ein rein wirtschaftlicher Vermögensbegriff zugrunde.

Für diesen rein wirtschaftlichen Vermögensbegriff ist es ebenso gleichgültig, ob eine Vereinbarung ungültig, verboten oder strafbar ist, wie ob ein Rechtsgeschäft anfechtbar ist, ob Leistung und Gegenleistung uneinklagbar sind, oder ob die täuschungsbedingte Vermögensverfügung einem unerlaubten, unsittlichen oder gar strafgesetzwidrigen Zweck dient[476]. Wertende Überlegungen werden grundsätzlich außer Acht gelassen[477]. Folglich sind Vermögenswerte, die aus einem nichtigen oder anfechtbaren Geschäft stammen, grundsätzlich ebenso Teil des Vermögens nach dem wirtschaftlichen Vermögensbegriff, wie Vermögenswerte, die aus einer Straftat stammen[478]. Ob ein Anspruch rechtlich wirksam ist, ist im Rahmen des wirtschaftlichen Vermögensbegriffs nicht von Bedeutung, sondern nur, ob der Anspruch einen wirtschaftlichen Wert hat[479]. Das ist bei dem Anspruch auf Zahlung einer Vergütung der Fall. Aufgrund des

474 *Schwartz*, Von Exorzisten und Heilpraktikern, in: RdM 1999, 13 (16).

475 H.M., so z.B. *Flora*, in: Leukauf/Steininger, § 146 Rn. 39; *Kirchbacher*, in: Wiener Kommentar, § 146 Rn. 61.

476 *OGH*, Entscheidung vom 31.10.1977, Az. 10 Os 134/77, RIS-Justiz RS0089838, zitiert nach RDB; *OGH*, Entscheidung vom 02.12.1982, Az. 12 Os 107/82, in: ÖJZ-LSK 1983/56 (Ls.); *Flora*, in: Leukauf/Steininger, § 146 Rn. 47; *Kert*, in: Salzburger Kommentar, § 146 Rn. 194; *Kirchbacher*, in: Wiener Kommentar, § 146 Rn. 70.

477 H.M., so z.B. *Kert*, in: Salzburger Kommentar, § 146 Rn. 188; *Kienapfel/Schmoller*, StudB BT II, Rn. 117.

478 *Kert*, in: Salzburger Kommentar, § 146 Rn. 194; *Kirchbacher*, in: Wiener Kommentar, § 146 Rn. 70.

479 *Kert*, in: Salzburger Kommentar, § 146 Rn. 194.

im österreichischen Recht geltenden rein wirtschaftlichen Vermögensbegriffs ist die mögliche Beurteilung des zwischen dem Geistheiler und seinem Klienten geschlossenen Vertrags als sittenwidrig ebenso wenig relevant wie die Tatsache, dass ein solcher Vertrag möglicherweise gegen § 2 Absatz 2, 3 Absatz 4 öÄrzteG verstößt und sich der Geistheiler gemäß § 184 öStGB strafbar macht.

Allerdings erhält der Klient des Geistheilers mit der Heilbehandlung einen Gegenwert. Der durch Täuschung erreichten vermögenswerten Leistung, der Zahlung des Honorars, steht mit der Geistheilung eine vermögenswerte Gegenleistung gegenüber. In solchen Fällen ist entscheidend, ob die Gegenleistung als ein entsprechendes Äquivalent für die Leistung anzusehen ist. Ist das zu bejahen, ist eine Kompensation gegeben, sodass im Ergebnis kein Schaden vorliegt.[480] Ansonsten besteht in der Differenz zwischen Leistung und Gegenleistung ein (Differenz)Schaden[481]. Ob eine Kompensation anzunehmen ist, hängt von der Höhe des Honorars und der genauen Ausführung der Geistheilung ab. Dem steht zudem nicht entgegen, dass es sich bei der Geistheilung durch eine Person, die kein medizinisches Studium genossen hat, um eine nach hier vertretener Auffassung gesetzlich verbotene Tätigkeit handelt. Denn auch eine verbotene Tätigkeit kann ein der erschlichenen Leistung entsprechendes Äquivalent darstellen.

Schließlich muss zwischen den genannten Tatbestandsmerkmalen, folglich zwischen Irrtum und Vermögensverfügung sowie zwischen Vermögensverfügung und Vermögensschädigung, Kausalität im Sinne der Äquivalenztheorie bestehen[482].

d) Subjektiver Tatbestand: Doppelter Vorsatz und Vorsatz bezüglich Bereicherung

In subjektiver Hinsicht ist für die Strafbarkeit gemäß § 146 öStGB im Zeitpunkt des Täuschungsverhaltens zumindest bedingter Vorsatz bezüglich der objektiven Tatbestandsmerkmale erforderlich. Im österreichischen Recht erfolgt eine Unterteilung in Täuschungsvorsatz und Schädigungsvorsatz.[483] Im Gegensatz

---

480 *Flora*, in: Leukauf/Steininger, § 146 Rn. 41.

481 *Kirchbacher*, in: Wiener Kommentar, § 146 Rn. 81.

482 *OGH*, Entscheidung vom 03.12.1981, Az. 13 Os 168/81, zitiert nach RDB; *OGH*, Entscheidung vom 30.09.1986, Az. 10 Os 33/86 und *OGH*, Entscheidung vom 03.03.2008, Az. 15 Os 141/07k, beide RIS-Justiz RS0094575, zitiert nach RDB; *Flora*, in: Leukauf/Steininger, § 146 Rn. 1; *Kert*, in: Salzburger Kommentar, § 146 Rn. 288; *Kirchbacher*, in: Wiener Kommentar, § 146 Rn. 3.

483 *Flora*, in: Leukauf/Steininger, § 146 Rn. 51 ff.; *Kirchbacher*, in: Wiener Kommentar, § 146 Rn. 114.

zum deutschen Recht ist lediglich Vorsatz bezüglich der unrechtmäßigen Bereicherung erforderlich[484]. Mit Bereicherungsvorsatz handelt, wer durch die Vermögensverfügung des Getäuschten sein faktisches Vermögen oder das eines Dritten unrechtmäßig mehren möchte[485]. Eine unrechtmäßige Bereicherung liegt vor, wenn kein Anspruch auf die angestrebte Vermögensmehrung besteht und nicht davon ausgegangen wird, dass ein solcher besteht[486]. Glaubt der Geistheiler, er habe einen fälligen Anspruch auf die vermögenswerte Leistung der Vergütung, auch wenn dies nach österreichischem Recht nicht der Fall ist, hat er in der Regel keinen Vorsatz in Bezug auf die unrechtmäßige Bereicherung. In solchen Fällen scheidet die Strafbarkeit des Geistheilers wegen Betrugs gemäß § 146 öStGB aus, selbst wenn die Leistung durch Täuschung erwirkt wurde.[487]

e) Tatbegehung durch Unterlassen gemäß § 2 öStGB

Bei Vorliegen der Voraussetzungen des § 2 öStGB kann der Betrug auch durch Unterlassen begangen werden.

Dafür muss der Unterlassende eine Aufklärungspflicht gegenüber dem Getäuschten haben. Der Unterlassende muss folglich aufgrund einer ihn im Besonderen treffenden Verpflichtung, die sich aus Gesetz, freiwilliger beziehungsweise vertraglicher Pflichtenübernahme oder Ingerenz ergeben kann, dazu angehalten sein, den Irrtum des anderen aufzuklären.[488] Außerdem muss Gleichwertigkeit zwischen dem Unterlassen der Erfolgsabwendung und der Tatbestandsverwirklichung durch aktives Tun bestehen[489]. Die Gleichwertigkeit liegt vor, wenn das „Unterlassen […] hinsichtlich Unrecht und Schuld sowie im Sinngehalt des sozialen Unwerts einer Erfolgsherbeiführung durch aktives Tun entspricht“[490]. Hinsichtlich des Betrugs ist das zu bejahen, wenn dem

---

484 *Flora*, in: Leukauf/Steininger, § 146 Rn. 57; *Kirchbacher*, in: Wiener Kommentar, § 146 Rn. 118.

485 *Flora*, in: Leukauf/Steininger, § 146 Rn. 57.

486 *OGH*, Entscheidung vom 05.09.1985, Az. 13 Os 98/85, zitiert nach RDB.

487 *OGH*, Entscheidung vom 25.03.1975, Az. 10 Os 43/75, in: ÖJZ-LSK 1975/25 (Ls.); *OGH*, Entscheidung vom 12.11.1981, Az. 12 Os 148/81, zitiert nach RDB; *OGH*, Entscheidung vom 05.09.1985, Az. 13 Os 98/85, zitiert nach RDB; *Bertel/ Schwaighofer/ Venier*, Strafrecht BT I, § 146 Rn. 34; *Kert*, in: Salzburger Kommentar, § 146 Rn. 349; *Kienapfel/Schmoller*, Studienbuch BT II, § 146 Rn. 233 ff.; *Kirchbacher*, in: Wiener Kommentar, § 146 Rn. 121.

488 *Flora*, in: Leukauf/Steininger, § 146 Rn. 18.

489 *Kirchbacher*, in: Wiener Kommentar, § 146 Rn. 23 f.

490 *Kirchbacher*, in: Wiener Kommentar, § 146 Rn. 30.

Unterlassen „der Sinn einer über Tatsachen täuschenden Äußerung bestimmten Inhalts“[491] zukommt.

Die Relevanz der Tatbegehung durch Unterlassen ist beim Betrug im österreichischen Recht allerdings gering, da in den meisten Fällen eine konkludente Täuschung und damit eine Tatbegehung durch aktives Tun vorliegt. Daher erfolgt keine Vertiefung.

f) Zwischenergebnis

Die Strafbarkeit des Geistheilers wegen Betrugs gemäß § 146 öStGB ist folglich möglich. Sie kann aber im Einzelfall an der Voraussetzung des Vermögensschadens scheitern. Dies zwar nicht wegen eines bestehenden Vergütungsanspruchs des Geistheilers, da im österreichischen Recht ein rein wirtschaftlicher Vermögensbegriff gilt, aber aufgrund einer möglicherweise anzunehmenden Kompensation der Vermögensdifferenz.

3. Fahrlässigkeitsstrafbarkeiten

Weiterhin ist die Strafbarkeit des Geistheilers wegen der Fahrlässigkeitsdelikte der fahrlässigen Körperverletzung gemäß § 88 öStGB sowie der fahrlässigen Tötung gemäß § 80 öStGB möglich.

Beim Straftatbestand der fahrlässigen Körperverletzung gemäß § 88 öStGB bestehen Unterschiede zum deutschen Straftatbestand der fahrlässigen Körperverletzung gemäß § 229 dStGB. Das wird insbesondere beim Aufbau der Norm deutlich. § 88 öStGB verfügt in seinem Absatz 1 über einen Grundtatbestand, in Absatz 2 über verschiedene Straflosigkeitsgründe und Absatz 3 und 4 enthalten schließlich unselbstständige Qualifikationstatbestände. § 229 dStGB hingegen ist als einheitliches Delikt ausgestaltet, das weder Qualifikationen noch Straflosigkeitsgründe kennt.

Der Straftatbestand der fahrlässigen Tötung gemäß § 80 öStGB entspricht dagegen in Aufbau und Inhalt fast gänzlich dem Straftatbestand der fahrlässigen Tötung nach deutschem Recht gemäß § 222 dStGB.

491 *Ebd.*

a) *Grunddelikt der fahrlässigen Körperverletzung gemäß § 88 Absatz 1 öStGB und Tatbestand der fahrlässigen Tötung gemäß § 80 öStGB*

§ 88 Absatz 1 öStGB stellt die fahrlässige (nicht-schwere) Körperverletzung unter Strafe, § 80 öStGB die fahrlässige Tötung. Tatbestandserfordernisse sind bei beiden Tatbeständen ein kausal und objektiv sorgfaltswidriges Verhalten, das zu einem objektiv zurechenbaren Erfolg führen muss[492].

Der objektiv zurechenbare Erfolg liegt bei § 88 Absatz 1 öStGB entweder in der Verletzung am Körper oder in einer Schädigung an der Gesundheit eines anderen Menschen[493]. Eine Körperverletzung ist zu bejahen, wenn es zu einer Beeinträchtigung der körperlichen Substanz durch Eingriffe in die körperliche Integrität kommt. Das ist beispielsweise bei Wunden, Brüchen und inneren Verletzungen der Fall. Die Eingriffe sowie die Substanzbeeinträchtigung dürfen allerdings nicht ganz unerheblich sein.[494] Eine Schädigung an der Gesundheit liegt hingegen vor, wenn ein körperliches oder ein geistig-seelisches Leiden herbeigeführt oder intensiviert wird[495]. Erforderlich ist im Wesentlichen eine Störung der körperlichen oder geistig-seelischen Funktionen[496]. Wie bereits im Rahmen einer möglichen Strafbarkeit nach deutschem Recht dargelegt, besteht bei der Geistheilung die Möglichkeit einer Verletzung des Körpers oder einer Schädigung der Gesundheit, insbesondere aufgrund mittelbarer Verletzungen und Schädigungen.

Bei § 80 öStGB, der das menschliche Leben jedes vom Täter verschiedenen Menschen[497] unabhängig von der (weiteren) Lebensfähigkeit des Menschen[498]

---

492 *Burgstaller*, in: Wiener Kommentar, § 80 Rn. 11, 65; *Burgstaller/Schütz*, in: Wiener Kommentar, § 88 Rn. 9, 11.

493 *Burgstaller/Schütz*, in: Wiener Kommentar, § 88 Rn. 12; *Nimmervoll*, in: Leukauf/Steininger, § 88 Rn. 3.

494 *Burgstaller/Fabrizy*, in: Wiener Kommentar, § 83 Rn. 6.

495 Erläuternde Bemerkungen zur Regierungsvorlage zum StGB (1971), 30 BlgNR XIII. GP, S. 212, abrufbar unter https://www.sbg.ac.at/ssk/bgbl/1974_60_rv30_182-253.pdf, letzter Zugriff am 25.10.2020; *Burgstaller/Fabrizy*, in: Wiener Kommentar, § 83 Rn. 9; a. A. *Bertel/Schwaighofer/Venier*, Strafrecht BT I, § 83 Rn. 5, die das Zufügen seelischer Leiden auch dann nicht als Gesundheitsschädigung ansehen, wenn diese „Krankheitswert" haben.

496 *OGH*, Entscheidung vom 28.02.1995, Az. 14 Os 193/94, Set 62/41, in: RdM 1995/20, zitiert nach RDB; *Burgstaller/Fabrizy*, in: Wiener Kommentar, § 83 Rn. 90; *Kienapfel/Schroll*, Strafrecht BT I, § 83 Rn. 15 f.; *Nimmervoll*, in: Leukauf/Steininger, § 83 Rn. 9.

497 *Burgstaller*, in: Wiener Kommentar, § 80 Rn. 3.

498 *Burgstaller*, in: Wiener Kommentar, § 80 Rn. 7.

schützt, liegt der Erfolg in der Tötung eines anderen Menschen[499]. Eine fahrlässige Tötung gemäß § 80 öStGB kann auch an einer bereits sterbenden Person begangen werden; entscheidend ist, dass die Person zum Zeitpunkt der Tathandlung noch lebt[500]. Die Tatsache, dass ein Klient todkrank ist und bereits im Sterben liegt, schließt die mögliche Strafbarkeit des Geistheilers wegen fahrlässige Tötung daher nicht aus.

(1) Objektive Sorgfaltswidrigkeit

Bei beiden Fahrlässigkeitsstraftatbeständen muss dem Täter zunächst ein objektiv sorgfaltswidriges Verhalten vorzuwerfen sein[501].

Ein solches ist als ein Verhalten zu verstehen, das bereits im Zeitpunkt seiner Vornahme die Verwirklichung des tatbestandsmäßigen Erfolgs der Körperverletzung oder Gesundheitsschädigung beziehungsweise des Todes eines anderen Menschen objektiv befürchten lässt und den Bereich des vom Recht vielfach tolerierten Risikos überschreitet (sogenanntes deliktstypisch sozialinadäquat gefährliches Verhalten)[502]. Dieses objektiv sorgfaltswidrige Verhalten kann sowohl in einem positiven Tun als auch in einem Unterlassen liegen, so wenn der Täter die zur Abwendung des Erfolgseintritts geeignete Handlung unterlässt, obwohl er infolge einer Garantenstellung zur Handlung verpflichtet ist[503]. Dann müssen zusätzlich die Voraussetzungen des § 2 öStGB erfüllt sein.

Im Rahmen der objektiven Sorgfaltswidrigkeit ist zu berücksichtigen, dass die Geistheilung durch einen Nicht-Arzt nach der hier vertretenen Auffassung im österreichischen Recht nicht toleriert und mit Strafe bedroht ist. Die von einem Nicht-Arzt durchgeführte Geistheilung überschreitet daher stets das vom Recht tolerierte Risiko. Sie lässt bereits im Zeitpunkt ihrer Vornahme den Erfolgseintritt befürchten, denn dass eine Heilbehandlung durch jemanden, der über keinerlei medizinische Ausbildung verfügt, zu (mittelbaren) medizinischen Komplikationen führen kann, ist absehbar. Mittelbare Schädigungen und Verletzungen sind

---

499 *Nimmervoll*, in: Leukauf/Steininger, § 80 Rn. 2.

500 H.M., so beispielsweise *Burgstaller*, in: Wiener Kommentar, § 80 Rn. 7; *Fabrizy*, § 75 Rn. 2; *Kienapfel/Schroll*, Strafrecht BT I, Vorbemerkungen zu §§ 75 ff Rn. 9; *Moos*, in: Wiener Kommentar, Vorbemerkungen zu §§ 75 – 79, Rn. 8.

501 *Burgstaller*, in: Wiener Kommentar, § 80 Rn. 11; *Burgstaller/Schütz*, in: Wiener Kommentar, § 88 Rn. 9; *Nimmervoll*, in: Leukauf/Steininger, § 80 Rn. 4; *ders.* in: Leukauf/Steininger, § 88 Rn. 3.

502 *Burgstaller/Schütz*, in: Wiener Kommentar, § 88 Rn. 9.

503 *Burgstaller*, in: Wiener Kommentar, § 80 Rn. 13; *Nimmervoll*, in: Leukauf/Steininger, § 80 Rn. 2; *ders.* in: Leukauf/Steininger, § 88 Rn. 3.

auch nicht weniger beachtenswert oder problematisch als unmittelbare. Daher ist die Geistheilung bereits ein objektiv sorgfaltswidriges Verhalten.

Für die objektive Zurechenbarkeit ist eine spezifische normative Verknüpfung des objektiv sorgfaltswidrigen Verhaltens mit dem jeweiligen Erfolg erforderlich. Verhalten und Erfolg müssen zunächst im Kausalzusammenhang im Sinne der Äquivalenztheorie stehen. Eine Begrenzung der sehr weit gefassten Kausalität im Sinne der Äquivalenztheorie wird durch die Kriterien des Adäquanz- sowie des Risikozusammenhangs erreicht.[504]

Es ist im Einzelfall zu prüfen, ob die Geistheilung adäquat kausal für den Erfolgseintritt war und ob der Risikozusammenhang besteht.

Wird ein objektiver Sorgfaltsverstoß auf ein Unterlassen gestützt, so ist ein dahingehender (Quasi)Kausalzusammenhang erforderlich, dass die unterlassene Handlung den eingetretenen Tod mit an Sicherheit grenzender Wahrscheinlichkeit abgewendet hätte[505]. Letzteres kann bei der Geistheilung besonders relevant sein.

(2) Besonderheiten aufgrund heilender Tätigkeit

Für ärztliche Heiltätigkeiten gelten im Rahmen einer möglichen Strafbarkeit wegen fahrlässiger Körperverletzung gemäß § 88 öStGB sowie wegen fahrlässiger Tötung gemäß § 80 StGB Besonderheiten.

Im österreichischen Recht ist der Tatbestand einer Körperverletzung zu verneinen, sofern ein ärztlicher Heileingriff medizinisch indiziert ist und kunstgerecht ausgeführt wird. Die Strafbarkeit eines Arztes wegen Körperverletzung im Rahmen einer Heilbehandlung ist nur möglich, wenn keine medizinische Indikation vorliegt und/oder der Heileingriff nicht sachgerecht und sorgfaltsgemäß vorgenommen wird. Dem Arzt muss folglich ein objektiv sorgfaltswidriges Verhalten vorzuwerfen sein, das zu einem Behandlungsfehler im Sinne von Schäden an Körper oder Gesundheit des Patienten geführt haben muss. Wird die Behandlung aber von einem Heilungswillen getragen und nach Regeln der medizinischen Wissenschaft und ärztlichen Kunst ausgeführt, lässt dies schon den Tatbestand der Körperverletzung entfallen.[506]

---

504 *Burgstaller*, in: Wiener Kommentar, § 80 Rn. 65; *Burgstaller/Schütz*, in: Wiener Kommentar, § 88 Rn. 14; *Nimmervoll*, in: Leukauf/Steininger, § 88 Rn. 4, 12.

505 *Burgstaller*, in: Wiener Kommentar, § 6 Rn. 62.

506 *Tipold*, in: Aigner/Kletečka/Kletečka-Pulker/Memmer, Handbuch Medizinrecht Kap. II.2.2.1, S. II/35.

Auch im Rahmen einer möglichen Strafbarkeit wegen fahrlässiger Tötung gemäß § 80 öStGB ist für den Fall, dass aus einem ärztlichen Heileingriff der Tod eines Patienten resultiert, die Kunstgerechtheit des Heileingriffs entscheidend[507]. Bei der Beurteilung, ob dem Arzt ein objektiv sorgfaltswidriges Verhalten vorzuwerfen ist, sind vor allem die anerkannten Regeln der ärztlichen Kunst und der medizinischen Wissenschaft sowie der Vergleich mit dem gewissenhaften, einsichtigen und pflichtgetreuen, der Situation entsprechend ausgebildetem (Fach-) Arzt heranzuziehen[508].

Aufgrund dieser für den ärztlichen Heileingriff geltenden Besonderheiten ist zu erörtern, ob für die Geistheilung ebenfalls Besonderheiten gelten.

Allerdings umfasst der Begriff des Heileingriffs nur Eingriffe und sonstige Behandlungen, die aufgrund medizinischer Indikation vorgenommen werden um Krankheiten, Leiden, Körperschäden, körperliche Beschwerden oder seelische Störungen zu erkennen, zu heilen, zu lindern oder zu verhindern. Derartige Eingriffe und Behandlungen sind jedoch gemäß §§ 2 Absatz 2, 3 Absatz 4 öÄrzteG grundsätzlich den Ärzten vorbehalten. Eine sachgerechte Ausführung eines Heileingriffs im Rechtssinne durch den Geistheiler ist daher nicht möglich.[509]

Daher ist die Anwendung der im Rahmen der fahrlässigen Körperverletzung gemäß § 88 öStGB geltenden Besonderheiten der ärztlichen Heileingriffe auf die Geistheilung abzulehnen. Da der Geistheilung im österreichischen (Straf-)Recht insgesamt Einhalt geboten wird und die Geistheilung pönalisiert wird, können für den Geistheiler keine Besonderheiten hinsichtlich des objektiven Sorgfaltsmaßstabs im Rahmen der möglichen Strafbarkeit wegen fahrlässiger Körperverletzung gemäß § 80 öStGB gelten.

Führt die Geistheilung daher vom Geistheiler ungewollt zu einer Gesundheitsschädigung oder Körperverletzung im Sinne des § 88 öStGB oder zum Tod des Klienten, besteht die Möglichkeit der Strafbarkeit des Geistheilers wegen fahrlässiger Körperverletzung beziehungsweise fahrlässiger Tötung.

(3) Subjektive Fahrlässigkeitsschuld

Darüber hinaus muss den Geistheiler zur Erfüllung beider Fahrlässigkeitsstraftatbestände jeweils eine Fahrlässigkeitsschuld treffen[510]. Diese

---

507 *Burgstaller*, in: Wiener Kommentar, § 80 Rn. 53.

508 *Tipold*, in: Aigner/Kletečka/Kletečka-Pulker/Memmer, Handbuch Medizinrecht, Kap. II.2.2.1, S. II/35.

509 *Obrecht*, Die Klienten der Geistheiler, S. 174 f.

510 *Burgstaller*, in: Wiener Kommentar, § 80 Rn. 98; *Nimmervoll*, in: Leukauf/Steininger, § 80 Rn. 32; *ders.* in: Leukauf/Steininger, § 88 Rn. 8.

Fahrlässigkeitsschuld teilt sich in die Kernelemente der subjektiven Sorgfaltswidrigkeit und der Zumutbarkeit objektiv sorgfaltsgemäßen Verhaltens auf[511]. Bei der Beurteilung der Fahrlässigkeitsschuld ist das Leistungsvermögen des jeweiligen Täters zum konkreten Tatzeitpunkt entscheidend[512].

Der Geistheiler muss zum Zeitpunkt der Tat geistig und körperlich fähig gewesen sein, die an ihn gestellten objektiven Sorgfaltsanforderungen zu erkennen und zu erfüllen, sich folglich objektiv sorgfaltsgemäß zu verhalten[513]. Bei der Beurteilung dieses Sachverhalts ist eine individuelle Betrachtung des Geistheilers erforderlich, sodass geistige oder körperliche Mängel sowie Verstandes- oder Erfahrungslücken zu beachten sind, weil sie die subjektive Sorgfaltswidrigkeit gegebenenfalls ausschließen können. Es gilt ein objektiviert-subjektiver Maßstab: Zwar ist der Geistheiler selbst persönlich und individuell maßgebend, aber sein persönliches Können ist insofern zu beurteilen, als dass zu überlegen ist, ob eine Vergleichsperson, die im Hinblick auf Lebensalter, Intelligenz und Kenntnissen dem Geistheiler gleichzusetzen ist, an seiner Stelle und in seiner Lage fähig gewesen wäre, den Anforderungen an die innere und äußere Sorgfalt zu genügen. Grundsätzlich indiziert das Vorliegen einer objektiven Sorgfaltsverletzung allerdings das Vorliegen einer subjektiven Sorgfaltsverletzung.[514] Eine nähere Prüfung erfolgt daher nur in Ausnahmefällen. Infolgedessen ist grundsätzlich davon auszugehen, dass den Geistheiler, wenn ihm eine objektive Sorgfaltspflichtverletzung vorzuwerfen ist, auch eine subjektive Sorgfaltsschuld trifft. Im besonderen Fall der sogenannten Einlassungs- oder Übernahmefahrlässigkeit muss zudem für den Sorgfaltsmangel eingestanden werden, wenn eine ein spezielles Wissen oder Können voraussetzende Tätigkeit zugesagt und es versäumt wurde, sich diese erforderlichen Fähigkeiten anzueignen, sofern es erkennbar war, dass den Anforderungen der übernommenen Tätigkeit nicht genügt wird[515]. Weiterhin ist für die subjektive Zurechnung des Erfolgs entscheidend, ob der Kausalverlauf subjektiv vorhersehbar war: Der Geistheiler muss vorhersehen haben können, dass der Erfolg so zustande kommen wird, wie es den Anforderungen des Adäquanz- und Risikozusammenhangs entspricht[516]. In

511 *Huber*, in: Leukauf/Steininger, § 6 Rn. 14.

512 *Huber*, in: Leukauf/Steininger, § 6 Rn. 19.

513 *Burgstaller*, in: Wiener Kommentar, § 6 Rn. 84; *Huber*, in: Leukauf/Steininger, § 6 Rn. 15.

514 *Huber*, in: Leukauf/Steininger, § 6 Rn. 15.

515 *Huber*, in: Leukauf/Steininger, § 6 Rn. 16.

516 *Burgstaller*, in: Wiener Kommentar, § 6 Rn. 96 f.

aller Regel wird die subjektive Zurechnung ebenfalls bereits durch die objektive Zurechnung indiziert[517]. Daher ist in den Fällen der Geistheilung bei Vorliegen der objektiven Zurechenbarkeit vom Vorliegen der subjektiven Zurechenbarkeit auszugehen.

Darüber hinaus muss die Zumutbarkeit des objektiv sorgfaltsgemäßen Verhaltens zu bejahen sein. Für den Geistheiler muss es zumutbar gewesen sein, die objektiv gebotene und ihm persönlich mögliche Sorgfalt walten zu lassen in der jeweiligen Situation[518]. Das beurteilt sich danach, ob von einem in Hinblick auf die physische und kognitive Beschaffenheit mit dem Geistheiler vergleichbaren Menschen, der die gleichen rechtlichen Werte teilt, erwartet werden kann, sich den objektiven Sorgfaltsanforderungen entsprechend zu verhalten[519].

Es muss daher im Einzelfall untersucht werden, ob es dem Geistheiler möglich und zumutbar war, den tatbestandlichen Erfolg abzuwenden.

(4) Rechtfertigungsgrund der Einwilligung

Wie schon im Rahmen der Strafbarkeit wegen fahrlässiger Körperverletzung nach deutschem Recht kommt im österreichischen Recht eine Rechtfertigung durch Einwilligung des Klienten in Betracht. Das ist bereits an § 90 öStGB erkennbar. Teilweise wird dafür allerdings vorausgesetzt, dass nicht lediglich in die gefährdende Handlung, sondern tatsächlich in die Verletzung eingewilligt wird.[520]

Eine Einwilligung des Klienten kann die Strafbarkeit des Geistheilers wegen fahrlässiger Körperverletzung ausschließen.

(5) Problematik der Risikoerhöhung gegenüber rechtmäßigem Alternativverhalten

Der Klient eines Geistheilers hätte häufig auch bei Durchführung einer nach dem ärztlichen Standard erfolgten schulmedizinischen Heilbehandlung keine Aussicht auf Heilung oder Leidenslinderung gehabt, sodass der Eintritt des Todes unausweichlich war. Die Geistheilung wird vielfach als letzten Versuch

---

517 *Burgstaller*, in: Wiener Kommentar, § 6 Rn. 91, 98.

518 *Huber*, in: Leukauf/Steininger, § 6 Rn. 20.

519 *OGH*, Entscheidung vom 22.9.1981, Az. 9 Os 115/81, zitiert nach RDB; *OGH*, Entscheidung vom 30.5.1985, Az. 12 Os 46/85, in: ZVR 1986/53; *Burgstaller*, in: Wiener Kommentar, § 6 Rn. 100.

520 *Burgstaller/Schütz*, in: Wiener Kommentar, § 88 Rn. 15.

zur Heilung in Anspruch genommen, wenn die Schulmedizin ihnen keine Lösung mehr bietet.

Diese Problematik wird im österreichischen Strafrecht unter dem Stichwort der Risikoerhöhung gegenüber rechtmäßigem Alternativverhalten diskutiert. Zu erörtern ist, ob die objektive Zurechenbarkeit eines Erfolgs nicht entfallen muss, wenn der Erfolg auch bei rechtmäßigem Verhalten des Geistheilers eingetreten wäre[521]. Entscheidend ist der Grad der Risikoerhöhung, der untrennbar mit der Wahrscheinlichkeit des Erfolgseintritts verbunden ist: Je höher die Wahrscheinlichkeit ist, dass der Erfolg auch bei sorgfaltsgemäßem aktivem Verhalten eingetreten wäre, je geringer folglich die Risikoerhöhung ist, desto eher ist die objektive Zurechnung zu verneinen. Wäre der Erfolg bei sorgfaltsgemäßem Verhalten nicht eingetreten, liegt dementsprechend eine ganz erhebliche Risikoerhöhung vor, ist die objektive Zurechenbarkeit zu bejahen. Wäre der Erfolg bei sorgfaltsgemäßen Verhalten aber mit an Sicherheit grenzender Wahrscheinlichkeit gleichfalls eingetreten, ist die objektive Zurechenbarkeit zu verneinen.[522]

In den Fällen, in denen auch bei rechtmäßigem Alternativverhalten die Möglichkeit eines Erfolgseintritts besteht oder der Erfolg zumindest in geringerer Art und Weise eingetreten wäre, ist die Offensichtlichkeit der Risikoerhöhung entscheidend. War es zweifellos und offenkundig für jedermann erkennbar und ist es daher konkret nachweisbar, dass das Risiko eines Erfolgseintritts durch das sorgfaltswidrige Verhalten im Vergleich zum sorgfaltsmäßigen Verhalten höher war, ist die objektive Zurechenbarkeit zu bejahen.[523]

Führt der Geistheiler eine rein nicht-invasive Geistheilung bei einem schulmedizinisch austherapierten Klienten durch, dessen Tod unausweichlich ist, scheitert die Strafbarkeit des Geistheilers wegen fahrlässiger Tötung gemäß § 80 StGB an der mangelnden objektiven Zurechenbarkeit des Erfolgseintritts. Denn auch wenn sich der Geistheiler rechtmäßig verhalten hätte, wenn er folglich keine Geistheilung durchgeführt hätte, wäre der tatbestandliche Erfolg des Todeseintritts eingetreten. Die Geistheilung hat dann das Risiko eines (un)mittelbaren Erfolgseintritts nicht erhöht.

---

521 *Nimmervoll*, in: Leukauf/Steininger, § 80 Rn. 26.

522 *Nimmervoll*, in: Leukauf/Steininger, § 80 Rn. 27.

523 *OLG Wien*, Entscheidung vom 16.09.1980, Az. 23 Bs 323/80, in: ZVR 1981/134; *OGH*, Entscheidung vom 14.01.1982, Az. 12 Os 165/81, in: ZVR 1983/93; *OLG Wien*, Entscheidung vom 17.10.1983, Az. 21 Bs 420/83, in: ZVR 1984/282; *OGH*, Entscheidung vom 05.04.1984, Az. 12 Os 37/74, in: ÖJZ-LSK 1984/125 (Ls.); *OLG Wien*, Entscheidung vom 30.10.1984, Az. 25 Bs 437/84, in: ZVR 1985/116; *OGH*, Entscheidung vom 22.09.1988, Az. 13 Os 92/88, RIS-Justiz RS0089201, zitiert nach RDB.

b) Straflosigkeitsgründe im Rahmen der fahrlässigen Körperverletzung gemäß § 88 Absatz 2 öStGB

Im Rahmen des Straftatbestands der fahrlässigen Körperverletzung sind in § 88 Absatz 2 öStGB schließlich verschiedene Gründe enthalten, die eine Straflosigkeit begründen. Der Anwendungsbereich der Straflosigkeitsgründe des § 88 Absatz 2 öStGB ist dabei auf das Grunddelikt des § 88 Absatz 1 öStGB beschränkt. Sofern eine Qualifikation des § 88 Absatz 3 oder 4 gegeben ist, ist die Straflosigkeit gemäß § 88 Absatz 2 daher ausgeschlossen.[524]

Grunderfordernis der jeweiligen Straflosigkeitsgründe ist, dass den Geistheiler kein schweres Verschulden trifft. Schweres Verschulden bezeichnet dabei einen qualifizierten Fahrlässigkeitsgrad, der über eine mehr als geringfügige Fahrlässigkeit hinausgeht und eine mehr als durchschnittliche Fahrlässigkeit meint, eine „auffallende und ungewöhnliche“[525] Fahrlässigkeit.[526] Dem Geistheiler darf keine überdurchschnittliche, auffallende Sorglosigkeit zur Last fallen. Der Eintritt des Schadens darf für ihn nicht als geradezu wahrscheinlich vorhersehbar gewesen sein.[527]

Ob den Geistheiler ein schweres Verschulden trifft, hängt vom gesamten, in seiner Tat verwirklichten Handlungs- und Gesinnungsunwert ab. Bei der Beurteilung ist eine übergreifende Gesamtbewertung vorzunehmen[528]. Dabei ist eine Aufteilung in die Unrechtskomponente sowie die Schuldkomponente empfehlenswert[529].

Im Rahmen der Unrechtskomponente setzt ein schweres Verschulden zunächst voraus, dass der dem Geistheiler zu Last gelegte objektive Sorgfaltsverstoß als solcher auffallend und ungewöhnlich ist. Das ist konkret zu beurteilen.[530] Als Kriterien dienen der Wahrscheinlichkeitsgrad, mit dem das zu beurteilende Verhalten einen Personenschaden vermuten ließ, sowie die Schwere des drohenden Erfolgs. Daneben sind sozialer Wert und soziale Üblichkeit des riskanten Verhaltens, Zahl und Gewicht der jeweils verletzten Pflichten sowie Größe des Aufwands zu berücksichtigen, der konkret erforderlich gewesen wäre, um den gesetzten Sorgfaltsverstoß zu vermeiden.[531]

---

524 *Burgstaller/Schütz*, in: Wiener Kommentar, § 88 Rn. 17.
525 *Burgstaller/Schütz*, in: Wiener Kommentar, § 88 Rn. 19.
526 *Burgstaller/Schütz*, in: Wiener Kommentar, § 88 Rn. 18 f.
527 *Nimmervoll*, in: Leukauf/Steininger, § 88 Rn. 11.
528 *Burgstaller/Schütz*, in: Wiener Kommentar, § 88 Rn. 20.
529 *Burgstaller/Schütz*, in: Wiener Kommentar, § 88 Rn. 21 f.
530 *Burgstaller/Schütz*, in: Wiener Kommentar, § 88 Rn. 22.
531 *Burgstaller/Schütz*, in: Wiener Kommentar, § 88 Rn. 23.

Im Hinblick auf die Schuldkomponente des schweren Verschuldens sind die genauen Anforderungen unklar. Gefordert wird ein „zumindest [..] mittleres, durchschnittliches Ausmaß an Schuldunwert im engeren Sinne“[532]. Damit ist nicht gemeint, dass es ausreicht, wenn das in Rede stehende Verhalten eine das durchschnittliche Maß an Sorglosigkeit übertreffende Fahrlässigkeit aufweist. Vielmehr liegt – selbst wenn die Unrechtskomponente verwirklicht wurde – kein schweres Verschulden vor, „wenn die Umstände des konkreten Falls das Ausmaß der persönlichen Vorwerfbarkeit des gesetzten Sorgfaltsverstoßes nicht bloß unerheblich herabsetzen“[533]. Handelt der Geistheiler folglich auffallend und ungewöhnlich, mithin in besonderem Maße fahrlässig, so scheidet eine Straflosigkeit bereits von vornherein aus.

Allerdings müssen für die Straflosigkeit des Geistheilers zusätzlich zum fehlenden schweren Verschulden weitere Voraussetzungen erfüllt sein.

So setzt der Straflosigkeitsgrund des § 88 Absatz 2 Nummer 2 öStGB voraus, dass aus der Tat weder eine Gesundheitsschädigung noch eine Berufsunfähigkeit von mehr als vierzehntägiger Dauer resultiert. Führt die Geistheilung folglich zu einer objektiv sorgfaltswidrigen Körperverletzung oder Gesundheitsschädigung und ist dies dem Geistheiler zurechenbar, kann sein Handeln gemäß § 88 Absatz 2 Nummer 2 öStGB straflos sein, wenn den Geistheiler kein schweres Verschulden trifft und die Gesundheitsschädigung oder eine Berufsunfähigkeit nicht länger als vierzehn Tage dauert.

Der Straflosigkeitsgrund des § 88 Absatz 2 Nummer 3 öStGB hingegen kann bei dem Geistheiler nicht zur Anwendung kommen. Er setzt voraus, dass kein schweres Verschulden vorliegt, der Täter Angehöriger eines gesetzlich geregelten Gesundheitsberufs ist und die Gesundheitsschädigung in Ausübung seines Berufs zugefügt wird. Dieser Straflosigkeitsgrund kann insbesondere für Ärzte, Psychotherapeuten, medizinische Masseure etc. greifen, da diese Gesundheitsberufe gesetzlich geregelt sind[534]. Ein Geistheiler ist jedoch kein Angehöriger eines gesetzlich geregelten Gesundheitsberufs. Der Straflosigkeitsgrund des § 88 Absatz 2 Nummer 3 öStGB kann daher keine Anwendung finden.

Eine fahrlässig herbeigeführte Körperverletzung kann für den Geistheiler daher nur dann gemäß § 88 Absatz 2 öStGB straflos sein, wenn ihn kein schweres Verschulden trifft und aus seinem Handeln keine Gesundheitsschädigung

---

532 *Burgstaller/Schütz*, in: Wiener Kommentar, § 88 Rn. 24.
533 *Burgstaller/Schütz*, in: Wiener Kommentar, § 88 Rn. 25.
534 *Nimmervoll*, in: Leukauf/Steininger, § 88 Rn. 16a.

beziehungsweise Berufsunfähigkeit des Klienten von mehr als vierzehn Tagen resultiert.

c) *Qualifikationen im Rahmen der fahrlässigen Körperverletzung gemäß § 88 Absatz 3, 4 öStGB*

§ 88 Absatz 3 und 4 öStGB beinhalten schließlich Qualifikationen.

Die Qualifikation nach Absatz 3 ist gegeben, wenn die nicht-schwere Körperverletzung des § 88 Absatz 1 öStGB grob fahrlässig oder in dem in § 81 Absatz 2 öStGB bezeichneten Fall begangen wurde.

§ 81 Absatz 2 öStGB regelt die Situation, in der sich der Täter vor der Tat durch ein berauschendes Mittel in einen Rauschzustand versetzt hat und dieser die Zurechnungsfähigkeit ausschließt, obwohl es vorhersehbar war, dass die von ihm auszuführende Tätigkeit in diesem Zustand eine Gefahr bedeuten könnte. Diese Variante des Qualifikationstatbestands bleibt bei der vorliegenden Untersuchung mangels Relevanz außer Acht.

Für eine Qualifikation des § 88 Absatz 1 öStGB ist eine grobe Fahrlässigkeit[535] erforderlich. Gemäß § 6 Absatz 3 öStGB liegt eine solche vor, wenn das Verhalten des Täters besonders und auffallend sorgfaltswidrig ist und die Erfüllung eines gesetzlichen Tatbestands aufgrund der Art und Weise der Handlung geradezu wahrscheinlich vorhersehbar ist. Besonders und auffallend sorgfaltswidrig ist ein Verhalten, das das übliche Maß einer alltäglich stetig mitschwingenden Fahrlässigkeit massiv übersteigt[536]. Die Beurteilung erfolgt durch eine Gesamtbetrachtung der Art und Weise des Verhaltens, wobei die jeweiligen Begleitumstände zu berücksichtigen sind[537]. Die Verwirklichung der Gefahr für das jeweilige Rechtsgut muss schon aufgrund der so besonders und auffallend sorgfaltswidrigen Art der Ausführung wahrscheinlich sein[538]. Ein besonders sorgfaltswidriges Verhalten des Geistheilers ist möglich, insbesondere wenn ein Extremfall der Geistheilung vorliegt, beispielsweise der Geistheiler ein auch nur beginnendes Krebsgeschwür lediglich auspendelt. Darin kann eine grobe Fahrlässigkeit des Geistheilers zu sehen sein.

Die Qualifikation nach Absatz 4 Satz 1 findet Anwendung, wenn die nicht-schwere Körperverletzung des § 88 Absatz 1 öStGB eine schwere Körperverletzung

---

535 Einen Überblick über das österreichische Verständnis von grober Fahrlässigkeit bietet *Huber*, in: Leukauf/Steininger, § 6 Rn. 22 ff.

536 *OGH*, Beschluss vom 05.08.2003, Az. 7 Ob 170/03f, zitiert nach RDB.

537 *Huber*, in: Leukauf/Steininger, § 6 Rn. 25.

538 *Huber*, in: Leukauf/Steininger, § 6 Rn. 26.

im Sinne des § 84 Absatz 1 öStGB zur Folge hat. Das ist zu bejahen, wenn durch eine Misshandlung eines Körpers eines anderen fahrlässig eine länger als 24 Tage dauernde Gesundheitsschädigung oder Berufsunfähigkeit herbeigeführt wird oder wenn eine an sich schwere Verletzung oder Gesundheitsschädigung aus der nicht-schweren Körperverletzung resultiert. Diese Qualifikationsmöglichkeit kann ebenfalls durch den Geistheiler erfüllt werden.

Die Qualifikation nach Absatz 4 Satz 2 unterteilt sich wiederum in zwei Fälle. Im Wesentlichen stellen sie Kombinationen der schon genannten Qualifikationsvarianten dar. Während Fall 2, der verwirklicht wird, wenn eine Tat nach Absatz 3 eine schwere Körperverletzung im Sinne des § 84 Absatz 1 öStGB einer größeren Anzahl von Menschen nach sich zieht, bezogen auf die Fälle der Geistheilung keine Relevanz zukommt, ist die Verwirklichung des Qualifikationstatbestands des Fall 1 möglich. Dieser ist erfüllt, wenn die Tat nach Absatz 3 und somit folglich grob fahrlässig verwirklicht wird und eine schwere Körperverletzung im Sinne des § 84 Absatz 1 öStGB zur Folge hat.

d) Zwischenergebnis

Die Strafbarkeit des Geistheilers wegen fahrlässiger Körperverletzung gemäß § 88 öStGB sowie fahrlässiger Tötung gemäß § 80 öStGB ist möglich. Dies insbesondere, da die Durchführung einer Geistheilung aufgrund der Tatsache, dass Geistheilungen im österreichischen Recht strafbewehrt sind, als objektiv sorgfaltswidriges Verhalten anzusehen ist. Allerdings kann die Strafbarkeit des Geistheilers mangels objektiver Zurechenbarkeit des Erfolgs ausgeschlossen sein, wenn die Geistheilung nicht zu einer Risikoerhöhung geführt hat. Ist dies jedoch nicht der Fall, sind im Rahmen der Strafbarkeit wegen fahrlässiger Körperverletzung sowohl die Straflosigkeitsgründe des § 88 Absatz 2 öStGB als auch die Qualifikationen des § 88 Absatz 3, 4 öStGB zu beachten.

4. Fahrlässige Körperverletzung und fahrlässige Tötung durch Unterlassen

Die fahrlässige Körperverletzung und die fahrlässige Tötung können zudem durch Unterlassen begangen werden[539]. Daher ist die Strafbarkeit des Geistheilers wegen fahrlässiger Körperverletzung oder Tötung in der Tatbegehungsform des Unterlassens gemäß § 2 öStGB ebenfalls möglich. Demnach macht sich

539 *Burgstaller*, in: Wiener Kommentar, § 80 Rn. 13; *Nimmervoll*, in: Leukauf/Steininger, § 80 Rn. 2; *ders.* in: Leukauf/Steininger, § 88 Rn. 3.

strafbar, wer es unterlässt, einen gesetzlich mit Strafe bedrohten Erfolg abzuwenden, obwohl er dazu verpflichtet ist und sofern die Unterlassung der Verwirklichung des gesetzlichen Tatbilds durch ein Tun entspricht. Steht das Unterlassen eines Fahrlässigkeitsdelikts in Rede, so ist das Unrecht darin zu sehen, dass die Gefahr des Erfolgseintritts sorgfaltswidrig nicht abgewendet wird, folglich, dass der Garant nicht oder fehlerhaft handelt[540].

Unterlässt es der Geistheiler, seinen Klienten darauf hinzuweisen, dass sein Leiden eine (schul)medizinische Behandlung erfordert und tritt vom Geistheiler ungewollt der tatbestandliche Erfolg einer Körperverletzung oder des Todes des Klienten ein, kommt die Strafbarkeit des Geistheilers wegen fahrlässiger Körperverletzung oder fahrlässiger Tötung durch Unterlassen in Betracht.

Bezüglich der fahrlässigen Körperverletzung sowie der fahrlässigen Tötung durch Unterlassen können große Gemeinsamkeiten zwischen der deutschen und der österreichischen Rechtslage festgestellt werden. Daher erfolgt für die österreichische Rechtslage nur eine übersichtsartige Darstellung. Sich unterscheidende und relevante Aspekte werden jedoch ausführlich erörtert.

a) Erfolgsabwendungspflicht

Zunächst muss eine Situation gegeben sein, in der von dem Unterlassenden erwartet wird und die für ihn daher die Pflicht begründet, einzugreifen und den drohenden Erfolg abzuwenden. Eine solche Erfolgsabwendungspflicht entsteht erst dann, wenn die Gefahr des Erfolgseintritts besteht.[541]

Den Geistheiler trifft eine die Erfolgsabwendung begründende Pflicht insbesondere dann, wenn er hätte erkennen können und müssen, dass eine Heilbehandlung außerhalb seiner Expertise erforderlich ist, um den Erfolgseintritt einer Körperverletzung oder des Todes des Klienten abzuwenden. In solchen Fällen ist die Nichtabwendung der Gefahr als sorgfaltswidrig einzustufen.

b) Fahrlässiges Unterlassen einer gebotenen und möglichen Handlung

Weiterhin ist es erforderlich, dass der Täter eine gebotene Handlung fahrlässig nicht vornimmt, sondern unterlässt.

Für ein fahrlässiges Unterlassen muss der aufgrund einer tatbestandsmäßigen Situation zur Verhinderung des Erfolgs Verpflichtete die Situation sorgfaltswidrig verkennen. Es wird zwischen bewusster und unbewusster Fahrlässigkeit unterschieden: Bewusste Fahrlässigkeit liegt vor, wenn der Unterlassende die

---

540 *Hilf*, in: Wiener Kommentar, § 2 Rn. 141.

541 *Hilf*, in: Wiener Kommentar, § 2 Rn. 42.

Gefahr erkennt, aber darauf vertraut, dass sie sich ohne ein Eingreifen seinerseits nicht verwirklichen wird; unbewusste Fahrlässigkeit hingegen ist gegeben, wenn der Unterlassende die Gefahr nicht erkennt. Ein fahrlässiges Unterlassen liegt auch vor, wenn der Unterlassende nicht erkennt, dass Umstände vorliegen, die für ihn eine Garantenstellung begründen, denn die Garantenstellung umfasst nach österreichischem Recht nicht nur die Pflicht zum Eingreifen, sondern auch die Pflicht zum Bedenken, ob eine Situation besteht, die eine Erfolgsabwendungspflicht begründet. Zudem liegt ein fahrlässiges Unterlassen vor, wenn der Unterlassende hätte erkennen können und sollen, dass eine und welche Handlungsmöglichkeit besteht. Dies auch dann, wenn er irrig denkt, es sei ihm nicht möglich, einen Rettungsbeitrag zu leisten.[542]

Geboten ist jede Handlung, die „aufgrund des ex-ante-Urteils eines objektiven Beobachters in der jeweiligen tatbestandsmäßigen Situation, nach dem jeweiligen Delikt und dessen Schutzzweck zur möglichst raschen und sicheren Abwendung des Erfolgs erforderlich ist“[543]. Nimmt der Unterlassende einen Rettungsversuch vor, führt diesen allerdings sorgfaltswidrig lediglich mangelhaft aus, so liegt ebenfalls eine Missachtung der gebotenen Sorgfalt vor[544].

Der Geistheiler muss daher beispielsweise in bereits akuten Notsituationen den Rettungsdienst verständigen oder bei nicht akuten Fällen seinen Klienten dringlich auf die Notwendigkeit einer (schul)medizinischen Heilbehandlung hinweisen. Hingegen ist es nicht erforderlich, dass eine (schul)medizinische Behandlung dann einen Heilerfolg bringt.

Allerdings kann nur eine solche Handlung geboten sein, die dem Handlungspflichtigen nach seinen persönlichen Fähigkeiten tatsächlich möglich ist[545]. Bei der aus objektiver Sicht erfolgenden Prüfung der Handlungsmöglichkeiten sind die konkreten situativen Umstände des Einzelfalls (beispielsweise, ob erforderliche Hilfsmittel zur Verfügung stehen oder nicht) sowie die individuellen Kenntnisse und Fähigkeiten des Handlungspflichtigen zu berücksichtigen. Bezüglich letzterem ist insbesondere ein etwaiges medizinisch-gesundheitliches Fachwissen des Geistheilers von Bedeutung.[546] Eine Handlungsmöglichkeit besteht aber

542 *Hilf*, in: Wiener Kommentar, § 2 Rn. 143.

543 *Hilf*, in: Wiener Kommentar, § 2 Rn. 43.

544 *Hilf*, in: Wiener Kommentar, § 2 Rn. 143.

545 H.M., siehe nur *OGH*, Entscheidung vom 07.08.1990, Az. 14 Os 73/90, RIS-Justiz RS0089510, zitiert nach RDB; *Hilf*, in: Wiener Kommentar, § 2 Rn. 46; *Leukauf/Steininger*, § 2 Rn. 10 ff.

546 *Hilf*, in: Wiener Kommentar, § 2 Rn. 47.

überhaupt erst dann, wenn die Gefahr und die Rettungsmittel objektiv erkennbar sind[547].

Bei den Straftatbeständen der fahrlässigen Körperverletzung sowie der fahrlässigen Tötung durch Unterlassen handelt es sich nach österreichischem Recht und österreichischer Terminologie um unechte Unterlassungsdelikte. Diesbezüglich ist zwischen dem deutschen und dem österreichischen Strafrecht ein Unterschied festzustellen, der im Wesentlichen jedoch lediglich terminologische Auswirkung und Bedeutung hat: Im österreichischen Recht wird die Unterscheidung zwischen den unechten und den echten Unterlassungsdelikten anhand materieller Kriterien getroffen. Echte Unterlassungsdelikte sind demnach solche, die die Nichtvornahme eines gebotenen und möglichen aktiven Handelns mit Strafe bedrohen, ohne dass der Eintritt darüberhinausgehender Folgen zum Tatbild gehört. Unechte Unterlassungsdelikte fordern über die schlichte Nichtvornahme eines gebotenen und möglichen Tuns hinaus den Eintritt eines tatbildmäßigen Erfolgs. Den Täter trifft daher nicht nur eine bestimmte Handlungspflicht, sondern die besondere Pflicht, gerade den konkreten drohenden Erfolgseintritt abzuwenden.[548] Die fahrlässige Körperverletzung und die fahrlässige Tötung durch Unterlassen setzen den Eintritt eines Erfolgs voraus: Der Unterlassende ist gerade verpflichtet, den konkreten Erfolg der Körperverletzung oder des Todes eines anderen Menschen abzuwenden. Sie sind deshalb sogenannte unechte Unterlassungsdelikte.[549] Daher muss der tatsächliche, ursächliche und zurechenbare Eintritt des Erfolgs geprüft werden. Unterlassungskausalität sowie objektive Zurechnung müssen zu bejahen sein.[550] Insoweit kann auf die bereits getätigten Ausführungen verwiesen werden.

c) Garantenstellung

Auch im österreichischem Recht ist es – wie der Wortlaut des § 2 öStGB zeigt – für eine Unterlassensstrafbarkeit erforderlich, dass der Unterlassende eine Garantenstellung innehat und ihm daher eine Garantenpflicht zukommt[551].

---

547 *Hilf*, in: Wiener Kommentar, § 2 Rn. 49 mit Verweis auf *Steininger*, in: Salzburger Kommentar, § 2 Rn. 27; der *OGH* hingegen verlangt in seiner Entscheidung vom 07.08.1990, Az. 14 Os 73/90, dass „der Unterlassende die tatbestandsmäßige Situation kennt" um eine individuelle Handlungsfähigkeit bejahen zu können.

548 *Hilf*, in: Wiener Kommentar, § 2 Rn. 9.

549 *OGH*, Entscheidung vom 28.02.1995, Az. 14 Os 193/94, zitiert nach RDB; *Burgstaller*, in: Wiener Kommentar, § 80 Rn. 13; *Nimmervoll*, in: Leukauf/Steininger, § 88 Rn. 1.

550 *Hilf*, in: Wiener Kommentar, § 2 Rn. 9.

551 So auch *Hilf*, in: Wiener Kommentar, § 2 Rn. 68.

§ 2 öStGB schreibt vor, dass der Unterlassende aufgrund einer ihn im Besonderen treffenden Verpflichtung durch die Rechtsordnung zur Erfolgsabwendung verpflichtet sein muss. Im österreichischen Strafrecht wird dies als eine persönliche Erfolgsabwendungspflicht verstanden, die nicht für jedermann gilt, sondern gerade den Unterlassenden trifft[552]. Nach dem Wortlaut des § 2 öStGB muss es sich jedoch um eine im Gesetz oder der gesamten Rechtsordnung normierte oder im Wege der Gesetzes- oder Rechtsanalogie daraus ableitbare Rechtspflicht handeln, soweit das strafrechtliche Analogieverbot nicht entgegensteht[553]. Sonstige Pflichten, die sich aus der Gesellschaft ergeben oder moralischer Natur sind, sind nicht ausreichend[554]. Allerdings führt nicht jedes gesetzlich beziehungsweise in der Rechtsordnung normierte oder daraus ableitbare Handlungsgebot zu einer Garantenpflicht[555]. Ob durch eine Handlungspflicht eine persönliche Erfolgsabwendungspflicht entsteht und, falls ja, wie weit sie reicht, ist vielmehr im Wege der Auslegung unter Berücksichtigung des Inhalts und Schutzzwecks der jeweiligen Vorschrift zu prüfen[556]. Erforderlich ist eine über eine bloße Informations- oder Meldepflicht hinausgehende Obhuts- oder Überwachungspflicht[557]. Sie kann sich grundsätzlich aus Gesetz, Vertrag oder Ingerenz ergeben (sogenannte traditionelle formelle Rechtspflichtentrias). Für Ärzte ergibt sich eine solche Garantenpflicht aus der Handlungspflicht des § 49 öÄrzteG[558]. Eine vergleichbare gesetzlich normierte Garantenpflicht gibt es für den Geistheiler, da die Geistheilung nach der hier vertretenen Auffassung gemäß § 184 öStGB strafbar sein kann, selbstredend nicht. Allerdings kann eine eine Garantenpflicht begründende Schutzfunktion gegenüber einer gefährdeten Person aufgrund eines Vertrags freiwillig übernommen werden, sofern eine tatsächliche Übernahme im Sinne eines Antritts der vertraglich vereinbarten Verpflichtung erfolgt[559].

Daher ist zu untersuchen, ob der Geistheiler mit Abschluss eines Vertrags über die Geistheilung und/oder mit Beginn selbiger eine Garantenpflicht übernimmt. Für die Bejahung einer Garantenpflicht ist weder der tatsächliche

552 *Hilf*, in: Wiener Kommentar, § 2 Rn. 70.

553 *Hilf*, in: Wiener Kommentar, § 2 Rn. 71.

554 H.M., siehe nur *Hilf*, in: Wiener Kommentar, § 2 Rn. 72 m.w.N. aus Rspr. und Lit.

555 *Hilf*, in: Wiener Kommentar, § 2 Rn. 75.

556 *OGH*, Entscheidung vom 14.03.1983, Az. 11 Os 23/83, RIS-Justiz RS0089239, zitiert nach RDB.

557 *Hilf*, in: Wiener Kommentar, § 2 Rn. 76.

558 *Hilf*, in: Wiener Kommentar, § 2 Rn. 88.

559 *Hilf*, in: Wiener Kommentar, § 2 Rn. 91; *Stricker*, in: Leukauf/Steininger, § 2 Rn. 21.

Abschluss eines Vertrags noch dessen Rechtsgültigkeit entscheidend, sondern vielmehr die durch die tatsächliche Aufnahme der Geistheilung begründete Nähebeziehung[560]. Die aufgrund des in Österreich geltenden Arztvorbehalts und der Strafbarkeit der Kurpfuscherei gemäß § 184 öStGB zu bejahende zivilrechtliche Unwirksamkeit des zwischen dem Geistheiler und seinem Klienten geschlossenen Vertrages steht einer Garantenpflicht des Geistheilers aus Vertrag daher nicht entgegen. In der Regel ist die erforderliche Nähebeziehung zwischen dem Geistheiler und seinem Klienten anzunehmen.

Daher ist eine Garantenstellung des Geistheilers nach österreichischem Recht im Regelfall zu bejahen. Zu beachten ist auch, dass es nicht relevant ist, ob die Geistheilung entgeltlich übernommen wurde oder nicht.[561] Selbst wenn der Geistheiler keine Honorarzahlung verlangt, wird eine Garantenpflicht begründet.

Der Umfang der Garantenpflicht bestimmt sich nach dem Inhalt des Vertrags und den dadurch übernommenen Schutz- oder Überwachungspflichten[562]. Bei der Frage, welche Gefahren abzuwenden sind, kann im Rahmen der Unterlassungsfahrlässigkeit auf die zu beachtende Sorgfaltspflicht zurückgegriffen werden[563].

Im österreichischen Recht entfällt die Gefahrabwendungspflicht jedoch, wenn der Träger des gefährdeten Rechtsguts auf Hilfe verzichtet beziehungsweise sich weigert, sich helfen oder retten zu lassen. Das gilt aber nur unter der Voraussetzung, dass der Gefährdete die Tragweite seines Verzichts abzuschätzen vermag und sich aus freiem Willen heraus zum Verzicht entschließt.[564] Ein Klient, der sich seines Leidens und des Erfordernisses einer (schul)medizinischen Behandlung bewusst ist und die mit einer alleinigen Geistheilung einhergehende Gefahr richtig einschätzen kann, befreit den Geistheiler daher von dessen persönlicher Gefahrabwendungspflicht. Das entspricht dem Gedanken der eigenverantwortlichen Selbstgefährdung.

d) Erfüllen weiterer Voraussetzungen

Anders als im deutschen Strafrecht findet das Gleichwertigkeitskorrektiv im österreichischen Strafrecht mitunter auch bei reinen Erfolgsdelikten

---

560 *Hilf*, in: Wiener Kommentar, § 2 Rn. 91 ff.

561 *Hilf*, in: Wiener Kommentar, § 2 Rn. 97; *Stricker*, in: Leukauf/Steininger § 2 Rn. 21.

562 *Hilf*, in: Wiener Kommentar, § 2 Rn. 96.

563 *Hilf*, in: Wiener Kommentar, § 2 Rn. 142.

564 *Hilf*, in: Wiener Kommentar, § 2 Rn. 146.

Anwendung[565]. Die Gleichwertigkeit ist daher im Einzelfall zu prüfen. In der Regel wird sie jedoch zu bejahen sein.

Bezüglich des Erfordernisses von Rechtswidrigkeit und Schuld wird auf die bereits getätigten Ausführungen verwiesen.

e) Zwischenergebnis

Die Strafbarkeit des Geistheilers wegen fahrlässiger Körperverletzung beziehungsweise fahrlässiger Tötung durch Unterlassen gemäß § 2 öStGB ist möglich. Die erforderliche Garantenstellung des Geistheilers ist wegen der durch die tatsächliche Aufnahme der Geistheilung begründeten Nähebeziehung regelmäßig zu bejahen.

5. Weitere mögliche Strafbarkeiten nach dem öStGB

Neben den bereits ausgeführten (möglichen) Strafbarkeiten des Geistheilers kommen weitere, dem deutschen Strafrecht teilweise ähnliche Tatbestände des österreichischen Strafrechts in Betracht.

a) Sachwucher gemäß § 155 öStGB

Der Straftatbestand des Sachwuchers gemäß § 155 öStGB stellt das gewerbsmäßige Ausbeuten der Zwangslage, des Leichtsinns, der Unerfahrenheit oder des Mangels an Urteilsvermögen eines anderen dadurch unter Strafe, dass der Täter sich oder einem Dritten für eine Ware oder eine andere Leistung einen in einem auffallenden Missverhältnis zum Wert der eigenen Leistung stehenden Vermögensvorteil versprechen oder gewähren lässt.

Es darf sich zunächst nicht um einen Fall des Geldwuchers im Sinne des § 154 öStGB handeln. Der Sachwucher gemäß § 155 öStGB ist subsidiär zum Geldwucher gemäß § 154 öStGB und erfasst alle entgeltlichen Rechtsgeschäfte, die nicht der Befriedigung eines Geldbedürfnisses dienen[566]. Gesetzlich verbotene Geschäfte unterfallen ebenfalls der Norm[567]. Daher kann die Geistheilung als entgeltliches Rechtsgeschäft trotz Arztvorbehalts und gesetzlichen Verbots der Kurpfuscherei gemäß § 184 öStGB und gemäß § 199 Absatz 1 i.V.m. § 3

---

565 Eine Übersicht über die Diskussion des Anwendungsbereichs des Gleichwertigkeitskorrektivs im österreichischen Strafrecht bietet *Hilf*, in: Wiener Kommentar, § 2 Rn. 128 f.

566 *Flora*, in: Leukauf/Steininger, § 155 Rn. 2; *Kirchbacher/Presslauer*, in: Wiener Kommentar, § 155 Rn. 2.

567 *Kirchbacher/Presslauer*, in: Wiener Kommentar, § 155 Rn. 5.

Absatz 4 i.V.m. § 2 Absatz 2 öÄrzteG vom Tatbestand des Sachwuchers gemäß § 155 öStGB erfasst sein.

Ein Ausbeuten im Sinne der §§ 154, 155 öStGB liegt vor, wenn der Täter die Situation des Opfers aus Gewinnsucht bewusst ausnützt[568], wobei eine weitere, von besonderem Unwert gekennzeichnete Einstellung des Täters nicht erforderlich ist[569]. Bei der Auslegung der in § 155 Absatz 1 öStGB aufgezählten möglichen Schwächezuständen des Opfers bestehen weitgehende Übereinstimmungen mit dem deutschen Recht. Daher kann grundsätzlich auf die im Rahmen einer möglichen Strafbarkeit gemäß § 291 dStGB getätigten Ausführungen verwiesen werden. So wird die Zwangslage im Sinne der §§ 154, 155 öStGB im österreichischen Recht ebenfalls lediglich als wirtschaftliche Bedrängnis verstanden[570], sodass eine rein emotionale Zwangssituation nicht ausreicht. Die im österreichischen Recht anstelle der Opferlage der Willensschwäche genannte Opferlage des Leichtsinns liegt vor, wenn der Handelnde zwar um die Folgen seines Tuns weiß, die Bedeutung der konkreten Bedingungen aber unüberlegt oder aus Sorglosigkeit unterschätzt[571]. Ein Mangel an Urteilsvermögen im Sinne der §§ 154, 155 öStGB ist gegeben, wenn der Bewucherte die jeweiligen Leistungen und die mit dem Rechtsgeschäft einhergehenden Folgen nicht richtig bewerten kann und sich daher von aus ökonomischer Sicht unvernünftigen Beweggründen zum Abschluss des Rechtsgeschäfts bewegen lässt[572].

Befindet sich der Klient des Geistheilers in einer gesundheitlichen und emotionalen Bedrängnis und lässt er sich durch die Auswegslosigkeit dieser speziellen Situation nicht mehr von wirtschaftlich vernünftigen Beweggründen leiten, sieht er sich nicht mehr in der Lage, Leistung und Gegenleistung gegeneinander abzuwägen und zu bewerten und lässt er sich infolgedessen auf die Geistheilung gegen horrende Zahlung ein, kann ein durch die psychische Zwangssituation der

---

568 *OGH*, Entscheidung vom 15.02.1977, Az. 9 Os 185/76, in: ÖJZ-LSK 1977/117, zitiert nach RDB.

569 *Flora*, in: Leukauf/Steininger, § 154 Rn. 8, der die Rücksichtslosigkeit des Täters schon als im Begriff des Ausbeutens manifestiert ansieht; *Kirchbacher/Presslauer*, in: Wiener Kommentar, § 154 Rn. 4.

570 *OGH*, Entscheidung vom 18.08.1977, Az. 12 Os 106/77, RIS-Justiz RS0083537, zitiert nach RDB; *Flora*, in: Leukauf/Steininger, § 154 Rn. 9; *Kirchbacher/Presslauer*, in: Wiener Kommentar, § 154 Rn. 5.

571 *OGH*, Entscheidung vom 02.03.1978, Az. 12 Os 200/77, RIS-Justiz RS0016875, zitiert nach RDB.

572 *Flora*, in: Leukauf/Steininger, § 154 Rn. 12; *Kirchbacher/Presslauer*, in: Wiener Kommentar, § 154 Rn. 8.

gesundheitlichen Ausweglosigkeit ausgelöster Mangel an Urteilsvermögen des Klienten zum Abschluss des Rechtsgeschäfts der Geistheilung geführt haben. Dann kommt die Strafbarkeit des Geistheilers wegen Sachwuchers gemäß § 155 öStGB in Betracht. Die weiteren Tatbestandsmerkmale, das Versprechen- oder Gewährenlassen eines Vermögensvorteils, das auffallende Missverhältnis zwischen Vermögensvorteil und Wert der eigenen Leistung sowie das Vorliegen zumindest bedingten Vorsatzes und des Bewusstseins bezüglich des Ausbeutens und des Bestehens eines auffallenden Missverhältnisses, entsprechen dem Verständnis des deutschen Rechts und müssen für die Strafbarkeit des Geistheilers ebenfalls vorliegen.[573]

Bezüglich des erforderlichen auffallenden Missverhältnisses kann bei gesetzlich verbotenen Rechtsgeschäften die Problematik bestehen, dass für das illegale Geschäft kein objektiver Wert bezifferbar ist und daher das im Rahmen des § 155 öStGB erforderliche auffallende Missverhältnis nicht festgestellt werden kann[574]. Da das Missverhältnis sich anhand dessen bemisst, was im anständigen und redlichen Geschäftsverkehr üblich ist[575], sich also im Vergleich zu Angeboten der gleichen Art bestimmt und ein solcher Vergleich bezüglich Rechtsgeschäften mit Geistheilungen aufgrund der Vielfalt von Angeboten möglich ist, entsteht dieses Problem bei der Geistheilung nicht. Entscheidend ist, ob der Klient die Geistheilung kostenfrei oder erheblich günstiger hätte bekommen können[576].

Die Strafbarkeit des Geistheilers wegen Sachwucher gemäß § 155 öStGB ist daher möglich, wenn ein Geistheiler ein im Vergleich zu seinen Kollegen erheblich höheres Entgelt erhebt.

b) Verletzung von Berufsgeheimnissen gemäß § 121 Absatz 1 öStGB

Die Verletzung von Berufsgeheimnissen ist im österreichischen Recht in § 121 Absatz 1 öStGB unter Strafe gestellt. Danach macht sich strafbar, wer ein den Gesundheitszustand einer Person betreffendes Geheimnis offenbart oder verwertet, sofern das Geheimnis bei berufsmäßiger Ausübung eines gesetzlich geregelten Gesundheitsberufs oder bei berufsmäßiger Beschäftigung mit der Verwaltung einer Krankenanstalt, eines anderen Gesundheitsanbieters oder mit

---

573 Zur weiteren Lektüre siehe *Flora*, in Leukauf/Steininger, § 155 oder *Kirchbacher/Presslauer*, in: Wiener Kommentar, § 155.

574 *Kirchbacher/Presslauer*, in: Wiener Kommentar, § 155 Rn. 5.

575 *Kirchbacher/Presslauer*, in: Wiener Kommentar, § 155 Rn. 3.

576 *Flora*, in: Leukauf/Steininger, § 155 Rn. 3.

Aufgaben verschiedener Versicherungsbereiche anvertraut, bekannt oder zugänglich geworden ist und sofern die Offenbarung oder Verwertung geeignet ist, ein berechtigtes Interesse der Person zu verletzen, die die Tätigkeit in Anspruch genommen hat oder für die sie in Anspruch genommen worden ist.

Auch bei § 121 Absatz 1 öStGB handelt es sich um ein Sonderdelikt. Täter kann nur ein Angehöriger der genannten Personengruppen sein, die alle gegenwärtig und zukünftig gesetzlich geregelten Gesundheitsberufe erfassen sollen.[577] Für den Geistheiler trifft das nicht zu. Er gehört nicht zum Täterkreis des § 121 Absatz 1 öStGB. Die Strafbarkeit des Geistheilers wegen der Verletzung eines Berufsgeheimnisses gemäß § 121 Absatz 1 öStGB scheitert daher im österreichischen Recht – wie im deutschen Recht – an der mangelnden Täterqualität der Geistheiler.

Dies überzeugt ebenso wenig wie im deutschen Recht. Die Verschwiegenheit der Angehörigen solcher Berufe, die Wissen über höchstpersönliche Geheimnisse anderer erlangen, kann nicht davon abhängig gemacht werden, ob ihr Beruf gegenwärtig oder zukünftig gesetzlich geregelt ist beziehungsweise sein wird. Das insoweit Ausgeführte gilt gleichermaßen bezogen auf das österreichische Recht.

c) *Kein Straftatbestand des Missbrauchs von Titeln, Berufsbezeichnungen und Abzeichen im öStGB*

Einen Straftatbestand des Missbrauchs von Titeln, Berufsbezeichnungen und Abzeichen weist das öStGB nicht auf. Jedoch besteht mit § 199 Absatz 3 i.V.m. § 43 Absatz 2, 3, 4 oder 6 öÄrzteG eine verwaltungsrechtliche Strafbarkeitsnorm, die die unbefugte Berufsbezeichnung als Arzt unter Strafe stellt.

6. *Problematiken im Rahmen der möglichen Strafbarkeit von Geistheilern nach dem öStGB*

Ebenso wie im deutschen Strafrecht kommt es auch im österreichischen Strafrecht zu Problemen bei der Verfolgung möglicher Strafbarkeiten des Geistheilers.

a) *Soziokulturelle Problematiken*

Die soziokulturellen Probleme, wie sie schon im Rahmen der deutschen Rechtslage dargelegt wurden, treten in Österreich ebenfalls auf. Da die Geistheilung nach aktueller strafrechtlicher Judikatur in Österreich durch den Tatbestand der Kurpfuscherei gemäß § 184 öStGB mit Strafe bedroht ist, kann von einer

---

577 *Lewisch*, in: Wiener Kommentar, § 121 Rn. 3.

massiveren Problematik ausgegangen werden. Es ist mit einer höheren emotionalen Hürde zu rechnen, sich der Gesellschaft und den zuständigen Behörden gegenüber zu öffnen.

b) Relevanz des Tatbestands der Kurpfuscherei gemäß § 184 öStGB

Diese Annahme wird durch einen Blick in die Kriminalstatistiken im Hinblick auf den Straftatbestand der Kurpfuscherei gemäß § 184 öStGB gestützt: Während 2005 und 2009 jeweils lediglich eine Verurteilung ausgesprochen wurde, kam es in den Jahren 2006 bis 2008 und 2009 bis heute zu keiner weiteren Verurteilung mehr wegen des Straftatbestands der Kurpfuscherei gemäß § 184 öStGB[578]. Die geringen Fallzahlen erklären sich aus dem schon dargelegten soziokulturellen Problem des Offenbarungsschams und der Tatsache, dass Staatsanwaltschaften in den allermeisten Fällen auf eine Strafanzeige angewiesen sind, um Kenntnis von einer möglichen Straftat einer Kurpfuscherei gemäß § 184 öStGB zu erlangen. Es ist von einer höheren Dunkelziffer auszugehen. Das zeigt auch die Relevanz der Thematik in der Gesellschaft und den Medien.

c) Aspekt der eigenverantwortlichen Selbstgefährdung

Weiterhin ist der Aspekt der eigenverantwortlichen Selbstgefährdung zu beachten.

Eine eigenverantwortliche Selbstgefährdung ist im österreichischen Recht anzunehmen, wenn „zwar das Opfer selbst bewusst eine riskante Handlung vornimmt, die seine Gefährdung, Verletzung oder Tötung zur Folge hat, aber ein Dritter für die riskante Handlung mitursächlich wurde, indem er diese veranlasst, ermöglicht oder gefördert hat“[579]. Entscheidendes Merkmal ist daher die Tatherrschaft. Bei der eigenverantwortlichen Selbstgefährdung wird die gefährliche Handlung vom Opfer vorgenommen, das autonom über das Geschehen verfügt, und die gefährliche Handlung beispielsweise abbrechen kann[580]. Bei wem die Autonomie des Geschehens liegt ist eine Frage des Einzelfalls, die unter anderem

---

578 *Manhart*, in: Salzburger Kommentar, § 184 Rn. 7; alle Kriminalstatistiken der Jahre 2005 bis 2015 können eingesehen werden auf der Website der Bundesanstalt Statistik Österreich: http://www.statistik.at/web_de/statistiken/index.html, letzter Zugriff am 25.10.2020.

579 *OGH*, Entscheidung vom 12.06.2003, Az. 15 Os 68/03, RIS-Justiz RS0117714, zitiert nach RDB.

580 *Murschetz/Tangl*, Neue Beurteilungsmethoden zur Einschätzung der Lawinengefahr und Eigenverantwortlichkeit beim Tourengehen, in: ZVR 2002, 74 (84 f).

von der Verteilung des Wissens um das eingegangene Risiko beziehungsweise dessen richtige Einschätzung zwischen Geistheiler und Klient abhängt[581].

Da der Klient des Geistheilers die Behandlung jederzeit abbrechen kann, ist eine eigenverantwortliche Selbstgefährdung in der Regel anzunehmen – vorausgesetzt, Geistheiler und Klient können die Risiken einer Geistheilung im gleichen Maße einschätzen.

Nicht nur die Abgrenzung, auch die Folgen einer eigenverantwortlichen Selbstgefährdung ähneln im österreichischen Recht zunächst denen nach deutschem Recht. Unter Berücksichtigung des Prinzips der Eigenverantwortlichkeit entfällt die objektive Zurechnung bei der eigenverantwortlichen Selbstgefährdung. Das österreichische Recht setzt dabei allerdings voraus, dass den Täter keine Obhuts- oder Schutzpflicht in Bezug auf den sich selbst Gefährdenden trifft, die sich aus einer Rechtsvorschrift ebenso wie aus einem Vertrag oder der speziellen Situation ergeben kann. Außerdem darf die eine Gefahr begründende Handlung keinem gesetzlichen Verbot zuwiderlaufen.[582] Diese bereits im Rahmen der deutschen Rechtslage kritisierte und im Ergebnis abgelehnte Einschränkung der Straffreiheit überzeugt aus den bereits dargelegten Gründen bezogen auf das österreichische Recht ebenso wenig.

Können hingegen Klient und Geistheiler das Risiko nicht im gleichen Maße einschätzen, sondern hat der Geistheiler ein überlegenes Wissen und damit die Tatherrschaft inne, lässt dies die Strafbarkeit des Geistheilers in aller Regel nicht entfallen. Der Klient setzt sich in diesem Fall dem riskanten Handeln eines anderen aus. Der Geistheiler hat die dominierende Rolle inne, der Klient kann sein Handeln höchstens beschränkt steuern. Da er das Risiko somit nicht in der Hand hat, kann seine freiwillige Hingabe in die Gefährdung die bestehende Sorgfaltspflicht nicht ausschließen. Der Geistheiler handelt in diesen Fällen objektiv sorgfaltswidrig.[583] Die objektive Zurechnung ist in derartigen Fällen nur dann ausgeschlossen, wenn „der Gefährdete das Risiko im selben Maße übersieht wie der Gefährdende, wenn der Schaden die Folge des eingegangenen Risikos und nicht hinzukommender anderer Fehler [ist] […] und wenn der Gefährdete für das gemeinsame Tun dieselbe Verantwortung trägt wie der Gefährdende“[584].

---

581 *OGH*, Entscheidung vom 12.06.2003, Az. 15 Os 68/03, RIS-Justiz RS0117714, zitiert nach RDB.

582 *Steininger*, „Freiwillige Selbstgefährdung“ als Haftungsbegrenzung im Strafrecht, in: ZVR 1985, 97 ff., Punkt VI.

583 *Steininger*, „Freiwillige Selbstgefährdung“ als Haftungsbegrenzung im Strafrecht, in: ZVR 1985, 97 ff., Punkt VIII.

584 *OGH*, Entscheidung vom 12.06.2003, Az. 15 Os 68/03, zitiert nach RDB.

Das hat zur Folge, dass eine Fahrlässigkeitsstrafbarkeit des Geistheilers anders als nach deutschem Recht nach österreichischem Recht nicht mangels objektiver Zurechenbarkeit aufgrund der Annahme einer eigenverantwortlichen Selbstgefährdung des Klienten ausgeschlossen sein kann. Wie bereits erörtert trifft den Geistheiler zum einen gegenüber seinem Klienten eine Schutzpflicht ab Aufnahme der geistheilenden Tätigkeit, und zum anderen verstößt die Handlung der Geistheilung nach österreichischem Recht gegen gesetzliche Verbote. Selbst wenn eine eigenverantwortliche Selbstgefährdung im konkreten Fall anzunehmen ist, ist der tatbestandliche Erfolg dem Geistheiler objektiv zuzurechnen. Seine Strafbarkeit scheitert nicht an der Berücksichtigung des Prinzips der Eigenverantwortlichkeit.

7. Ergebnis zu möglichen Strafbarkeiten nach dem öStGB

Die mögliche Strafbarkeit des Geistheilers ist nach österreichischem Kernstrafrecht stets eine Einzelfallfrage.

Dabei schützt das öStGB weitreichender vor den Gefahren der Geistheilung als das dStGB. Das liegt vor allem am Straftatbestand der Kurpfuscherei gemäß § 184 öStGB. Dieser den in Österreich geltenden Arztvorbehalt strafrechtlich absichernde Straftatbestand schützt nicht nur Leib und Leben des Einzelnen und der Allgemeinheit vor den unmittelbaren und mittelbaren Gefahren der Geistheilung, sondern macht es zugleich unmöglich, Einzelne um hohe Summen zu erleichtern. Allerdings muss die weitere strafrechtliche Entwicklung hinsichtlich der Auslegung des Tatbestandsmerkmals der auf medizinisch-wissenschaftlichen Erkenntnisse beruhenden Tätigkeit abgewartet werden. Wünschenswert ist, dass der österreichischen wettbewerbsrechtlichen Judikatur, die für eine auf medizinisch-wissenschaftlichen Erkenntnissen beruhende Tätigkeit ein Mindestmaß an Rationalität fordert und so die Fälle der Geistheilung ausschließt, nicht gefolgt wird. Das Erfordernis eines Mindestmaßes an Rationalität wäre nicht nur mit dem Sinn und Zweck sowie der Entstehungsgeschichte des § 184 öStGB unvereinbar, sondern es würde eine Einschränkung des Schutzes der Allgemeinheit bedeuten. Solange § 184 öStGB besteht, muss die Geistheilung konsequenterweise als eine auf medizinisch-wissenschaftlichen Erkenntnissen beruhende Tätigkeit angesehen werden.

Wird die Geistheilung von der strafrechtlichen Judikatur Österreichs allerdings als nicht mehr unter den Tatbestand des § 184 öStGB zu subsumieren angesehen, entfällt ein weiter Teil des Schutzes.

Insbesondere die wirtschaftlichen Interessen der Klienten von Geistheilern werden dann nur unzulänglich geschützt. Die Strafbarkeit eines Geistheilers wegen Betrugs hängt einzig davon ab, ob der Klient ein entsprechendes Äquivalent für die Zahlung der Vergütung erhält, was in der Regel bejaht werden muss. Die Strafbarkeit wegen Wuchers gemäß § 155 öStGB ist zwar möglich, die Hürden der Tatbestandsvoraussetzungen sind jedoch hoch.

Die Gefahren für Leib und Leben werden hingegen durch die Strafbarkeiten der fahrlässigen Körperverletzung und der fahrlässigen Tötung eingedämmt. Zu berücksichtigen ist die Möglichkeit der Straflosigkeit im Rahmen der fahrlässigen Körperverletzung, wenn kein schweres Verschulden vorliegt und aus der Tat keine Gesundheitsschädigung oder Berufsunfähigkeit von mehr als vierzehntägiger Dauer resultiert.

Zuletzt ist das Ergebnis im Rahmen einer möglichen Strafbarkeit wegen der Verletzung von Privatgeheimnissen zu kritisieren. Insofern kann auf die bereits im Rahmen der Strafbarkeit nach dem dStGB getätigten Ausführungen verwiesen werden.

II. Mögliche Strafbarkeiten nach österreichischem Nebenstrafrecht

1. System des Verwaltungsstrafrechts

Das Verwaltungsstrafrecht ist ein Hybrid von Verwaltungsrecht und Strafrecht. Es ermächtigt Verwaltungsbehörden zur Ahndung gesetzlicher Verstöße durch Verhängung von Verwaltungsstrafen.

In Deutschland[585] beanspruchte das Verwaltungsstrafrecht – wenn auch mit Unterbrechungen – bis zum Zusammenbruch der nationalsozialistischen Gewaltherrschaft Geltung, wurde dann jedoch im Jahr 1949 durch das Wirtschaftsstrafgesetz (WiStG) ersetzt. Das WiStG ist als Vorläufer des heute geltenden Ordnungswidrigkeitenrechts anzusehen, das in dem im Jahr 1952 eingeführten und im Jahr 1968 reformierten Ordnungswidrigkeitengesetz (OWiG) geregelt ist.[586]

In Österreich besteht das Verwaltungsstrafrecht hingegen bis heute fort. Österreichische Verwaltungsbehörden sind auf der Grundlage verwaltungsstrafrechtlicher Regelungen weiterhin befugt, die Übertretung von Verwaltungsvorschriften zu ahnden. In den meisten Fällen geschieht dies durch Verhängung

---

585 Zum Verwaltungsstrafrecht in Deutschland umfassend *Goldschmidt*, Verwaltungsstrafrecht – Eine Untersuchung der Grenzgebiete zwischen Strafrecht und Verwaltung auf rechtsgeschichtlicher und rechtsvergleichender Grundlage, 1902.

586 *Klesczewski*, Ordnungswidrigkeitenrecht, S. 27 ff.

einer Geldstrafe; je nach verwaltungsstrafrechtlicher Regelung können die Verwaltungsbehörden aber dazu ermächtigt sein, eine Freiheitsstrafe bis maximal sechs Wochen zu verhängen. Verwaltungsstrafen gelten jedoch nicht als Kriminalstrafen.[587]

2. Verstoß gegen die verwaltungsstrafrechtliche Absicherung des Arztvorbehalts

Die Strafbestimmung des § 199 Absatz 1, 2 öÄrzteG sichert den Arztvorbehalt des § 3 Absatz 4 i.V.m. § 2 Absatz 2 öÄrzteG verwaltungsstrafrechtlich ab.

Gemäß § 199 Absatz 1 i.V.m. § 3 Absatz 4 i.V.m. § 2 Absatz 2 öÄrzteG ist eine Verwaltungsübertretung gegeben, wenn eine in den § 2 Absatz 2 und 3 öÄrzteG umschriebene Tätigkeit ausgeübt wird, ohne dass eine Berechtigung nach dem öÄrzteG oder nach anderen gesetzlichen Vorschriften vorliegt. Eine derartige Verwaltungsübertretung ist mit Geldstrafe zu bestrafen, sofern die Tat nicht den Tatbestand einer in die Zuständigkeit der Gerichte fallenden strafbaren Handlung bildet.

Die Strafbarkeit nach § 199 Absatz 1 i.V.m. § 3 Absatz 4 i.V.m. § 2 Absatz 2 öÄrzteG kommt somit nur in Betracht, wenn die Strafbarkeit nach dem öStGB scheitert. Die Möglichkeit einer Verwaltungsstrafbarkeit besteht nur subsidiär zu den bereits ausgeführten möglichen Strafbarkeiten des öStGB. Ist die Strafbarkeit gemäß § 184 öStGB jedoch beispielsweise mangels Gewerbsmäßigkeit zu verneinen, kommt der Verwaltungsstrafbarkeit Relevanz zu.

Hinsichtlich der in § 2 Absatz 2 und 3 öÄrzteG umschriebenen auf medizinisch-wissenschaftlichen Erkenntnissen begründeten Tätigkeiten, die unmittelbar am oder mittelbar für den Menschen ausgeführt werden, wird auf die bereits im Rahmen einer möglichen Strafbarkeit nach § 184 öStGB getätigten Ausführungen verwiesen.

Im Rahmen des bereits thematisierten Ministerialentwurfs[588] zur Gesetzesnovelle des öÄrzteG war für § 199 Absatz 1 öÄrzteG ebenfalls ein neuer Zusatz vorgesehen. Danach sollte explizit auch derjenige eine Verwaltungsübertretung im Sinne des § 199 öÄrzteG begehen, der eine nicht auf medizinisch-wissenschaftlichen Erkenntnisse begründete Tätigkeit im Sinne des § 2 Absatz 1 Nummer 1 bis 8 öÄrzteG ausübte. Dieser Zusatz wurde nach der Kritik von

587 Zum Verwaltungsstrafrecht in Österreich umfassend *Kimmel*, Österreichisches Verwaltungsstrafrecht, 1952.

588 Abrufbar unter https://www.parlament.gv.at/PAKT/VHG/XXVI/ME/ME_00086/fname_712781.pdf, letzter Zugriff am 25.10.2020.

Anbietern komplementär- und alternativmedizinischer Heilverfahren sowie der Wirtschaftskammer jedoch aus dem Entwurf gestrichen und nicht in das im Ergebnis verabschiedete Bundesgesetz[589] zur Änderung des öÄrzteG aufgenommen.

Insbesondere dieser Zusatz, der nicht lediglich auf komplementär- und alternativmedizinische Heilverfahren abstellte, sondern schlicht auf eine nicht auf medizinisch-wissenschaftlichen Erkenntnissen begründete Tätigkeit abgestellt hat, hätte die Problematik der Geistheilung jedenfalls im Rahmen des § 199 Absatz 1 öÄrzteG lösen und den Schutz der österreichischen Bevölkerung erweitern können. Dass diese Möglichkeit nicht ergriffen wurde, ist zu bedauern.

§ 199 Absatz 2 öÄrzteG legt für schwerwiegendere Fälle ein höheres Strafmaß fest. Ein solcher Fall kommt in Betracht, sofern entweder aus der Tat eine schwerwiegende Gefahr für Leib, Leben oder Gesundheit einer Person entstanden ist oder sofern der Täter bereits zweimal wegen unbefugter ärztlicher Tätigkeit bestraft worden ist. Im Hinblick auf die Fälle der Geistheilung ist dabei insbesondere die erste Alternative relevant. Die Ausführung der ärztlichen Tätigkeit gemäß § 2 Absatz 2 und 3 öÄrzteG durch einen Nicht-Arzt kann dazu führen, dass kein ärztlicher Rat oder ein solcher nur verspätet eingeholt wird. Das kann je nach Krankheitsbild eine Gefahr für Leib, Leben oder Gesundheit bedeuten. § 199 Absatz 2 öStGB verlangt, dass eine schwerwiegende Gefahr entstanden ist, definiert aber nicht genauer, wann eine Gefahr als schwerwiegend anzusehen ist. Wenn eine Nicht-Inanspruchnahme professionell ärztlicher Hilfe aufgrund der Behandlung durch den Geistheiler dazu führt, dass eine Erkrankung nicht mehr heilbar ist und daher tödlich verlaufen wird, wird die schwerwiegende Gefahr für Leib, Leben oder Gesundheit aber zu bejahen sein.

3. *Verstoß gegen die verwaltungsstrafrechtliche Absicherung der Berufsbezeichnung „Arzt"*

§ 199 Absatz 3 i.V.m. § 43 Absatz 2, 3, 4 oder 6 öÄrzteG sichert die Berufsbezeichnung „Arzt" verwaltungsstrafrechtlich ab.

Gemäß § 199 Absatz 3 öÄrzteG begeht eine Verwaltungsübertretung, wer den in § 43 Absatz 2, 3, 4 oder 6 öÄrzteG enthaltenen Verboten zuwiderhandelt, sofern die Tat nicht den Tatbestand einer in die Zuständigkeit der Gerichte fallenden strafbaren Handlung bildet. Von besonderem Interesse ist § 43 Absatz 3

589 BGBl. Nr. 20/2019, abrufbar unter https://www.ris.bka.gv.at/Dokumente/BgblAuth/BGBLA_2019_I_20/BGBLA_2019_I_20.pdfsig, letzter Zugriff am 25.10.2020.

öÄrzteG, der jede Bezeichnung oder Titelführung im allgemeinen Verkehr verbietet, die geeignet ist, die Berechtigung zur Ausübung des ärztlichen Berufs oder einzelner Zweige dieses Berufs vorzutäuschen. Dies impliziert, dass eine Berechtigung zur Ausübung des ärztlichen Berufs oder einzelner Zweige des ärztlichen Berufs beim jeweiligen möglichen Täter nicht vorliegen darf, da er ansonsten eine solche nicht vortäuschen kann. Ob eine solche Berechtigung tatsächlich besteht, richtet sich nach den Vorschriften des öÄrzteG, insbesondere §§ 4, 27, 35 und 44 öÄrzteG.

Der Geistheiler, der nicht zur Ausübung des ärztlichen Berufs oder einzelner Zweige des ärztlichen Berufs berechtigt ist, sich aber im allgemeinen Verkehr als Arzt bezeichnet oder einen entsprechenden Titel führt, macht sich gemäß § 199 Absatz 3 i.V.m. § 43 Absatz 3 öÄrzteG verwaltungsrechtlich strafbar, sofern diese Handlung dazu geeignet ist, vorzutäuschen, er sei zur Ausübung des ärztlichen Berufs oder einzelner Zweige des ärztlichen Berufs berechtigt.

III. Ergebnis zur Strafbarkeit von Geistheilern in Österreich

Die vorstehenden Überlegungen zeigen, dass die Ausübung der Heilkunde in Österreich nach aktueller Rechtslage für Nicht-Heilkundige aufgrund des § 184 öStGB auf rechtmäßigem Weg unmöglich ist. Der Arztvorbehalt und seine strafrechtliche Absicherung verbieten auf medizinisch-wissenschaftlichen Erkenntnissen beruhende Tätigkeiten, sofern nicht ein medizinisches Studium abgeschlossen wurde. Unklar ist jedoch, ob die Geistheilung weiterhin als eine auf medizinisch-wissenschaftlichen Erkenntnissen beruhende Tätigkeit angesehen wird. Nicht zuletzt aufgrund der Entscheidung des *OLG Graz* ist davon auszugehen, dass sich die österreichische strafrechtliche Judikatur der wettbewerbsrechtlichen Judikatur Österreichs anschließen und Behandlungsmethoden, die nicht ein Mindestmaß an Rationalität aufweisen, aus dem Arztvorbehalt und dem Straftatbestand der Kurpfuscherei gemäß § 184 öStGB ausschließen wird. Damit würde die Geistheilung aus dem Anwendungsbereich des § 184 öStGB ausgeschlossen. Dann bestehen für die Geistheilung lediglich die Grenzen der übrigen Straftatbestände des öStGB sowie des einschlägigen Nebenstrafrechts. Diese Entwicklung ist hinsichtlich des Zwecks des Arztvorbehalts zu kritisieren.

Bei der Strafverfolgung der Geistheiler bestehen Schwierigkeiten in Österreich. Denen hilft der eigentlich eigens für derartige Fälle geschaffene Straftatbestand der Kurpfuscherei nicht ab: 2005 wurde lediglich ein Fall bekannt, 2006 keiner.[590] Es ist daher nicht verwunderlich, dass das Erfordernis des Straftatbestands der Kurpfuscherei angezweifelt wird[591] und bereits seine Streichung in Rede stand.[592]

Aufgrund dessen ist kritisch zu hinterfragen, ob der österreichische Weg des strikten und strafrechtlich abgesicherten Arztvorbehalts tatsächlich den bestmöglichen Schutz der Allgemeinheit und des Einzelnen vor den (mittelbaren) Gefahren der Geistheilung bedeutet.

C. Geistheilung aus (medizin-)strafrechtlicher Sicht nach englischem Recht

Im folgenden Teil wird nun betrachtet, wie die Geistheilung nach englischem (Medizin-)Strafrecht zu beurteilen ist.

Bevor auf die einzelnen (möglichen) Strafbarkeiten nach dem englischen Recht eingegangen wird, richtet sich der Blick zunächst auf das englische Rechtssystem und seine Besonderheiten.

I. Einführung in das englische Recht

Zwischen dem englischen Recht und dem kontinentalen Recht, zu dem das deutsche Recht zählt, bestehen deutliche Unterschiede. Im Folgenden wird ein Überblick über das englische Recht im Allgemeinen gegeben, während anschließend speziell auf das englische Strafrecht eingegangen wird.

1. Allgemeiner Überblick über das englische Rechtssystem

Das englische Rechtssystem ist das Begründersystem des *Common-Law-Systems*, das aufgrund der Kolonialgeschichte Englands inzwischen in vielen Teilen der Welt etabliert ist[593].

Beim Begriff des *Common Law* muss zunächst zwischen dem *Common Law* im engeren Sinne und dem *Common Law* im weiteren Sinne unterschieden werden. Im weiteren Sinne beschreibt es solche Rechtssysteme, die historisch auf das englische Recht zurückgehen, und steht damit dem Begriff des *Civil Law*

---

590 *Manhart*, in: Salzburger Kommentar, § 184 Rn. 7.

591 So beispielsweise *Murschetz*, in: Wiener Kommentar, § 184 Rn. 1.

592 *Tipold*, in: Leukauf/Steininger, § 184 Rn. 3.

593 *Häcker*, Das englische Common Law, in: JuS 2014, 872 (872).

gegenüber, der auf das römische Recht zurückgehende kontinentaleuropäische Rechtssysteme beschreibt.[594] Letzterem ist das deutsche Recht zuzuordnen.

Der Hauptunterschied zwischen dem *Common Law* im weiteren Sinne und dem *Civil Law* ist, dass es sich beim *Common Law* im weiteren Sinne um eine nicht durch ein Gesetzeswerk zusammengefasste Rechtsordnung handelt.[595] Während das *Civil Law* vereinfachend dargestellt so ausgestaltet ist, dass existierende Gesetzestexte von den Gerichten auf den jeweiligen Streitfall angewandt und interpretiert werden, wird im *Common Law* im weiteren Sinne der umgekehrte Weg beschritten: Dort wird auf das Fallrecht der oberen Gerichtsinstanzen aufgebaut, nur zuweilen werden Gesetze geschaffen.[596]

Vom Begriff des *Common Law* im weiteren Sinne ist der Begriff des *Common Law* im engeren Sinne zu unterscheiden. Dieser beschreibt Regeln und Prinzipien, die ihren Ursprung im richterlichen Gewohnheits- beziehungsweise Fallrecht, dem *Case Law*, haben.[597] Der Inhalt des *Case Law* ergibt sich aus den ergangenen Gerichtsentscheidungen zu ähnlichen Sachverhalten[598]. Diese Praxis ist auf die sogenannte *Stare-decisis-Doktrin* zurückzuführen, nach der an bereits Entschiedenem festgehalten wird[599]. Essentiell ist zudem die sogenannte *doctrine of precedent*. Nach dieser bindet der jeweils tragende rechtliche Entscheidungsgrund vorangegangener Entscheidungen eines höherrangigen Gerichts[600], ohne den das Urteil anders hätte ausfallen müssen (sogenannte *ratio decidendi*), die Gerichte niederen oder gleichen Rangs.[601] Die Entscheidungen der oberen Gerichte entfalten dabei Bindungswirkung, bis sie außer Kraft gesetzt werden[602].

Dem *Case Law* wiederum gegenüber steht das *Statutory Law*, das in den Gesetzen verankerte Recht, das im parlamentarischen Verfahren zu Stande kommt[603]. Ein markanter Unterschied zum deutschen Recht ist, dass die Gesetze,

---

594 *Von Bernstorff*, Einführung in das englische Recht, S. 4; *Häcker*, Das englische Common Law, in: JuS 2014, 872 (872).

595 *Häcker*, Das englische Common Law, in: JuS 2014, 872 (874).

596 *Von Bernstorff*, Einführung in das englische Recht, S. 1.

597 *Häcker*, Das englische Common Law, in: JuS 2014, 872 (874).

598 *Häcker*, Das englische Common Law, in: JuS 2014, 872 (875); *Heberer*, Einführung in das englische Rechtssystem, in: ZfRV 2002, 57 (57).

599 *Von Bernstorff*, Einführung in das englische Recht, S. 9.

600 *Von Bernstorff*, Einführung in das englische Recht, S. 10.

601 *Häcker*, Das englische Common Law, in: JuS 2014, 872 (875).

602 *Von Bernstorff*, Einführung in das englische Recht, S. 10.

603 *Von Bernstorff*, Einführung in das englische Recht, S. 11; *Häcker*, Das englische Common Law, in: JuS 2014, 872 (874).

die sogenannten *statutes*, als Rechtsquelle zweiten Rangs angesehen werden und dem *Statutory Law* daher lediglich eine lückenfüllende Bedeutung zukommt[604].

2. *Kurz-Einführung in das englische Strafrecht*

Aufgrund der genannten Besonderheiten des englischen Rechtssystems des *Common Law* im weiteren Sinne gibt es im englischen Recht keinen dem deutschen StGB entsprechenden *Criminal Code*[605]. Versuche, einen solchen *Criminal Code* zu schaffen und zu etablieren, sind bislang ohne Erfolg geblieben. Stattdessen ist das materielle Strafrecht in einer Fülle von Einzelgesetzen geregelt.[606] Zusätzlich wird das Fallrecht des *Common Law* herangezogen[607].

Gemeinsamkeiten weisen das deutsche und das englische Strafrecht vor allem im Hinblick auf geltende Grundprinzipien wie beispielsweise den Grundsatz *nulla poena sine lege* auf, der sowohl im deutschen als auch im englischen Strafrecht gilt[608].

Im englischen Strafrecht ist zunächst eine strafbare, freiwillige Handlung des Täters erforderlich (*actus reus*), die ursächlich (*causative*) für eine straftatbestandliche Folge sein muss. Sofern eine Handlung erwartet werden konnte, aber nicht durchgeführt wurde, kann auch das Unterlassen strafbar sein (*omission or failure to act*).[609]

Weiterhin setzt das englische Strafrecht im subjektiven Tatbestand (*mens rea*) voraus, dass das Handeln direkt (*direct intent*) oder indirekt (*oblique intent*) vorsätzlich oder – bei einigen Straftatbeständen bereits ausreichend – bedingt vorsätzlich beziehungsweise bewusst fahrlässig (*reckless*) war[610]. Schließlich ist Kausalität zwischen dem strafbaren Handeln oder Unterlassen und dem Erfolg notwendig, wobei die einzelnen Voraussetzungen der Kausalität von der englischen Rechtsprechung entwickelt wurden[611].

---

604 *Von Bernstorff*, Einführung in das englische Recht, S. 11; a.A. *Häcker*, Das englische Common Law, in: JuS 2014, 872 (874), wonach das Gesetzesrecht in der praktischen Rechtsanwendung eine nicht zu unterschätzende Rolle spielt.

605 *Heberer*, Einführung in das englische Rechtssystem, in: ZfRV 2002, 57 (64).

606 *Von Bernstorff*, Einführung in das englische Recht, S. 235. f.

607 *Von Bernstorff*, Einführung in das englische Recht, S. 236.

608 *Ebd.*

609 *Von Bernstorff*, Einführung in das englische Recht, S. 236 f.

610 *Von Bernstorff*, Einführung in das englische Recht, S. 237.

611 *Von Bernstorff*, Einführung in das englische Recht, S. 238 mit Hinweisen auf relevante englische Rechtsprechung.

3. Formen des subjektiven Tatbestands im englischen Recht

Im subjektiven Tatbestand (*mens rea*) ist im englischen Recht eine Besonderheit zu beachten.

Im englischen Strafrecht gilt der Gedanke der Autonomie. Nur wer sich dazu entschieden hat, einem anderen Schaden zuzufügen oder einen anderen dem Risiko einer Schädigung auszusetzen, soll dafür zur Rechenschaft gezogen werden. Das englische Recht kennt daher traditionell lediglich die Formen des Vorsatzes (*intention*) und des bedingten Vorsatzes beziehungsweise der bewussten Fahrlässigkeit (*recklessness*). Nur in seltenen Ausnahmefällen genügt eine einfache Fahrlässigkeit (*negligence*). Die Fälle, in denen eine fahrlässige Begehung ausreicht, beschränken sich daher auf nur wenige schwere Straftaten.[612]

Zwar war eine Ausdehnung der Fahrlässigkeitsformen erkennbar[613]. So umfasste die *mens rea*-Form *recklessness* noch bis vor einigen Jahren unstreitig nicht nur die bewusste Fahrlässigkeit (sogenannte *cunningham recklessness*[614]), sondern auch die unbewusste, aber besonders grobe Fahrlässigkeit oder Leichtsinnigkeit (sogenannte *caldwell recklessness*[615]). Diese Entwicklung ist jedoch wieder als rückläufig zu betrachten. Inzwischen ist wieder die Fahrlässigkeitsform der *cunningham recklessness*, folglich eine bewusste Fahrlässigkeit, erforderlich. Insbesondere wurde die Fahrlässigkeitsform der *caldwell recklessness* durch die Entscheidung *R v. G and Another*[616] aufgehoben, auch wenn über ihre Anwendung weiterhin gestritten wird. Die einfache Fahrlässigkeit hingegen ist im englischen Recht traditionell bis auf wenige Ausnahmen nicht strafbewehrt[617].

Da der Geistheiler im Rahmen der Körperverletzungs- und Tötungsdelikte in der Regel einfach fahrlässig handelt, kann die Strafbarkeit des Geistheilers mangels Erfüllung des subjektiven Tatbestands im englischen Recht ausgeschlossen sein.

---

612 *Child/Ormerod*, in: Smith/Hogan/Ormerod, Essentials of Criminal Law, S. 191.

613 *Schünemann*, Unzulänglichkeiten des Fahrlässigkeitsdelikts in der modernen Industriegesellschaft, in: GS Meurer, 37 (38).

614 Die sogenannte *cunningham recklessness* geht zurück auf den Fall *R v. Cunningham* [1957] 2 Q.B. 396.

615 Die sogenannte caldwell recklessness geht zurück auf den Fall *R v. Caldwell* [1982] A.C. 341.

616 *R v. G & Another* [2004] 1 A.C. 1034.

617 LK-*Vogel*, Vor § 15 Rn. 89.

II. Mögliche Strafbarkeiten nach dem englischen Recht

Als mögliche Strafbarkeiten kommen im englischen Recht insbesondere Betrug (*fraud*), Körperverletzungsdelikte (*non-fatal offences against a person*, hier insbesondere *battery* und *assault occasioning actual bodily harm* sowie *wound or inflicting grievous bodily harm*) und fahrlässige Tötung (*involuntary manslaughter*) in Betracht. Aus Relevanzgründen werden nur diese Delikte untersucht.

*1. Betrug (*fraud*) gemäß Abschnitt 1 des Fraud Act 2006*

Abschnitt 1 des am 15.01.2007 in Kraft getretenen *Fraud Act 2006* (*FA 2006*) stellt den Betrug unter Strafe. Es handelt sich – im Gegensatz zu den Taten, die den Eintritt eines Erfolgs voraussetzen (*result crime*) – um ein schlichtes Tätigkeitsdelikt (*conduct crime*). Die Strafbarkeit des Geistheilers kann daher bereits bei einem von unehrlichen Absichten getragenem Verhalten gegeben sein, unabhängig davon, ob dieses zum Erfolg geführt hat oder nicht.[618] Im deutschen Strafrecht handelt es sich beim Betrug gemäß § 263 StGB um ein Delikt mit überschießender Innentendenz (kupiertes Erfolgsdelikt), für das ein Erfolgseintritt ebenfalls nicht erforderlich ist. Notwendig ist aber, dass das Verhalten des Täters zumindest auf einen Erfolg zielt.[619]

Nach Abschnitt 1 des *FA 2006* macht sich wegen Betrugs strafbar, wer gegen einen der Absätze in Unterabsatz 2 verstößt, der seinerseits verschiedene Wege zur Begehung der Straftat vorsieht. Als mögliche Wege nennt Unterabsatz 2 den Betrug durch falsche Darstellung (*false representation*), den Betrug durch mangelnde Preisgabe von Informationen (*failing to disclose information*) und – für die Fälle der Geistheilung nicht relevant und daher nicht weiter erläutert – den Betrug durch Amtsmissbrauch (*abuse of position*).

*a) Betrug durch falsche Darstellung (*fraud by false representation*)*

Wann ein Betrug durch falsche Darstellung begangen wird, definiert Abschnitt 2 des *FA 2006*. Demnach verstößt gegen diesen Abschnitt, wer unehrlich etwas falsch darstellt und dabei die Absicht hat, entweder sich selbst oder einer anderen Person einen Vorteil zu verschaffen oder einer anderen Person einen Verlust oder das Risiko eines Verlusts zu verursachen. Der Eintritt eines Erfolgs, die

---

618 *Card/Molloy*, in: Card/Cross/Jones, Criminal Law, S. 480; *Child/Ormerod*, in: Smith/Hogan/Ormerod, Essentials of Criminal Law, S. 387.

619 *Hefendehl*, in: MüKo StGB, § 263 Rn. 275.

tatsächliche Täuschung des Opfers sowie ein Verlust des Opfers oder ein Vorteil des Täters, ist nicht erforderlich[620].

Es handelt sich um die weiteste Form der Tatbegehung des Betrugs und daher um die praktisch bedeutendste[621].

*(1) Tätigen einer falschen Äußerung (*actus reus*)*

Zur Bejahung des objektiven Tatbestands des Abschnitt 2 muss der Täter eine Äußerung getätigt haben, die falsch gewesen sein muss.

Eine Äußerung in diesem Sinne ist eine Stellungnahme oder eine Behauptung bezüglich einer Tatsache, einer Absicht oder einer Meinung[622]. Die Äußerung muss sich dabei auf die Vergangenheit oder Gegenwart beziehen[623]. Nicht tatbestandlich kann demnach die vom Geistheiler als sicher in Aussicht gestellte zukünftige Heilung sein. Die wahrheitswidrige Angabe des Geistheilers, über besondere Kräfte der Geistheilung oder über eine medizinische Ausbildung zu verfügen, kann hingegen den Tatbestand erfüllen.

Im Rahmen des Tatbestandsmerkmal der Äußerung sind drei Aspekte von zentraler Bedeutung: der Gegenstand der Äußerung, der Empfänger und die Art und Weise, wie die Äußerung getätigt wurde[624].

Bezüglich des Gegenstands der Äußerung ist das englische Strafrecht nicht auf Tatsachen beschränkt: Abschnitt 3 des *FA 2006* zufolge kann jede tatsächliche oder rechtliche Äußerung tatbildlich sein, darin eingeschlossen eine solche, die die Geisteshaltung des sich Äußernden oder irgendeiner anderen Person betrifft. Meinungsäußerungen werden stets als Äußerungen der Überzeugungen des Täters hinsichtlich Tatsachen behandelt. Entscheidend ist, ob diese Meinungsäußerung ernstlich getätigt wurde.[625] Das englische Strafrecht ist im Rahmen des Betrugs folglich nicht auf die Äußerung von Tatsachen beschränkt, sondern umfasst jede Äußerung. Die Problematik, dass der Geistheiler angibt, übernatürliche Heilkräfte zu besitzen, diese Behauptung jedoch nicht beweisbar, somit keine Tatsache und mitunter nicht tatbestandlich im Sinne des § 263 dStGB ist, stellt sich im englischen Strafrecht daher nicht. Die Angabe, über

---

620 *Child/Ormerod*, in: Smith/Hogan/Ormerod, Essentials of Criminal Law, S. 388.
621 *Card/Molloy*, in: Card/Cross/Jones, Criminal Law, S. 480.
622 *Loveless*, Criminal Law: Text, Cases and Materials, S. 631.
623 *Government of the United Arab Emirates v. Allen* [2012] 1 W. L. R 3419 (3427); *Card/Molloy*, in: Card/Cross/Jones, Criminal Law, S. 481.
624 *Child/Ormerod*, in: Smith/Hogan/Ormerod, Essentials of Criminal Law, S. 389.
625 *Ebd.*

besondere Kräfte der Geistheilung zu verfügen, kann eine falsche Äußerung im Sinne des *FA 2006* sein.

Die Äußerung kann auf jegliche Art und Weise getätigt werden: schriftlich, mündlich, durch Gesten oder Ähnliches, ausdrücklich oder stillschweigend[626].

Hinsichtlich des Aspekts des Empfängers ist zu untersuchen, ob der Empfänger die Äußerung wahrgenommen haben muss. Es ist davon auszugehen, dass die Gerichte den Begriff der Äußerung weit verstehen, sodass eine solche auch bei fehlender Wahrnehmung angenommen wird.[627]

Darüber hinaus muss die Äußerung falsch gewesen sein. Das ist nach Absatz 2 Unterabsatz 2 zu bejahen, wenn sie unwahr oder irreführend ist und die Person, die die Äußerung tätigt, darüber oder zumindest um die Möglichkeit weiß[628].

Gibt der Geistheiler wissentlich wahrheitswidrig an, über eine medizinische Ausbildung oder über besondere Kräfte der Geistheilung zu verfügen, ist dies eine falsche Äußerung im Sinne des Absatz 2 Unterabsatz 2.

*(2) Subjektive Voraussetzungen (*mens rea*)*

Im Rahmen des subjektiven Tatbestands des Abschnitt 2 sind drei Voraussetzungen erforderlich: Der Täter muss zumindest vorhersehen, dass das Risiko besteht, dass die Äußerung falsch ist, er muss unehrlich handeln, und er muss beabsichtigen, sich einen Vorteil zu verschaffen oder einem anderen einen Verlust oder zumindest das Risiko eines Verlusts zu verursachen. Diese Voraussetzungen müssen zum Zeitpunkt der Tathandlung erfüllt sein.[629]

Zunächst einmal muss der Täter wissen oder zumindest vorhersehen, dass seine Äußerung falsch oder irreführend ist beziehungsweise sein kann. Entscheidend ist gerade die Person des Täters. Es genügt nicht, dass eine vernünftige Person erkannt hätte, dass die Äußerung falsch oder irreführend ist oder sein kann.[630] Ausreichend ist aber, dass der Täter bewusst seine Augen vor dem Risiko verschließt oder es absichtlich vermeidet, Tatsachen zu bestätigen, wenn er zumindest ein Risiko der Fehlerhaftigkeit vorhersieht[631]. Der Geistheiler, der bewusst fälschlicherweise angibt, über besondere Kräfte der Geistheilung zu

---

626 *R v. Barnard* (1837) 7 Car.&P. 784 (784), auch wenn zu dem damaligen Zeitpunkt der FA 2006 noch nicht in Kraft getreten war.

627 *Child/Ormerod,* in: Smith/Hogan/Ormerod, Essentials of Criminal Law, S. 389 f.

628 *Child/Ormerod,* in: Smith/Hogan/Ormerod, Essentials of Criminal Law, S. 392.

629 *Ebd.*

630 *R v. Augunas* [2014] 1 Cr.App.R. 17 (9).

631 *Child/Ormerod,* in: Smith/Hogan/Ormerod, Essentials of Criminal Law, S. 393.

verfügen, erfüllt die erste Voraussetzung des subjektiven Tatbestands. Aber auch der an seinen eigenen Kräften Zweifelnde, der die Möglichkeit in Betracht zieht, dass er unter Umständen nicht über besondere Kräfte der Geistheilung verfügt und dennoch angibt, über solche zu verfügen, erfüllt die Voraussetzung.

Allerdings wäre der subjektive Tatbestand, wäre er bereits bei Vorliegen dieser Voraussetzungen erfüllt, zu weit gefasst. Daher bedarf es einer Einschränkung des subjektiven Tatbestands durch das Merkmal der Unehrlichkeit. Das Merkmal der Unehrlichkeit wurde im *FA 2006* nicht definiert, sodass diese Aufgabe dem *Common Law* zukam.[632] Im *Common Law* wurde dafür der *Ghosh Test* ausgearbeitet. Der *Ghosh Test,* begründet im namensgebenden Fall *R v. Ghosh*[633], wird im Rahmen des *FA 2006* zur Auslegung des Begriffs der Unehrlichkeit herangezogen. Danach müssen zwei Voraussetzungen erfüllt sein, um eine Unehrlichkeit annehmen zu können: Zum einen muss die Äußerung des Täters nach dem Standard von vernünftigen und ehrlichen Personen unehrlich sein. Zum anderen muss der Täter realisiert haben, dass seine falsche Äußerung gemessen am Standard ehrlicher und vernünftiger Menschen als unehrlich gelten würde.[634]

Der Geistheiler muss folglich zumindest das Bewusstsein haben, dass eine ehrliche Person die Angabe, dass er über besondere Kräfte der Geistheilung verfügt, als unehrlich ansehen würde.

Schließlich muss der Täter die Absicht haben, einen Vorteil zu erlangen oder einen Verlust beziehungsweise das Risiko eines Verlusts zu verursachen. Dass diesbezüglich ein Erfolg eintritt, ist hingegen nicht erforderlich.[635] Der Täter muss aber mit einer sogenannten *ulterior intention* handeln, zumindest eins dieser Ziele kausal durch sein Verhalten zu erreichen[636]. Der Begriff *ulterior intention* beschreibt im englischen Strafrecht ein Element des subjektiven Tatbestands, das eine Absicht verlangt, die sich nicht nur auf eine nach dem objektiven Tatbestand erforderliche Folge bezieht, sondern darüber hinausgeht[637]. Vergleichbar ist dies im deutschen Strafrecht mit dem Merkmal der überschießenden Innentendenz. Auch dabei wird im subjektiven Tatbestand etwas über den objektiven Tatbestand Hinausgehendes verlangt.

---

632 *Ebd.*

633 *R v. Ghosh* [1982] Q.B. 1053.

634 *Card/Molloy*, in: Card/Cross/Jones, Criminal Law, S. 421; *Child/Ormerod,* in: Smith/Hogan/Ormerod, Essentials of Criminal Law, S. 348 f., 393.

635 *Child/Ormerod,* in: Smith/Hogan/Ormerod, Essentials of Criminal Law, S. 393.

636 *R v. Gilbert (Stephanie Rae)* [2012] EWCA Crim 2392.

637 *Card/Molloy*, in: Card/Cross/Jones, Criminal Law, S. 90.

Absatz 5 des *FA 2006* definiert die Begriffe des Vorteils sowie des Verlusts im Sinne des Betrugs nach dem *FA 2006*. Die Absicht des Täters muss sich nach dem Gesetzeswortlaut auf die Herbeiführung eines vorübergehenden oder dauerhaften Gewinns oder Verlusts von Geld oder einem anderen Besitztum (*in money or other property*) beziehen. Beabsichtigt der Täter beispielsweise eine Gefälligkeit herbeizuführen, ist das nicht tatbestandlich im Sinne des Abschnitt 5 des *FA 2006*. Der Begriff des Besitztums schließt allerdings jegliche materiellen und immateriellen Güter ein.[638]

Da der Geistheiler das Erlangen einer Vergütung in Geld von seinem Klienten beabsichtigt, ist die *ulterior intention* gegeben.

b) *Betrug durch mangelnde Preisgabe von Informationen (*fraud by failing to disclose information*)*

Der Betrug durch mangelnde Preisgabe von Informationen ist in Abschnitt 3 des *FA 2006* geregelt. Demnach macht sich wegen Betrugs im Sinne des Abschnitt 3 des *FA 2006* strafbar, wer unehrlich eine Information, zu deren Preisgabe er gesetzlich verpflichtet ist, einer anderen Person gegenüber nicht preisgibt und dabei beabsichtigt, sich selbst oder einem anderen einen Vorteil zu verschaffen, einem anderen einen Verlust zu verursachen oder einen anderen dem Risiko eines Verlusts auszusetzen. Abermals handelt es sich um ein Tätigkeitsdelikt, sodass der tatsächliche Eintritt eines Erfolgs nicht erforderlich ist[639].

(1) *Zurückhalten einer Information trotz gesetzlicher Pflicht zur Preisgabe (*actus reus*)*

Zur Erfüllung des objektiven Tatbestands, des *actus reus*, muss der Täter gemäß Abschnitt 3 des *FA 2006* eine Information zurückhalten, zu deren Preisgabe er gesetzlich verpflichtet ist.

Der *FA 2006* trifft keine Aussage darüber, wann eine Rechtspflicht zur Mitteilung besteht. Der Begriff der Rechtspflicht ist aber aus dem Zivilrecht bekannt, sodass davon ausgegangen wird, dass sich der *FA 2006* auf den zivilrechtlichen Begriff der Rechtspflicht bezieht. Eine Pflicht zur Preisgabe von Informationen kann demnach beispielsweise aufgrund eines Gesetzes, wegen einer Vertragsabmachung, aufgrund der Gepflogenheiten eines Gewerbes oder wegen einer treuhänderischen Beziehung zwischen den Parteien bestehen.[640] Eine gesetzliche

---

638 *Child/Ormerod*, in: Smith/Hogan/Ormerod, Essentials of Criminal Law, S. 394.
639 *Child/Ormerod*, in: Smith/Hogan/Ormerod, Essentials of Criminal Law, S. 395.
640 *Card/Molloy*, in: Card/Cross/Jones, Criminal Law, S. 487, mit weiteren Beispielen.

Pflicht zur Preisgabe besteht zudem immer dann, wenn das Zurückhalten einer Information einen Vertrag oder einen wichtigen Teil eines Vertrags anfechtbar machen würde[641]. Lediglich moralische Pflichten zur Preisgabe sind nicht umfasst[642]. Nicht erforderlich ist, dass der Täter überhaupt keine Informationen preisgibt, vielmehr reicht es aus, wenn er nur bestimmte Informationen verbirgt, die aber relevante Teile eines Vertrags anfechtbar machen können. Ob das zu bejahen ist, ist in einer Analyse der relevanten zivilrechtlichen Verpflichtungen zu prüfen.[643]

Das Verfügen über eine medizinische Ausbildung oder über besondere Kräfte der Geistheilung stellt für Patienten und Klienten einen wesentlichen Vertragsbestandteil da. Ein Patient entscheidet sich in der Regel gerade für eine medizinische Behandlung von medizinisch ausgebildetem Fachpersonal, ein Klient des Geistheilers gerade für die Geistheilung. Wer eine medizinische Leistung oder eine geistheilende Tätigkeit in Anspruch nimmt, geht davon aus, eine solche zu bekommen. Aufgrund dessen ist es als wesentlicher Vertragsbestandteil anzusehen, ob jemand über eine medizinische Ausbildung beziehungsweise besondere Kräfte der Geistheilung verfügt. Dies stellt somit eine Information dar, deren Zurückhalten den Vertrag anfechtbar machen würde.

Hält der Geistheiler daher entsprechende Informationen zurück, erfüllt dies den objektiven Tatbestand (*actus reus*) des Abschnitt 3 des *FA 2006*.

*(2) Subjektive Voraussetzungen (*mens rea*)*

Im Rahmen des subjektiven Tatbestands (*mens rea*) des Abschnitt 3 des *FA 2006* muss der Täter die Information unehrlich nicht preisgegeben haben und dabei beabsichtigt haben, für sich oder einen anderen einen Vorteil zu erzielen oder einem anderen einen Verlust oder das Risiko eines Verlusts zu verursachen.

Im Wesentlichen kann auf die bereits getätigten Ausführungen verwiesen werden. Allerdings ist im Rahmen einer möglichen Strafbarkeit nach Abschnitt 3 des *FA 2006* zu beachten, dass dieser Abschnitt im Gegensatz zu Abschnitt 2 nicht verlangt, dass der Täter um die Pflicht zur Preisgabe weiß oder diese Möglichkeit vorhersieht[644].

---

641 *Child/Ormerod*, in: Smith/Hogan/Ormerod, Essentials of Criminal Law, S. 396.
642 *Child/Ormerod*, in: Smith/Hogan/Ormerod, Essentials of Criminal Law, S. 403.
643 *Child/Ormerod*, in: Smith/Hogan/Ormerod, Essentials of Criminal Law, S. 396 f.
644 *Child/Ormerod*, in: Smith/Hogan/Ormerod, Essentials of Criminal Law, S. 397.

Der Geistheiler kann sich daher auch dann strafbar machen, wenn er weder wusste noch die Möglichkeit erkannte, dass eine gesetzliche Verpflichtung zur Preisgabe der Information bestand.

Mitunter wird aber darauf hingewiesen, dass ein solches Erfordernis in Abschnitt 3 des *FA 2006* hineingelesen werden sollte. Denn die Annahme, dass *mens rea* in Bezug auf dieses objektive Tatbestandsmerkmal erforderlich ist, kann auch ungeachtet des generellen Grundsatzes, dass die Unwissenheit der Rechtslage keine Verteidigung darstellen kann, nicht eindeutig widerlegt werden.[645]

*c) Betrug durch Amtsmissbrauch (*fraud by abuse of position*)*

Die dritte mögliche Tatbegehung eines Betrugs im Rahmen des *FA 2006*, der Betrug durch Amtsmissbrauch, ist nicht von Relevanz. Sie setzt gemäß Abschnitt 4 des *FA 2006* voraus, dass der Täter eine Stellung innehat, in der von ihm die Überwachung oder zumindest die Rücksichtnahme auf die finanziellen Interessen einer anderen Person erwartet wird. Das trifft auf den Geistheiler nicht zu.

d) Zwischenergebnis

Die Strafbarkeit des Geistheilers wegen Betrugs gemäß Abschnitt 1 des *FA 2006* ist folglich sowohl in der Form des Betrugs durch falsche Darstellung (*false representation*) als auch in der Form des Betrugs durch mangelnde Preisgabe von Informationen (*fraud by failing to disclose information*) möglich.

*2. Fahrlässige Tötung (*involuntary manslaughter*)*

Weiterhin ist die Strafbarkeit des Geistheilers wegen fahrlässiger Tötung (*involuntary manslaughter*) möglich, wenn der Klient infolge oder trotz der Behandlung durch den Geistheiler verstirbt, der Geistheiler seinen Tod aber nicht beabsichtig hat.

Im englischen Strafrecht werden drei Arten von fahrlässiger Tötung unterschieden, die sich im *Common Law* herausgebildet haben: fahrlässige Tötung durch unerlaubte und gefährliche Handlung (*unlawful and dangerous act manslaughter*), grob fahrlässige Tötung (*gross negligence manslaughter*) und fahrlässige Tötung durch Leichtsinnigkeit (*reckless manslaughter*).[646]

---

645 *Card/Malloy*, in: Card/Cross/Jones, Criminal Law, S. 488.

646 *Child/Ormerod*, in: Smith/Hogan/Ormerod, Essentials of Criminal Law, S. 182.

a) *Fahrlässige Tötung durch unerlaubte und gefährliche Handlung (*unlawful and dangerous act manslaughter*)*

Da die Strafbarkeit wegen fahrlässiger Tötung durch unerlaubte und gefährliche Handlung im englischen Strafrecht nicht gesetzlich festgeschrieben ist, muss das *Common Law*, insbesondere der Fall *DPP v. Newbury & Jones*[647] herangezogen werden, um die Tatbestandsmerkmale zu erörtern[648]. In diesem Fall hielt das *House of Lords* fest, dass eine Person der fahrlässigen Tötung durch unerlaubte und gefährliche Handlung schuldig sei, wenn sie „absichtlich eine Handlung beging, die rechtswidrig und gefährlich war und diese Handlung ungewollt den Tod verursachte“[649].

Aus dieser Definition sind drei Voraussetzungen für die Strafbarkeit wegen fahrlässiger Tötung durch unerlaubte und gefährliche Handlung abzuleiten: Der Täter muss absichtlich eine rechtswidrige Handlung, die Grundstraftat (*base offence*), begangen haben, diese Grundstraftat muss objektiv gefährlich gewesen sein, und sie muss schließlich den Tod des Opfers verursacht haben.[650]

Zunächst muss der Täter eine Handlung durchgeführt haben, die, auch wenn durch sie niemand zu Tode gekommen wäre, strafbar gewesen wäre. Während früher jede unerlaubte Handlung ausreichte, muss es sich nach heutigem Recht zumindest um eine Straftat handeln. Dabei kommt jedoch jede Straftat in Betracht; dass es sich um eine Gewalttat handelt, ist nicht erforderlich.[651] Voraussetzung ist nur, dass die Straftat nicht lediglich Fahrlässigkeit genügen lässt oder sogar gar kein subjektives Unrechtsbewusstsein voraussetzt[652]. Zudem muss die Grundstraftat durch eine Handlung begangen worden sein, eine Begehung durch Unterlassen reicht nicht aus[653]. In Bezug auf die Geistheilung ist insbesondere an eine Körperverletzungshandlung zu denken, wobei diese allerdings

647 DPP v. Newbury Appellant and v. Jones Appellant [1977] A.C. 500.

648 *Macdonald*, Text, Cases and Materials on Criminal Law, S. 146.

649 *DPP v. Newbury Appellant and v. Jones Appellant* [1977] A.C. 500 (507).

650 *Child/Ormerod*, in: Smith/Hogan/Ormerod, Essentials of Criminal Law, S. 183; für eine kleinteiligere Aufteilung in fünf Voraussetzungen, ansonsten aber übereinstimmend: *Loveless*, Criminal Law: Text, Cases and Materials, S. 310 oder auch *Macdonald*, Text, Cases and Material on Criminal Law, S. 146.

651 *Macdonald*, Text, Cases and Material on Criminal Law, S. 147, mit den Fällen *R v. Watson* [1989] 1 W.L.R. 684 und *R v. Goodfellow* [1986] 83 Cr.App.R. 23 als Beispielen.

652 *Child/Ormerod*, in: Smith/Hogan/Ormerod, Essentials of Criminal Law, S. 184 mit Verweis auf *R v. Lamb* [1967] 2 Q.B. 981 (982, 988) bezüglich einfacher Fahrlässigkeit.

653 *Dennis*, Manslaughter by Omission, in: Current Legal Problems 1980, 255 (259 f.); kritisch: *Child/Ormerod*, in: Smith/Hogan/Ormerod, Essentials of Criminal Law, S. 185.

vorsätzlich begangen werden muss. Erforderlich ist, dass der Täter jedes Tatbestandsmerkmal der Grundstraftat erfüllt hat und kein gültiger Rechtfertigungsgrund eingreift[654].

Darüber hinaus muss die Grundstraftat für das Opfer gefährlich gewesen sein. Das ist der Fall, wenn eine besonnene und verantwortungsvolle Person an der Stelle des mutmaßlichen Täters erkannt hätte, dass die jeweilige Handlung das Risiko einer Schädigung zum Zeitpunkt der Handlung bedeutete[655]. Nicht ausreichend ist, dass sie es erkannt haben könnte[656]. Während die Grundstraftat nicht gegen das spätere mutmaßliche Opfer der fahrlässigen Tötung gerichtet sein muss, muss die Gefahr zudem speziell als im Hinblick auf das spätere Opfer bestehend vorhersehbar gewesen sein[657]. Da die Voraussetzung der Gefährlichkeit objektiv zu beurteilen ist, ist das individuelle Unrechtsbewusstsein des Täters, sein Vorhersehen oder seine persönliche Wahrnehmung, nicht entscheidend[658]. Davon ist aber in solchen Fällen abzuweichen, in denen der Täter ein besonderes Wissen bezüglich der für das mutmaßliche Opfer bestehenden und für eine normale Person nicht offensichtlichen Risiken hat. In solchen Fällen muss der Verstand des Täters berücksichtigt werden.[659] Es ist aber nicht notwendig, dass das Risiko einer ernsthaften oder gar lebensbedrohlichen Schädigung vorhersehbar war, vielmehr reicht das erkennbare Risiko irgendeiner gesetzlich anerkannten Schädigung aus[660].

Der Geistheiler muss folglich erkennen, dass seine Tätigkeit das Risiko irgendeiner Schädigung für seinen Klienten auslöst. Hat er zudem weitergehende Kenntnisse bezüglich dessen gesundheitlicher Lage und den Auswirkungen seiner geistheilenden Tätigkeit auf die Gesundheit seines Klienten, ist dieses Wissen zu berücksichtigen.

Schließlich muss die rechtswidrige Handlung den Tod des Opfers verursachen. Die gängigen Voraussetzungen der Kausalität müssen vorliegen.[661] Dafür

---

654 *Child/Ormerod*, in: Smith/Hogan/Ormerod, Essentials of Criminal Law, S. 185.

655 *DPP v. Newbury Appellant and v. Jones Appellant* [1977] A.C. 500 (501).

656 *Child/Ormerod*, in: Smith/Hogan/Ormerod, Essentials of Criminal Law, S. 188.

657 *Child/Ormerod*, in: Smith/Hogan/Ormerod, Essentials of Criminal Law, S. 186.

658 *Child/Ormerod*, in: Smith/Hogan/Ormerod, Essentials of Criminal Law, S. 187; *Macdonald*, Text, Cases and Material on Criminal Law, S. 147.

659 *Child/Ormerod*, in: Smith/Hogan/Ormerod, Essentials of Criminal Law, S. 187.

660 *R v. Church* [1996] 1 Q.B. 59 (60, 70); ebenso ist es nach *Macdonald*, Text, Cases and Materials on Criminal Law, S. 149, nicht erforderlich, dass eine vernünftige und verantwortungsbewusste Person gerade die Schädigung vorgesehen hätte, die das Opfer schließlich konkret erleidet.

661 *Child/Ormerod*, in: Smith/Hogan/Ormerod, Essentials of Criminal Law, S. 189.

ist erforderlich, dass das Verhalten des Täters ein tatsächlicher Grund für die Folge war (*factual causation*), sowie dass die Folge dem Verhalten des Täters rechtlich zurechenbar ist (*legal causation*)[662]. Eine tatsächliche Verursachung setzt dabei voraus, dass die jeweilige Folge zu dem Zeitpunkt und auf die Art und Weise nicht eingetreten wäre, wenn sich der Täter nicht so, wenn er sich anders verhalten hätte. Die Anwendung dieses sogenannten *but for-Tests* hat das Ziel herauszufinden, ob eine spezifische Folge tatsächlich auf ein Verhalten des Täters zurückgeführt werden kann. Eine tatsächliche Verursachung ist nach dem *but for-Test* ausgeschlossen, wenn es dem Täter unmöglich war, den Eintritt der tatbestandlichen Folge zu verhindern.[663] Er ist somit mit der im deutschen Strafrecht anzuwenden *Conditio sine qua non-Formel* vergleichbar.

Für die rechtliche Zurechenbarkeit ist entscheidend, ob das Verhalten des Täters eine wesentliche Ursache für den Eintritt der Folge war. Wesentlich meint in diesem Sinne nicht, dass das Verhalten hauptsächlich oder vorherrschend gewesen sein muss, sondern lediglich, dass der Beitrag des Täters zum Erfolgseintritt mehr als nur geringfügig und unbedeutend gewesen sein muss.[664] Sofern sein Verhalten ein wesentlicher Grund für den Erfolgseintritt war, entfällt die rechtliche Zurechenbarkeit auch nicht dann, wenn eine zusätzliche dritte Person wesentlich zum Tod des Opfers beigetragen hat[665]. Liegt ein Fall der Tatbegehung durch Unterlassen vor, ist der tatbestandliche Erfolg dem Täter dann zuzurechnen, wenn der Täter den Erfolgseintritt (sicher) abgewendet hätte, hätte er seine bestehende Handlungspflicht erfüllt[666].

Ein Unterlassen des Geistheilers kommt insbesondere in Betracht, wenn die Geistheilung den Klienten von einer medizinischen Behandlung abhält und das Absehen von der Behandlung zu seinem Tod führt. In so einem Fall ist die Zurechnung zu bejahen, sofern der Geistheiler den Erfolgseintritt abgewendet hätte, hätte er seine Handlungspflicht erfüllt.

Im Ergebnis besteht zwar die Möglichkeit der Strafbarkeit eines Geistheilers wegen fahrlässiger Tötung durch unerlaubte und gefährliche Handlung, die Relevanz des Straftatbestands hält sich jedoch in einem überschaubaren Rahmen, da

662 *Card/Molloy*, in: Card/Cross/Jones, Criminal Law, S. 56.
663 *Card/Molloy*, in: Card/Cross/Jones, Criminal Law, S. 57.
664 *R v. Smith (Thomas Joseph)* [1959] 2 Q.B. 35; *R v. Hennigan* [1971] 55 Cr.App.R. 262; *R v. Hughes* [2014] 1 Cr.App.R. 6 (22).
665 *Card/Molloy*, in: Card/Cross/Jones, Criminal Law, S. 59.
666 *Card/Molloy*, in: Card/Cross/Jones, Criminal Law, S. 73.

es in der Regel an der erforderlichen zumindest bedingt vorsätzlich begangenen rechtswidrigen Grundstraftat mangelt.

*b) Grob fahrlässige Tötung (*gross negligence manslaughter*)*

Auch die Strafbarkeit wegen grob fahrlässiger Tötung (*gross negligence manslaughter*) ist gesetzlich nicht geregelt, sodass zur Erörterung der Tatbestandsmerkmale auf das *Common Law*, hier insbesondere auf den Fall *R v. Adomako*[667], zurückgegriffen werden muss[668].

Bei dem Straftatbestand der grob fahrlässigen Tötung (*gross negligence manslaughter*) handelt es sich um einen der Ausnahmefälle, bei denen ein fahrlässiges Handeln trotz des im englischen Strafrecht geltenden Gedankens der Autonomie die Strafbarkeit begründen kann. Gefordert wird allerdings eine grobe Fahrlässigkeit. Im Gegensatz zur vorherig dargestellten Variante der fahrlässigen Tötung, bei der die Verwirklichung einer Grundstraftat inklusive ihres subjektiven Tatbestands erforderlich ist, ist bei der grob fahrlässigen Tötung nicht erforderlich, dass der Täter die Schädigung einer anderen Person herbeiführen will. Die grob fahrlässige Tötung stellt daher eine extreme Ausnahme vom Grundgedanken der Autonomie dar, insbesondere da sie mit lebenslanger Haft bedroht ist. Sie ist für Fälle gedacht, bei denen der Täter zwar nicht beabsichtigt, eine ernsthafte Schädigung einer anderen Person zu riskieren, allein sein Verhalten aber bereits ernstlich fahrlässig ist und diese Fahrlässigkeit den Tod einer anderen Person verursacht.[669]

Da der Geistheiler seinem Klienten in der Regel helfen will und gerade keine gesundheitliche Schädigung, sondern eine Besserung des Gesundheitszustands beabsichtigt, ist diese Variante der fahrlässigen Tötung von besonderer Bedeutung.

Die Strafbarkeit wegen grob fahrlässiger Tötung beinhaltet vier wesentliche Voraussetzungen: Der Täter muss gegenüber dem Opfer eine Sorgfaltspflicht innegehabt haben, er muss diese durch sein Verhalten in einer Art und Weise verletzt haben, die ein tödliches Risiko beinhaltete, und er muss dadurch letztendlich den Tod des Opfers verursacht haben. Zudem muss das Verhalten grob fahrlässig gewesen sein.[670]

---

667 *R v. Adomako* [1995] 1 A.C. 171.

668 *Macdonald*, Text, Cases and Material on Criminal Law, S. 155.

669 *Child/Ormerod*, in: Smith/Hogan/Ormerod, Essentials of Criminal Law, S. 191.

670 *Child/Ormerod*, in: Smith/Hogan/Ormerod, Essentials of Criminal Law, S. 192; *Loveless*, Criminal Law: Text, Cases and Materials, S. 298.

Der Täter muss demzufolge zunächst zum Zeitpunkt des den Tod verursachenden Verhaltens dem Opfer gegenüber eine Sorgfaltspflicht innegehabt haben[671]. Der Begriff der Sorgfaltspflicht wird, auch wenn das Strafrecht nicht an die zivilrechtliche Definition gebunden ist[672], im Wesentlichen so verstanden wie im Deliktsrecht und dementsprechend weit ausgelegt. Eine Sorgfaltspflicht ist anzunehmen, wenn das Verhalten des Täters ein vorhersehbares Risiko für seine Mitmenschen inne hat[673]. Zusätzlich muss zwischen dem die Sorgfaltspflicht Tragenden und demjenigen, gegenüber dem die Sorgfaltspflicht besteht, eine besondere Nähebeziehung bestehen, sodass es als gerecht und angemessen anzusehen ist, dass das Recht eine Pflicht des Einen für die Fürsorge des Anderen begründet[674]. Ein anerkanntes Beispiel einer solchen Sorgfaltspflicht ist die zwischen Arzt und Patient[675]. Aufgrund dessen und aufgrund des weiten Verständnisses des Begriffs der Sorgfaltspflicht ist anzunehmen, dass dem Geistheiler eine Sorgfaltspflicht in Bezug auf seinen Klienten zukommt, zumal die Geistheilung in England inzwischen in die medizinische Behandlung in den Krankenhäusern integriert werden kann.

Die grob fahrlässige Tötung kann im Gegensatz zur fahrlässigen Tötung durch unerlaubte und gefährliche Handlung durch ein Unterlassen[676] begangen werden[677]. Da oftmals nicht eine Handlung des Geistheilers zum Tod einer anderen Person führt, sondern das Unterlassen, den Klienten darauf hinzuweisen, dass eine schulmedizinische Behandlung erforderlich ist, ist dies von besonderer Bedeutung. Voraussetzung ist allerdings, dass – zusätzlich zur Sorgfaltspflicht – eine Pflicht zur Handlung bestanden haben muss. Die Handlungspflichten sind dabei auch im englischen Strafrecht begrenzt und können nur in bestimmten Fällen angenommen werden.[678] Eine solche kann aufgrund eines Vertrags entstehen, aufgrund der Bekleidung eines öffentlichen Amtes, aufgrund der elterlichen Beziehung zum Kind oder einer anderen, vergleichbar engen Beziehung, oder durch freiwillige Übernahme der Sorge einer anderen Person, die nicht für

671 *Child/Ormerod*, in: Smith/Hogan/Ormerod, Essentials of Criminal Law, S. 192.

672 *Child/Ormerod*, in: Smith/Hogan/Ormerod, Essentials of Criminal Law, S. 193.

673 *Herring/Palser*, The duty of care in gross negligence manslaughter, in: Criminal Law Review 2007, 24 (36).

674 *Caparo Industries Plc. Respondents v. Dickman and Other Appellants* [1990] 2 A.C. 605 (617 f.).

675 *R v. Bateman* [1927] 19 Cr.App.R. 8 (12).

676 Bedeutend vor allem *R v. Evans* [2009] 1 W.L.R. 1999.

677 *Child/Ormerod*, in: Smith/Hogan/Ormerod, Essentials of Criminal Law, S. 193.

678 *Child/Ormerod*, in: Smith/Hogan/Ormerod, Essentials of Criminal Law, S. 193 f.

sich selbst sorgen kann[679]. Zudem kann eine Handlungspflicht begründet werden, wenn der Täter eine gefährliche Situation geschaffen oder an ihrer Entstehung mitgewirkt hat[680].

Besteht eine Handlungspflicht, so lässt sich aus dieser in der Praxis immer eine Sorgfaltspflicht ableiten. Dennoch muss bei der Strafbarkeit der grob fahrlässigen Tötung durch Unterlassen stets sowohl die Handlungs- als auch die Sorgfaltspflicht dargelegt werden.[681]

Von Interesse ist insbesondere die Handlungspflicht aufgrund eines Vertrags. Eine solche wird begründet, wenn die mangelnde Erfüllung der Pflicht das Leben einer anderen Person gefährdet. Bei einer ärztlichen Behandlung besteht stets eine vertraglich begründete Handlungspflicht des Arztes in Bezug auf seine Patienten.[682]

Zu untersuchen ist, ob den Geistheiler aus diesem Grunde eine vertraglich begründete Handlungspflicht trifft. Die mangelnde Erfüllung der Leistung des Geistheilers kann das Leben des Klienten, gefährden. Bestandteil der Leistung des Geistheilers ist, dass er seine Fähigkeiten und Kenntnisse, seine Kompetenz im Hinblick auf die gesundheitliche Verfassung des Klienten, stets aktiv hinterfragt und im Zweifel die Geistheilung abbricht und den Klienten an eine medizinische Behandlung verweist. Erfüllt er diese Leistung nicht oder nur mangelhaft, kann dies das Leben des Klienten gefährden, so beispielsweise, wenn es infolgedessen zu einer Verzögerung oder gar zu einer Nicht-Vornahme einer medizinischen Behandlung kommt. Dem steht nicht entgegen, dass in England die Geistheilung auf Wunsch der zu behandelnden Person vielfach im Rahmen einer medizinischen Behandlung im Krankenhaus zusätzlich hinzugezogen wird. Denn dies muss nicht zwingend der Fall sein. Die Geistheilung kann auch unabhängig von einer medizinischen Behandlung im Krankenhaus in Anspruch genommen werden. Dass die Geistheilung eine medizinische Behandlung ergänzen und der Geistheiler in die Behandlung eingebunden werden kann, zeigt aber, dass die Geistheilung in England einen besonderen Stellenwert hat und weitaus akzeptierter ist, als in Deutschland und Österreich. Dann allerdings muss erst recht ein Vertrag zwischen einem Geistheiler und seinem Klienten eine Handlungspflicht des Geistheilers begründen.

679 *Card/Molloy*, in: Card/Cross/Jones, Criminal Law, S. 44.

680 *Child/Ormerod*, in: Smith/Hogan/Ormerod, Essentials of Criminal Law, S. 193 f.

681 *Ebd.*

682 *Card/Molloy*, in: Card/Cross/Jones, Criminal Law, S. 44 f.

Den Geistheiler trifft daher gegenüber seinem Klienten eine vertraglich begründete Handlungspflicht.

Des Weiteren muss der Täter die Sorgfaltspflicht und im Fall einer Begehung durch Unterlassen auch seine Handlungspflicht verletzen. Maßgeblich ist, ob das Verhalten des Täters in der jeweiligen Situation hinter dem zu erwartenden Verhalten einer vernünftigen und besonnenen Person zurückbleibt. Steht eine Tatbegehung durch ein Handeln in Rede, ist entscheidend, ob eine vernünftige Person von der von dem Täter ausgeübten Handlung Abstand genommen und/ oder sich anders verhalten hätte. Steht hingegen eine Tatbegehung durch ein Unterlassen in Rede, ist zu prüfen, ob und wie eine verantwortungsvolle Person an der Stelle des Täters gehandelt hätte. Gibt der Täter vor, über besondere Fähigkeiten oder Kenntnisse zu verfügen, wird als Standard, an dem das Verhalten des Täters gemessen wird, eine verantwortungsvolle und vernünftige Person mit gerade diesen Fähigkeiten und Kenntnissen herangezogen.[683]

Entscheidend ist mithin, wie eine vernünftige und verantwortungsbewusste Person mit den Fähigkeiten und Kenntnissen des Geistheilers, insbesondere in Bezug auf medizinisches Fachwissen, gehandelt beziehungsweise reagiert hätte.

Zudem muss der Täter durch die Verletzung seiner Sorgfaltspflicht den Tod des Opfers verursacht haben. Es gelten die allgemeinen Grundsätze der Kausalität: Das Verhalten des Täters muss den Tod in tatsächlicher sowie in rechtlicher Hinsicht zurechenbar verursachen.

Auch im Falle des Unterlassens muss Kausalität gegeben sein. Entscheidend ist, wie eine vernünftige, besonnene und verantwortungsvolle Person an der Stelle des Täters gehandelt hätte, und ob dieses Handeln den Tod des Opfers verhindert hätte.[684]

Schließlich muss die Handlung oder das Unterlassen grob fahrlässig gewesen sein. Um eine einfache Fahrlässigkeit annehmen zu können, reicht es aus, wenn der Täter ein Verhalten an den Tag gelegt hat, das unter Berücksichtigung der gegebenen Umstände hinter dem Standard einer vernünftigen und verantwortungsbewussten Person zurückbleibt[685]. Im Rahmen der grob fahrlässigen Tötung ist allerdings eine schwerwiegendere Fahrlässigkeit erforderlich. Der Begriff der groben Fahrlässigkeit ist sehr unbestimmt.[686]

---

683 *Child/Ormerod*, in: Smith/Hogan/Ormerod, Essentials of Criminal Law, S. 195.

684 *Ebd.*

685 *Card/Molloy*, in: Card/Cross/Jones, Criminal Law, S. 271.

686 *Child/Ormerod*, in: Smith/Hogan/Ormerod, Essentials of Criminal Law. S. 196.

Zu untersuchen ist daher, wann von einer gewöhnlichen Fahrlässigkeit auszugehen ist und wann die Schwelle zur groben Fahrlässigkeit überschritten wird.

Im Fall *R v. Bateman* stellte der *Court of Criminal* fest, dass, um grobe Fahrlässigkeit annehmen zu können, „die Fahrlässigkeit des Beschuldigten über eine reine Entschädigungsfrage […] [hinausgehen muss], […] solch eine Missachtung des Lebens und der Sicherheit anderer […] [aufweisen muss], wie auch ein Staatsschutzdelikt und ein eine Strafe verdienendes Verhalten“[687] erforderlich sei.

Um von grober Fahrlässigkeit sprechen zu können, muss das Verhalten des Täters dementsprechend zum einen ein vernünftigerweise vorhersehbares Risiko des Todes einer anderen Person beinhaltet haben, und es muss in solch einer Art und Weise hinter dem Standard einer verantwortungsbewussten und vernünftigen Vergleichsperson zurückbleiben, als dass es strafrechtlich verfolgt werden sollte. Zu prüfen ist, ob das Verhalten des Täters es rechtfertigt, dass er für das so schwerwiegende Verbrechen einer (wenn auch unabsichtlichen) Tötung verurteilt wird.[688] Als Hilfestellung zur Beurteilung können die begleitenden Umstände wie die Motive des Täters, die Erklärung seines Verhaltens und Weiteres herangezogen werden[689].

Dies zeigt, dass die Hürden für die Annahme einer grob fahrlässigen Tötung im englischen Recht hoch sind. Es ist daher im Einzelfall zu prüfen, ob ein Fall derartiger grober Fahrlässigkeit vorliegt, der die Strafbarkeit des Geistheilers wegen grob fahrlässiger Tötung rechtfertigt, wobei ein strenger Maßstab nach den dargestellten Kriterien anzuwenden ist.

*c) Fahrlässige Tötung durch Leichtsinn (*reckless manslaughter*)*

Schließlich besteht nach dem *Common Law* die Möglichkeit der Strafbarkeit wegen fahrlässiger Tötung durch Leichtsinn bezüglich des Todes oder einer ernsthaften körperlichen Schädigung (*reckless manslaughter as to death or serious bodily harm*).

Die Strafbarkeit kommt in Betracht, wenn der Täter das Risiko des Todes oder der ernsthaften körperlichen Schädigung einer anderen Person als eine mögliche Folge seines Verhaltens erkennt und hinnimmt, obwohl dies unter den gegebenen Umständen als unvernünftig angesehen werden muss[690].

---

687 *R v. Bateman* [1927] 19 Cr.App.R. 8 (11 f.).

688 *Card/Molloy*, in: Card/Cross/Jones, Criminal Law, S. 271, mit Nachweisen aus der englischen Rechtsprechung.

689 *Child/Ormerod*, in: Smith/Hogan/Ormerod, Essentials of Criminal Law, S. 196.

690 *Card/Molloy*, in: Card/Cross/Jones, Criminal Law, S. 273.

Während normalerweise im englischen Strafrecht in Bezug auf die Vorhersehbarkeit eines Risikos Leichtfertigkeit angenommen wird, wenn der Täter das Risiko als eine mögliche Folge seines Verhaltens vorhersieht und dieses Risiko eingeht[691], muss der Täter im Rahmen der fahrlässigen Tötung wegen Leichtsinns das Risiko einer ernsthaften Schädigung als höchstwahrscheinlich erkennen und es dennoch unverantwortlich eingehen, damit eine Leichtfertigkeit in diesem Sinne angenommen werden kann[692].

Der Geistheiler muss folglich den Eintritt des Risikos, dass sein Klient durch die Geistheilung ernstlich geschädigt wird, als höchst wahrscheinlich ansehen und dennoch die Geistheilung beginnen oder fortsetzen. Dass er lediglich die Möglichkeit des Risikos einer Schädigung annimmt und dennoch die geistheilende Tätigkeit beginnt oder fortsetzt, reicht hingegen nicht aus.

Da die meisten Fälle entweder die Elemente der fahrlässigen Tötung durch unerlaubte und gefährliche Handlung oder die der grob fahrlässigen Tötung enthalten, kommt der fahrlässigen Tötung durch Leichtsinn wenig Bedeutung zu. Die fahrlässige Tötung durch Leichtsinn ist zudem die einzige Form der fahrlässigen Tötung, die ein Unrechtsbewusstsein in Bezug auf den Tod oder die ernsthafte Schädigung erfordert. Sie ist daher strafrechtlich schwerer zu verfolgen.

Möglich bleibt aber der Fall, in dem ein Unterlassen des Geistheilers zu einer fahrlässigen Tötung des Klienten führt und von diesem Unterlassen des Täters keine vorhersehbare Todesgefahr ausging.[693]

d) Zwischenergebnis

Die Strafbarkeit eines Geistheilers wegen fahrlässiger Tötung (*involuntary manslaughter*) kommt mithin in Betracht, die Hürden für die Strafbarkeit sind jedoch hoch und die praktische Relevanz ist vergleichsweise gering.

3. *Körperverletzungsdelikte (*non-fatal offences against the person*)*

Die Straftaten, die sich zwar gegen die körperliche Integrität einer anderen Person richten, jedoch für diese nicht tödlich verlaufen (*non-fatal offences against the person*), sind im englischen Strafrecht gesetzlich geregelt. Im Hinblick auf eine mögliche Strafbarkeit des Geistheilers sind neben dem im *Criminal Justice Act 1988* (*CJA 1988*) geregelten Straftatbestand der Tätlichkeit

---

691 *Card/Molloy*, in: Card/Cross/Jones, Criminal Law, S. 274.

692 *R v. Lidar*, in: Archbold News 2000, Vol. 4, S. 3 f.

693 *Child/Ormerod*, in: Smith/Hogan/Ormerod, Essentials of Criminal Law, S. 197.

(*common assault and battery)* insbesondere die im *Offence Against the Person Act 1861* (*OAPA 1861*) geregelten Straftatbestände der einfachen Körperverletzung (*assault occasioning actual bodily harm*) und der schweren Körperverletzung (*wounding or inflicting grievous bodily harm*) relevant.

*a) Tätlichkeit (*common assault and battery*)*

Die Strafbarkeit wegen einer Tätlichkeit (*battery*) ist zwar in Abschnitt 39 des *CJA 1988* geregelt, ihre Voraussetzungen werden aber durch das *Common Law* definiert[694].

Die Strafbarkeit wegen einer Tätlichkeit (*battery*) kommt in Betracht, wenn der Täter durch sein ungesetzliches Verhalten einer anderen Person Gewalt zufügt.[695]

*(1) Objektiver Tatbestand (*actus reus*)*

Zwischen dem Täter und einer anderen Person muss durch ein Verhalten des Täters ein rechtswidriger physischer Kontakt erzeugt werden. Das Vorhandensein physischen Kontakts ist dabei zwingend notwendig.[696] Aus diesem Grunde reicht das Zufügen rein psychischer Verletzungen nicht aus. Nicht erforderlich ist aber, dass das Opfer den physischen Kontakt wahrnimmt, was mitunter nicht der Fall ist, wenn das Opfer beispielsweise schläft.[697] Ob die Tatbegehung durch Unterlassen möglich ist, wird uneinheitlich beantwortet[698], jedenfalls muss dann aber zusätzlich eine Handlungspflicht verletzt sein[699].

Die Strafbarkeit des Geistheilers wegen *common assault and battery* kommt aufgrund des Erfordernisses eines physischen Kontakts nur in Betracht, wenn bei der Geistheilung ein physischer Kontakt erzeugt wird, folglich beispielsweise nicht beim Gesundbeten. Da die meisten Behandlungsmethoden der Geistheilung nicht-invasiv sind, wird der objektive Tatbestand des *common assault and battery* nur in seltenen Fällen erfüllt sein.

---

694 *Child/Ormerod*, in: Smith/Hogan/Ormerod, Essentials of Criminal Law, S. 216.
695 *Child/Ormerod*, in: Smith/Hogan/Ormerod, Essentials of Criminal Law, S. 220.
696 *Ebd.*
697 *Child/Ormerod*, in: Smith/Hogan/Ormerod, Essentials of Criminal Law, S. 221.
698 Dies bejahend: *Child/Ormerod*, in: Smith/Hogan/Ormerod, Essentials of Criminal Law, S. 221.
699 *Child/Ormerod*, in: Smith/Hogan/Ormerod, Essentials of Criminal Law, S. 222.

(2) *Subjektiver Tatbestand (*mens rea*)*

Zur Erfüllung des subjektiven Tatbestands (*mens rea*) muss der Täter die Handlung oder das Unterlassen willentlich herbeigeführt haben. Weiterhin muss ihm bewusst sein, dass das Opfer eine Person ist.[700] Hinsichtlich der Folge der Anwendung einer ungesetzlichen Kraft gegen den Körper des Opfers muss der Täter absichtlich oder zumindest bewusst fahrlässig (*reckless*) gehandelt haben[701]. Ein einfaches fahrlässiges Verhalten eines Geistheilers reicht folglich nicht aus für die Strafbarkeit wegen Körperverletzung im englischen Recht.

Nicht erforderlich für die Strafbarkeit wegen einer Tätlichkeit ist es hingegen nach allgemeiner Ansicht, dass der Täter in feindlicher Absicht handelt[702]. Das wurde durch die Definition des Begriffs der Tätlichkeit im Fall *Faulkner v. Talbot* deutlich, wonach die Tätlichkeit „eine absichtliche Berührung einer anderen Person ohne deren Einwilligung und ohne gesetzliche Entschuldigung [ist], […] die nicht notwendigerweise feindlich oder rüde oder aggressiv sein [muss], wie einige Fälle den Anschein erwecken“[703].

*b) Einfache Körperverletzung (*assault occasioning actual bodily harm*)*

Abschnitt 47 des *OAPA 1861* stellt eine Tätlichkeit unter Strafe, die zu einer gegenwärtigen körperlichen Schädigung führt. Es handelt sich folglich um die Strafbarkeit wegen einer einfachen Körperverletzung.

Der Wortlaut des Abschnitts 47 spricht als Grundhandlung zwar lediglich von *assault*, die Erfüllung des objektiven Tatbestands *battery* reicht zur Erfüllung des objektiven Tatbestands der einfachen Körperverletzung nach dem englischen Strafrecht aber aus. Zusätzlich muss das Opfer eine einfache Körperverletzung erleiden.[704]

Die Grundhandlung der Tätlichkeit muss die einfache Körperverletzung verursachen[705]. Der Täter muss daher eine Tätigkeit begehen, die eine einfache Körperverletzung verursachen muss[706].

Der Begriff der einfachen Körperverletzung wurde im *OAPA 1861* nicht definiert. Die Interpretation war daher den Gerichten überlassen, die verursacht

700 *Ebd.*

701 *R v. Venna* [1976] Q.B. 421 (429).

702 *Child/Ormerod*, in: Smith/Hogan/Ormerod, Essentials of Criminal Law, S. 222.

703 *Faulkner vs Talbot* [1982] 74 Cr.App.R. 1 (7).

704 *Child/Ormerod*, in: Smith/Hogan/Ormerod, Essentials of Criminal Law, S. 231.

705 *R v. Roberts* [1972] 56 Cr.App.R. 95 (102).

706 *Child/Ormerod*, in: Smith/Hogan/Ormerod, Essentials of Criminal Law, S. 231.

haben, eine Definition auszuarbeiten, die im Einklang mit dem allgemeinen Sprachgebrauch steht und zudem die Höchststrafe von bis zu fünf Jahren Gefängnis berücksichtigt.[707] Da der Begriff und der Straftatbestand der Tätlichkeit existieren und insoweit eine Unterscheidung erforderlich ist, kann jedenfalls dann nicht von einer einfachen Körperverletzung gesprochen werden, wenn eine Einwirkung nur geringfügig und vorübergehend ist[708]. Der Begriff der einfachen Körperverletzung wird schließlich weit interpretiert und beinhaltet jede mittelbare oder unmittelbare Schädigung und jede Verletzung, die geplantermaßen die Gesundheit oder das Wohlbefinden des Opfers beeinträchtigt, so beispielsweise Kratzer, Schürfwunden, vorübergehender Bewusstseinsverlust, Quetschungen, Schwellungen aber auch das Abschneiden einer großer Menge von Haaren und unter Umständen psychische Verletzungen[709].

Der Geistheiler kann aufgrund der weiten Interpretation insbesondere durch in Folge einer Verzögerung einer notwendigen medizinischen Behandlung eintretende mittelbare Schädigungen und Verletzungen eine einfache Körperverletzung im Sinne des Abschnitt 47 des *OAPA 1861* verursachen.

Im Rahmen des subjektiven Tatbestands ist es allerdings erforderlich, dass die Voraussetzungen des subjektiven Tatbestands des Grundstraftatbestands der Tätlichkeit erfüllt sind. Zusätzliche Erfordernisse in Bezug auf die Folge der einfachen Körperverletzung verlangt das englische Strafrecht zwar nicht[710]. Dennoch reicht für die Strafbarkeit wegen einer einfachen Körperverletzung ein lediglich einfach fahrlässiges Handeln des Geistheilers nicht aus. Er muss zumindest bewusst fahrlässig handeln.

---

707 *Ebd.*

708 *T v. DPP* [2003] Crim.L.R. 622 (622).

709 *R v. Miller* [1954] 2 Q.B. 282 (285); für die einzelnen Beispiele führt *Child/Ormerod*, in: Smith/Hogan/Ormerod, Essentials of Criminal Law, S. 231 die jeweiligen Fälle der englischen Rechtsprechung auf; zu der Frage, ob psychische Verletzungen der Definition der einfachen Körperverletzung im englischen Strafrecht gerecht werden siehe *R v. Ireland Appellant* und *Burstow Appellant* [1998] A.C. 147 (147), wonach dies anzunehmen ist, sofern die psychische Erkrankung einen anerkannten psychiatrischen Zustand darstellt (wie beispielsweise eine klinische Depression).

710 *R v. Kenneth Joseph Roberts* [1972] 56 Cr.App.R. 95; bestätigt durch *R v. Savage Appellant* und *DPP Appellant v. Parmenter Respondent* [1992] 1 A.C. 699 (742).

c) *Schwere Körperverletzung (*wounding, or inflicting grievous bodily harm*)*

In Abschnitt 20 des *OAPA 1861* ist die gesetzwidrige und böswillige Verwundung sowie das gesetzwidrige und böswillige Zufügen einer schweren Körperverletzung unter Strafe gestellt, wobei zumindest irgendeine Schädigung der körperlichen Integrität vorhersehbar gewesen sein muss[711].

Der objektive Tatbestand kann auf zwei Arten erfüllt werden: entweder durch Verwundung (*wounding*) oder durch Zufügung einer schweren Körperverletzung (*inflicting grievous bodily harm*)[712].

Eine Tatbegehung durch Verwundung kommt dabei nur bei einer Verletzung der Haut, beispielsweise durch ein Einstechen, in Betracht[713]. Diese Form der Tatbegehung ist bezogen auf den Geistheiler von lediglich geringer Relevanz und wird daher nicht weiter betrachtet.

Hingegen kommt die Tatbegehungsvariante des Zufügens einer schweren Körperverletzung in Betracht. Der Begriff der schweren Körperverletzung wurde durch das *House of Lords* als ernstliche, schwerwiegende körperliche Schädigung definiert[714]. Dementsprechend muss die Verletzung des Opfers ernstlicher und schwerwiegender sein als bei der einfachen Körperverletzung, die lediglich irgendeine körperliche Schädigung verlangt[715]. Nicht erforderlich ist allerdings, dass die Verletzung dauerhaft oder lebensbedrohlich ist[716]. Gängige Beispiele sind gebrochene Knochen, Entstellungen beziehungsweise Verunstaltungen oder schwerwiegende psychische Verletzungen. Die Tathandlung des Zufügens wird dabei im Sinne eines Verursachens nach den Regeln der Kausalität verstanden.[717]

Gemäß Abschnitt 20 des *OAPA 1861* muss der Täter in subjektiver Hinsicht böswillig (*maliciously*) gehandelt haben. Er muss beabsichtigt haben, mit seinem Verhalten einer anderen Person eine rechtswidrige[718] Körperverletzung

---

711 *Child/Ormerod*, in: Smith/Hogan/Ormerod, Essentials of Criminal Law, S. 233.

712 *Ebd.*

713 *Moriarty v. Brooks* (1834) 172 E.R. 1419 (1420) mit weiteren Beispielen aus der englischen Rechtsprechung.

714 *DPP Appellant v. Smith Respondent* [1961] A.C. 290 (320) in Anlehnung an *DPP Appellant v. Beard Respondent* [1920] A.C. 479 (503).

715 *Child/Ormerod*, in: Smith/Hogan/Ormerod, Essentials of Criminal Law, S. 234.

716 *R v. Bollom* [2004] 2 Cr.App.R. 6 (53) mit Verweis auf *R v. Ashman* 175 E.R. 638 (638).

717 *Child/Ormerod*, in: Smith/Hogan/Ormerod, Essentials of Criminal Law, S. 234.

718 *R v. Jones, Campbell, Smith, Nicholas, Blackwood* und *Muir* [1986] 83 Cr.App.R. 375 (378) mit Verweis auf *R v. Donovan* [1936] 25 Cr.App.R. 1.

zuzufügen oder zumindest in Bezug auf das Risiko fahrlässig gehandelt haben, dass sein Verhalten möglicherweise[719] diese Folge haben würde[720].

Folglich sind nicht nur Fälle der vorsätzlichen schweren Körperverletzung von Abschnitt 20 des *OAPA 1861* erfasst. Es reicht vielmehr aus, wenn der Geistheiler im Hinblick auf die Möglichkeit des Eintritts einer schweren Körperverletzung fahrlässig gehandelt hat. Allerdings muss ihm dieses Risiko bewusst gewesen sein und er muss es bewusst eingegangen sein. Einfache Fahrlässigkeit reicht im Hinblick auf die Körperverletzung nicht aus. Erforderlich ist eine bewusste Fahrlässigkeit des Geistheilers.

Nach dem allgemeinen Grundsatz des englischen Strafrechts muss der Teil des subjektiven Tatbestands, der sich auf eine Folge eines Verhaltens bezieht, mit der im objektiven Tatbestand definierten Folge übereinstimmen (sogenanntes Korrespondenzprinzip)[721]. Abschnitt 20 des *OAPA 1861* steht dazu im Gegensatz: Es wird nicht verlangt, dass der Täter das gesamte Ausmaß der Schädigung beabsichtigt oder vorhergesehen hat, vielmehr reicht es aus, wenn der der Täter vorhergesehen oder beabsichtigt hat, dass irgendeine körperliche Schädigung verursacht wird. Das Ausmaß einer Verwundung oder schweren Körperverletzung muss er nicht vorhergesehen haben.[722] Ausreichend ist zudem, wenn der Täter das Risiko der körperlichen Schädigung einer anderen Person zwar tatsächlich nicht vorhergesehen hat, aber vorhergesehen haben müsste.[723]

Da sich der Geistheiler bewusst gewesen sein muss, dass sein Verhalten möglicherweise rechtswidrig eine körperliche Schädigung verursacht, kommt die Strafbarkeit des Geistheilers nach Abschnitt 20 des *OAPA 1861* nicht in Betracht, wenn er fälschlicherweise glaubt, er handele rechtmäßig[724].

---

719 In *R v. Rushworth* [1992] 95 Cr.App.R. 252 (255) wurde bestätigt, dass es lediglich erforderlich ist, dass die Möglichkeit einer Schädigung vorgesehen wurde, nicht dass eine Schädigung eintreten würde.

720 *R v. Savage Appellant* und *DPP Appellant v. Parmenter Respondent* [1992] 1 A.C. 699 (727).

721 *Card/Malloy*, in: Card/Cross/Jones, Criminal Law, S. 95.

722 *R v. Mowatt* [1968] 1 Q.B. 421 (426).

723 *R v. Savage Appellant* und *DPP Appellant v. Parmenter Respondent* [1992] 1 A.C. 699 (752).

724 *R v. Terence Jones, Michael Campbell, Lee Smith, Victor Nicholas, Winston Blackwood und Ricky Muir* [1986] 83 Cr.App.R. 375 (375).

d) Verteidigungsgrund der (mutmaßlichen) Einwilligung

Bei den *non-fatal offences against the person* und insbesondere bezüglich der in Rede stehenden Fällen der Geistheilung kommt der Verteidigungsgrund der (mutmaßlichen) Einwilligung in Betracht.

Im englischen Strafrecht ist eine Einwilligung einer Person in eine Körperverletzung unwirksam. Sie kann die Strafbarkeit des Täters nicht ausschließen, wenn er nicht lediglich eine völlig unbedeutende Körperverletzung beabsichtigt oder verursacht hat.[725] Hintergrund dessen ist, dass es nach der allgemeinen Auffassung im englischen Recht nicht im öffentlichen Interesse sein kann, dass Menschen einander körperliche Schäden zufügen oder dies auch nur versuchen[726]. Ohne einen weiteren rechtlich anerkannten Grund kann eine wirksame Einwilligung in eine Körperverletzung diese nicht rechtfertigen. Der rechtfertigenden Wirkung der Einwilligung sind aus rechtspolitischen Gründen Grenzen gesetzt.

Eine wirksame Einwilligung allein kann im englischen Recht folglich nur hinsichtlich des Straftatbestands des *common assault or battery* eine rechtfertigende Wirkung haben. Bei den schwereren Körperverletzungsdelikten kommt einer Einwilligung hingegen grundsätzlich keine rechtfertigende Wirkung zu. Allerdings sind von diesem Grundsatz Ausnahmen möglich.[727]

Anerkannt ist nämlich, dass es Situationen geben kann, in denen es einen guten Grund für das Zufügen einer körperlichen Schädigung gibt. In solchen Fällen, wenn das öffentliche Interesse es erfordert, soll die Einwilligung bei Vorliegen der Voraussetzungen wirksam sein. Eine allgemeine Regel für das Vorliegen eines guten Grundes hat das englische Recht nicht entwickelt. Bei der Frage, ob ein solcher Grund anzunehmen ist, steht die Berücksichtigung des öffentlichen Interesses im Vordergrund. Die bisher anerkannten Gründe sind daher nicht abschließend, sondern können in Folge von Entwicklungen der gesellschaftlichen Ansichten erweitert und geändert werden.[728] Die Gerichte ziehen es vor, gültige Ausnahmegründe von Fall zu Fall zu entwickeln, statt generelle Grundsätze festzusetzen[729].

---

725 *Attorney-General's Reference (No 6 of 1980)* [1981] Q.B. 715 (719); *Card/Molloy*, in: Card/Cross/Jones, Criminal Law, S. 150.

726 *Card/Molloy*, in: Card/Cross/Jones, Criminal Law, S. 150.

727 *Card/Molloy*, in: Card/Cross/Jones, Criminal Law, S. 151.

728 *Card/Molloy*, in: Card/Cross/Jones, Criminal Law, S. 153.

729 *Card/Molloy*, in: Card/Cross/Jones, Criminal Law, S. 159.

Im medizinischen Bereich und bei der Geistheilung ist insbesondere an den anerkannten Ausnahmegrund des berechtigten operativen Eingriffs (*reasonable surgical interference*) zu denken. Liegt ein solcher vor, kann eine wirksame Einwilligung in die Zufügung körperlicher Schäden oder in ein solches Risiko gegeben werden. Klare Kriterien, wann ein berechtigter operativer Eingriff vorliegt, sind jedoch nicht erkennbar; Umfang und Reichweite des Rechtfertigungsgrunds der Einwilligung in einen berechtigten operativen Eingriff sind weitgehend unklar.[730] Daher ist unklar, ob einer Einwilligung bei der Geistheilung rechtfertigende Wirkung zukommen kann. Problematisch ist zum einen, ob der anerkannte Grund des berechtigten operativen Eingriffs auch für die Geistheilung oder nur für medizinische Heilbehandlungen gilt. Zum anderen könnte er nur bei operativen im Sinne von chirurgischen Eingriffen anwendbar sein. Bei der Geistheilung handelt es sich gerade nicht um eine medizinische Behandlung, sodass der Ausnahmegrund schon aufgrund dessen keine Anwendung finden und eine rechtfertigende Wirkung einer Einwilligung ausgeschlossen sein könnte. Allerdings ist für den Bereich der Heilbehandlung die therapeutische Zielsetzung des Arztes das rechtfertigende Kriterium. Maßgeblich ist daher der Wille des Arztes, einen beschwerdefreien Gesundheitszustand seines Patienten aufrechtzuerhalten oder wieder herbeizuführen.[731] Unter Zugrundelegung der Annahme, dass der Geistheiler ebenfalls diese Intention mit seiner geistheilenden Tätigkeit verfolgt und bei Beachtung der Tatsache, dass in England die Möglichkeit besteht, einen Geistheiler zu ihrer Behandlung im Krankenhaus hinzuzuziehen, liegt es nahe, bei geistheilenden Tätigkeiten einer wirksamen Einwilligung eine rechtfertigende Wirkung zukommen zu lassen.

In anderen Situationen, die nicht unter eine der bereits eindeutig anerkannten Ausnahmefallgruppen subsumierbar sind, kann indes ebenfalls wirksam in eine tatbestandliche Körperverletzung eingewilligt werden, sofern für das in Rede stehende schädigende Verhalten ein guter Grund im Sinne des öffentlichen Interesses vorliegt. Im Wesentlichen ist eine Abwägung vorzunehmen, ob ein geistig voll zurechnungsfähiger Bürger unter der Voraussetzung, dass keine äußere Beeinflussung gegeben ist, nicht fähig und befugt sein sollte, hinsichtlich des Geschehens um seinen Körper einzuwilligen.[732]

Voraussetzung für die Wirksamkeit einer Einwilligung ist zudem, dass die Einwilligung des Opfers dem Täter gegenüber in einer gesetzlich anerkannten

---

730 *Card/Molloy*, in: Card/Cross/Jones, Criminal Law, S. 155.

731 *Ebd.*

732 *Card/Molloy*, in: Card/Cross/Jones, Criminal Law, S. 159.

Art und Weise ausdrücklich oder stillschweigend deutlich gemacht wird[733]. Außerdem muss das Opfer geistig fähig gewesen sein, einzuwilligen, und es muss in seiner Entscheidung frei gewesen sein sowie über alle benötigten Informationen zur Entscheidungsfindung verfügt haben. Für die Frage der Wirksamkeit kommt es dabei auf verschiedene Aspekte an, so beispielsweise welche geistige (Leistungs-)Fähigkeit nötig ist und ob diese beim Einwilligenden vorhanden ist, ob der Einwilligende über das ausreichende Maß an Wissen verfügt und ob der Einwilligende die Einwilligung ohne Druck, Zwang oder Nötigung abgegeben hat.[734] Bei der Abgabe unter Druck, Zwang oder Nötigung ist eine Einwilligung stets unwirksam, unabhängig davon, ob Drohung, Zwang oder Nötigung selbst strafbar waren oder nicht. Die Abgabe der Einwilligung muss allerdings kausal auf die Drohung, den Zwang oder die Nötigung zurückzuführen sein.[735]

Bei der Frage der Wirksamkeit einer Einwilligung ist insbesondere im Hinblick auf die geistige (Leistungs-)Fähigkeit jedes Opfer individuell zu betrachten. Hinsichtlich des erforderlichen Maßes an Wissen muss die einwilligende Person sich der Folgen ihrer Einwilligung bewusst sein. Je größer die mögliche Schädigung ist, desto höher ist der erforderliche Grad an Wissen für eine wirksame Einwilligung.[736]

Damit ähneln die Wirksamkeitskriterien der Einwilligung im englischen Recht stark denen im deutschen Recht. Im Einzelfall ist zu prüfen, ob der Klient eines Geistheilers seine Einwilligung deutlich gemacht hat, dazu fähig und in der Entscheidung frei war sowie ausreichend aufgeklärt bezüglich Risiken und Gefahren.

Besondere Aufmerksamkeit verlangen indes die Fälle, in denen der Täter von besonderen Risiken weiß, sie dem Opfer aber nicht mitteilt. Eine wirksame Einwilligung des Opfers kann sich in solchen Fällen mangels Wissens um die Risiken nicht auf ebendiese erstrecken. Führen die Risiken daher zu einer Schädigung, so ist eine wirksame Einwilligung auszuschließen.[737] Der Grad der Aufklärung über mögliche Risiken und Folgen der Geistheilung spielt folglich eine entscheidende Rolle, ebenso ein eventuell vorhandenes über das allgemeine Wissen hinausgehendes Fachwissen des Geistheilers.

---

733 *Child/Ormerod*, in: Smith/Hogan/Ormerod, Essentials of Criminal Law, S. 224.

734 *Card/Molloy*, in: Card/Cross/Jones, Criminal Law, S. 160 ff.; *Child/Ormerod*, in: Smith/Hogan/Ormerod, Essentials of Criminal Law, S. 225 f.

735 *Child/Ormerod*, in: Smith/Hogan/Ormerod, Essentials of Criminal Law, S. 229.

736 *Child/Ormerod*, in: Smith/Hogan/Ormerod, Essentials of Criminal Law, S. 226.

737 *Child/Ormerod*, in: Smith/Hogan/Ormerod, Essentials of Criminal Law, S. 227.

Weiterhin ist möglich, dass der Täter nur denkt, dass das Opfer eine wirksame und gültige Einwilligung abgegeben hat. Geht der Täter ernsthaft und aufrichtig von einer bestehenden Einwilligung aus, so macht er sich ebenfalls nicht strafbar[738]. Das gilt sogar dann, wenn sein Glaube unvernünftig war[739].

e) Zwischenergebnis

Die Strafbarkeit des Geistheilers wegen Körperverletzungsdelikten (*non-fatal offences against the person*) kommt nur bei den Formen der Geistheilung in Betracht, bei denen physischer Kontakt erzeugt wird. Zudem ist mindestens bewusste Fahrlässigkeit des Geistheilers hinsichtlich der Körperverletzung erforderlich; einfache Fahrlässigkeit reicht nicht aus.

4. Verletzung der Privatgeheimnisse

Die Strafbarkeit wegen der Verletzung Privatgeheimnisse des Einzelnen kommt im englischen Recht insbesondere durch das *Common Law* in Betracht. Eine Pflicht zur Geheimhaltung entsteht sobald eine Person von vertraulichen Informationen unter solchen Umständen Kenntnis erlangt, durch die sie bemerkt hat oder hätte bemerken müssen, dass es sich um eine vertrauliche Information handelt.[740]

Das englische Recht stellt für die Frage, wer zum Schutz von Privatgeheimnissen verpflichtet ist, folglich nicht auf die Berufszugehörigkeit ab, sondern verpflichtet schlicht jeden, der erkennbar mit vertraulichen Informationen in Berührung kommt. Wie bereits im Rahmen der Prüfungen des Schutzes der Privatgeheimnisse nach dem deutschen und dem österreichischen Recht angesprochen, trägt dies dem Sinn und Zweck des Schutzes von Privatgeheimnissen weitaus besser Rechnung, als eine Verpflichtung dazu von der Zugehörigkeit zu einem bestimmten Beruf abhängig zu machen. Geistheiler müssen daher im englischen Recht Privatgeheimnisse ihrer Klienten vertraulich behandeln.

Neben dem *Common Law* kommt hinsichtlich des Schutzes der Privatgeheimnisse des Einzelnen zudem noch dem *Data Protection Act 1998* sowie dem *Human Rights Act 1998* Bedeutung zu, die die persönlichen Daten des Einzelnen und deren unsachgemäße Verwendung ebenfalls schützen.

---

738 *Child/Ormerod*, in: Smith/Hogan/Ormerod, Essentials of Criminal Law, S. 229.

739 *R v. Terence Jones, Michael Campbell, Lee Smith, Victor Nicholas, Winston Blackwood und Ricky Muir* [1986] 83 Cr.App.R. 375 (378).

740 *Attorney-General Respondent v. Times Newspapers Ltd. and Another Appellants* [1992] 1 A.C. 191.

5. *Falsche Berufsbezeichnung sowie falsche Angabe eines Titels, der Registerzugehörigkeit oder des Lizenzbesitzes*

Zudem kommt die Strafbarkeit des Geistheilers wegen einer falschen Berufsbezeichnung als *registered medical practitioner*, wegen der falschen Angabe des Titels des Doktors der Medizin oder wegen der falschen Angabe der Zugehörigkeit zum Register des *GMC* oder des Lizenzbesitzes in Betracht. Die Straftatbestände sind in Abschnitt 49 und Abschnitt 49a des *Medical Act 1983* geregelt.

Abschnitt 49 des *Medical Act 1983* bestimmt, dass jede Person mit Geldstrafe bestraft wird, die willentlich und fälschlicherweise vorgibt, Doktor der Medizin oder *registered medical practitioner* zu sein. Ebenso wird bestraft, wer diesen Titel beziehungsweise diese Berufsbezeichnung oder einen Namen, Titel, Zusatz oder eine Bezeichnung nutzt, der oder die impliziert, dass sie nach dem *Medical Act 1983* registriert ist.

Gibt der Geistheiler wahrheitswidrig vor, eine derartige Berufsbezeichnung oder einen derartigen Titel innezuhaben oder beim *GMC* registriert zu sein, muss er mit einer Geldstrafe rechnen.

Während generell jeder in England die Heilkunde frei ausüben darf, bedürfen bestimmte Bereiche der Ausübung der Heilkunde in England dennoch einer Lizenz, beispielsweise die Ausstellung von Totenscheinen oder die Verschreibung verschreibungspflichtiger Medikamente. Nach Abschnitt 49a des *Medical Act 1983* wird jede Person, die keine derartige Lizenz zur Ausübung dieser bestimmten Handlungen besitzt, aber vorgibt, eine solche zu haben oder deren Verhalten andere ermutigt anzunehmen, dass sie eine solche besitzt, mit Geldstrafe bestraft.

Gibt der Geistheiler vor, lizensiert zu sein oder ermutigt er andere durch sein Verhalten, das anzunehmen, muss er mit einer Geldstrafe rechnen.

6. *Kein Straftatbestand des Wuchers*

Einen mit dem im deutschen oder österreichischen Recht vergleichbaren Straftatbestand des Sachwuchers kennt das englische Recht nicht. Im Hinblick auf den Schutz der Vermögensinteressen des Klienten besteht daher nur die Möglichkeit der Strafbarkeit des Geistheilers nach dem *FA 2006*.

III. Ergebnis zur Strafbarkeit von Geistheilern in England

Nach englischem Recht kann die Heilkunde grundsätzlich erlaubnisfrei ausgeübt werden. Eine die Ausübung der Heilkunde betreffende Strafbarkeit wie § 5 dHeilPraktG oder § 184 öStGB kennt das englische Recht nicht. Geschützt werden lediglich die Berufsbezeichnungen des *doctor of medicine* und des *registered medical practitioner* sowie die Zugehörigkeit zum Register des *GMC*.

Dennoch sind für Geistheiler in England die Grenzen des allgemeinen Strafrechts zu beachten.

Von entscheidender Bedeutung ist dabei, dass das englische Recht im Unterschied zum deutschen und österreichischen Recht keine Strafbarkeit der einfach fahrlässigen Körperverletzung kennt. Im englischen Recht kann erst eine bewusst fahrlässige Körperverletzung die Strafbarkeit begründen. Damit scheidet die Strafbarkeit des Geistheilers in vielen Fällen aus.

Und auch im Übrigen bestehen Unterschiede zum deutschen und österreichischen Recht. So gibt es im englischen Recht beispielsweise keinen Straftatbestand des Wuchers. Die Strafbarkeit wegen Betrugs kommt im englischen Recht zwar ebenso wie im deutschen Recht in Betracht. Dabei ist im englischen Recht bereits der objektive Tatbestand einfacher zu erfüllen als im deutschen und österreichischen Recht, da er im Vergleich zum deutschen und österreichischen Recht hinsichtlich dessen, worauf sich eine Äußerung beziehen kann, weitergehende Möglichkeiten enthält. Im englischen Recht bedarf es zudem keines Erfolgseintritts. Der Eintritt eines Vermögensschadens ist nicht erforderlich, vielmehr reicht bereits eine diesbezügliche Absicht des Täters aus.

Allerdings ist davon auszugehen, dass die Geistheilung in England nur eine geringe strafrechtliche Relevanz aufweist. Denn insgesamt begegnen das englische Recht und die englische Kultur der Geistheilung und den mit der Geistheilung einhergehenden Gefahren auf ganz andere Art und Weise, als es in Deutschland und Österreich der Fall ist. Statt einer Regulierung und Pönalisierung der Ausübung der Heilkunde und der Geistheilung im Speziellen, steht in England die Integration der Geistheilung in das staatliche Gesundheitswesen im Vordergrund. Durch die Zusammenarbeit von Ärzten und Geistheilern sollen so (mittelbare) Gefahren und Risiken auf das normale Maß der einer Heilbehandlung stetig innewohnenden Gefahren und Risiken reduziert werden. Die Aufgabe, die unseriösen von den seriösen Heilern zu separieren und nur seriöse Heiler zur Geistheilung in ärztlicher Zusammenarbeit zuzulassen, obliegt dabei den berufsständischen Heilerverbänden, insbesondere der *NFSH*. Die Heilerverbände sorgen durch Aufnahmeverfahren und -prüfungen dafür, dass nur seriöse Heiler, die eine ärztliche Heilbehandlung unterstützen und von einem Arzt überwacht werden, Geistheilungen ausführen, die dadurch im *NHS* abrechenbar sind.

In einer rechtspolitischen Diskussion ist nun zu erörtern, ob dieser Weg der Integration dem Schutz vor den Gefahren der Geistheilung stärker Rechnung trägt als eine Pönalisierung und daher für Deutschland anzustreben ist.

Dritter Teil Rechtspolitische Diskussion zum möglichen Erfordernis einer Regelung de lege ferenda

Nachdem die Rechtslagen der Geistheilung in Deutschland, Österreich und England betrachtet wurden, ist nun zu erörtern, welche Gemeinsamkeiten und Unterschiede sich hinsichtlich des Schutzes vor den Gefahren der Geistheilung in den jeweiligen Ländern ergeben, welche Schlüsse sich daraus für das deutsche Recht ziehen lassen und ob Handlungsbedarf besteht oder nicht.

A. Geistheiler in Deutschland: Ein kurzer Überblick

Bevor eine rechtspolitische Diskussion zum möglichen Erfordernis einer Regelung de lege ferenda hinsichtlich der Geistheilung in Deutschland erfolgt, gilt es die Situation der Geistheiler in Deutschland zu reflektieren.

Geistheiler verfolgen bei ihren Behandlungen eine ganzheitliche Betrachtungsweise, die eines ausgiebigen persönlichen Kontakts und hohen Zeitaufwands bedarf und setzen auf sanfte Methoden wie das Handauflegen und Gesundbeten. In der Regel handelt es sich bei ihnen um medizinische Laien. Die Geistheilung erfordert mitunter weder eine ärztliche Approbation noch eine Erlaubnis nach dem HeilPraktG, da die Geistheilung unter bestimmten Voraussetzungen nicht als Ausübung der Heilkunde gemäß § 1 HeilPraktG angesehen wird. Handelt es sich um eine Geistheilung, die eine Ausübung der Heilkunde im Sinne des HeilPraktG darstellt, und verfügt der Geistheiler weder über eine ärztliche Approbation noch über eine Erlaubnis nach dem HeilPraktG, kommt die Strafbarkeit des Geistheilers gemäß § 5 HeilPraktG in Betracht. Im Übrigen ist unabhängig davon, ob die geistheilende Tätigkeit eine Ausübung der Heilkunde darstellt und ob der Geistheiler über eine ärztliche Approbation oder eine Erlaubnis nach dem HeilPraktG verfügt, die Erfüllung von Straftatbeständen des StGB und des HWG möglich.

B. Schlussfolgerungen aus der dargelegten (rechtlichen) Bedeutung der Geistheilung in den einzelnen Ländern: Gemeinsamkeiten und Unterschiede

Deutlich wird, dass mit den dargelegten Rechtslagen Österreichs und Englands zwei Extreme ausgewählt wurden. Während in Österreich die Ausübung der

Heilkunde durch nicht-heilkundige Personen grundsätzlich verboten und durch § 184 öStGB mit Strafe bedroht ist, kann in England grundsätzlich jedermann die Heilkunde frei ausüben. Es stehen sich folglich Kurverbot und Kurfreiheit gegenüber. Ein Mittelweg ist im deutschen Recht zu finden: Zwar darf nicht jedermann die Heilkunde frei ausüben, sodass keine gänzliche Kurierfreiheit besteht. Es herrscht jedoch auch kein Kurierverbot. Das deutsche Recht kennt den Beruf des Heilpraktikers, der zwischen der ärztlichen Heilkundeausübung und der Heiltätigkeit durch Nicht-Heilkundige steht, und regelt seinen Beruf im HeilPraktG. Da die Erlaubnis nach dem HeilPraktG grundsätzlich zu erteilen ist und nur in Ausnahmefällen nicht erteilt werden darf, steht die rechtliche Situation in Deutschland bezogen auf die Regulierung der Ausübung der Heilkunde der rechtlichen Situation in England näher als der in Österreich. Welche Unterschiede und Gemeinsamkeiten im Speziellen bestehen, gilt es im Weiteren zu untersuchen.

I. Begriffsverständnis und Akzeptanz

Das Verständnis des Begriffs der Geistheilung stimmt in Deutschland, Österreich und England weitestgehend überein.

Hinsichtlich der gesellschaftlichen Akzeptanz weisen Deutschland und England hingegen starke Unterschiede auf. Während in Deutschland die Geistheilung in der Gesellschaft weitgehend kritisch betrachtet wird, ist sie in England weitaus akzeptierter. Das wird nicht zuletzt dadurch deutlich, dass Geistheiler in England ihre Tätigkeiten in Krankenhäusern ausüben und die medizinische Behandlung unterstützen können.

II. Regulierung des Heilberufs

Anders als beim Begriffsverständnis bestehen hinsichtlich der Regulierung des Heilberufs weitgehende Unterschiede zwischen den einzelnen Ländern.

Nach deutschem Recht darf die Heilkunde grundsätzlich nur ausgeübt werden, wenn über eine ärztliche Approbation oder über eine Erlaubnis nach § 1 HeilPraktG verfügt wird. Ursprünglich sollte durch die Einführung des HeilPraktG und des Heilpraktikerwesens die Ausübung der Heilkunde strenger reguliert, die bis dato geltende Kurierfreiheit aufgehoben und ein eingeschränktes Kurierverbot etabliert werden. Da das *BVerwG* jedoch im Jahr 1957 entschied, dass eine Erlaubnis jedem erteilt werden muss, der die Voraussetzungen der zum HeilPraktG ergangenen Durchsetzungsverordnungen erfüllt, herrscht in der Praxis im Ergebnis in Deutschland annähernd wieder Kurierfreiheit. Hinzu kommt, dass speziell im Hinblick auf die Geistheilung nach der Entscheidung des *BVerfG* aus dem Jahr 2004 einige Methoden der Geistheilung unter bestimmten Voraussetzungen nicht als Ausübung der Heilkunde anzusehen sind, sodass in diesen Fällen keine ärztliche Approbation oder Erlaubnis nach § 1 HeilPraktG erforderlich ist.

In Österreich hingegen gilt ein strikter Arztvorbehalt. Bestimmte Tätigkeiten sind verwaltungs- und strafrechtlich abgesichert den Ärzten vorbehalten. Den Ärzten vorbehaltene Tätigkeiten sind dabei alle auf medizinisch-wissenschaftlichen Erkenntnissen beruhende Tätigkeiten, die unmittelbar am oder mittelbar für den Menschen ausgeführt werden. Nach dem bisherigen strafrechtlichen Verständnis fällt die Geistheilung darunter. Dies kann inzwischen indes als umstritten angesehen werden, da für eine auf medizinisch-wissenschaftlichen Erkenntnisse beruhende Tätigkeit mitunter ein Mindestmaß an Rationalität gefordert wird. Vor dem Hintergrund des Schutzzwecks des Arztvorbehalts und der geltenden Normen des österreichischen Rechts ist es jedoch als richtig anzusehen, die Geistheilung dem Arztvorbehalt zu unterstellen. Heiltätigkeiten, die (un)mittelbar am beziehungsweise für den Menschen ausgeführt werden – und damit auch die Geistheilung – dürfen folglich in Österreich aktuell nur von Ärzten ausgeübt werden. Schon das Berufsbild eines Heilpraktikers kennt das österreichische Recht daher nicht. Die Ausübung der Heilkunde ist in Österreich folglich weitaus strenger reguliert als in Deutschland.

Das englische Recht ist hinsichtlich der Regulierung des Heilberufs toleranter als das deutsche Recht. Es kennt weder einen Arztvorbehalt noch erfordert die Ausübung der Heilkunde nach dem englischen Recht eine Erlaubnis. Es darf schlichtweg jeder die Heilkunde ausüben und heilend tätig werden. Regulativ geschützt ist nur die Berufsbezeichnung des *registered medical practitioner*. Nur wer tatsächlich registriert ist, darf sich so bezeichnen. Registriert wird dabei nur der medizinisch Ausgebildete. Die Heilkunde an sich kann und darf indes frei ausgeübt werden.

Hinsichtlich der Regulierung des Heilberufs bestehen folglich weitgehende Unterschiede zwischen dem deutschen und dem österreichischen sowie dem deutschen und dem englischen Recht.

In der Theorie ist die deutsche Rechtslage dabei als näher an der österreichischen, in der Praxis jedoch als näher an der englischen Rechtslage anzusehen.

III. (Straf)rechtlicher Schutz vor den Gefahren der Geistheilung

Nicht zuletzt die Unterschiede hinsichtlich der Regulierung des Heilberufs führen dazu, dass das Recht der betrachteten Länder auf unterschiedlichem Weg vor den Gefahren der Geistheilung schützt.

1. *Schutz speziell bezüglich der Ausübung der Heilkunde durch Nicht-Heilkundige*

Im deutschen Strafrecht sollte mit § 5 HeilPraktG, der die Ausübung der Heilkunde unter Strafe stellt, sofern der die Heilkunde Ausübende nicht über eine ärztliche Approbation oder eine Erlaubnis nach § 1 HeilPraktG verfügt, ein umfassender Schutz vor der Ausübung der Heilkunde durch Nicht-Heilkundige geboten werden. Dieses Ziel wurde jedoch dadurch unterlaufen, dass aufgrund der Entscheidung des *BVerwG* aus dem Jahr 1957 die nach § 1 HeilPraktG erforderliche Erlaubnis grundsätzlich zu erteilen ist und nur in Ausnahmefällen versagt werden darf. Der ursprünglich angestrebte umfassende strafrechtliche Schutz vor der Ausübung der Heilkunde durch Nicht-Heilkundige kann daher nicht erreicht werden. Im Gegenteil: Praktisch besteht nahezu kein Schutz vor der Ausübung der Heilkunde durch Nicht-Heilkundige in Deutschland.

Das österreichische Strafrecht schützt demgegenüber vollumfänglich vor der Ausübung der Heilkunde durch Nicht-Heilkundige. Der Straftatbestand der Kurpfuscherei gemäß § 184 öStGB untersagt im Zusammenspiel mit dem öÄrzteG jedem Nicht-Heilkundigen, auf medizinisch-wissenschaftlichen Erkenntnissen beruhende Tätigkeiten, die unmittelbar am oder mittelbar für den Menschen ausgeführt werden, in Bezug auf eine größere Zahl von Menschen gewerbsmäßig auszuüben. Derartige Tätigkeiten dürfen in Österreich nur ausgeübt werden, wenn eine zur Ausübung des ärztlichen Berufs erforderliche Ausbildung vorliegt. Anders als im Rahmen des § 5 dHeilPraktG ist im Rahmen des § 184 öStGB die Ausbildung im Sinne eines abgeschlossenen Medizinstudiums entscheidend, nicht das Verfügen über die Approbation – wenn auch die Approbation in Deutschland im Regelfall mit dem Abschluss eines Medizinstudiums einhergeht. Das ist insbesondere von Relevanz, wenn einem Arzt die Approbation entzogen wurde: Nach österreichischem Recht ist in diesem Fall die Täterqualität im Sinne des § 184 öStGB zu verneinen, im deutschen Recht liegt bei Entzug der Approbation im Rahmen des § 5 dHeilPraktG die erforderliche Voraussetzung vor, da keine Berechtigung mehr zur Ausübung des ärztlichen Berufs besteht.

Das andere Extrem ist in der englischen Rechtslage zu erkennen. Da Kurierfreiheit gilt, besteht kein spezieller Schutz vor der Ausübung der Heilkunde durch Nicht-Heilkundige. Jeder kann – ohne Approbation oder Erlaubnis – die Heilkunde ausüben. Speziell bezogen auf die Geistheilung ist zu beachten, dass inzwischen jede erkrankte Person das Recht hat, einen Geistheiler zu seiner ärztlichen Behandlung im Krankenhaus hinzuzuziehen, der dann gemeinsam mit den behandelnden Ärzten und von ihnen kontrolliert ergänzend zur (schul)medizinischen Behandlung die Geistheilung ausüben kann. Die auf diesem Wege erbrachten Leistungen des Geistheilers sind zudem im öffentlichen Gesundheitssystem, dem *NHS*, abrechenbar.

2. Schutz vor den Gefahren für das Vermögen der Klienten

Das Vermögen der Klienten wird nach allen drei Rechtslagen gleichermaßen unzulänglich geschützt.

Dabei bestehen weitgehende Gemeinsamkeiten zwischen dem deutschen und dem österreichischen Recht. Das Vermögen der Klienten ist in beiden Ländern lediglich über den allgemeinen Betrugstatbestand sowie über den Tatbestand des Wuchers geschützt. Die Tatbestände stimmen im deutschen und österreichischen Recht nahezu überein.

Eine spezielle Tatbestandsalternative des Heilschwindels kennt weder der deutsche noch der österreichische Betrugstatbestand. Während es im Rahmen des deutschen Betrugstatbestands durchaus umstritten ist, ob das Verfügen über geistige Heilkräfte eine betrugsrelevante Tatsache darstellen kann, ist im Rahmen des österreichischen Betrugstatbestands allgemein anerkannt, dass das Wissen und Können eines anderen im Allgemeinen als Tatsache anzusehen ist, auch wenn es auf Aussagen und Darstellungen beruht, die nicht verifizierbar sind. Ein maßgeblicher Unterschied besteht aber im Verständnis des Vermögensbegriffs: Im deutschen Recht wird der Vermögensbegriff wirtschaftlich-juristisch ausgelegt, weshalb ein Vermögensschaden in den Fällen der Geistheilung in der Regel ausgeschlossen ist, da der Geistheiler einen wirksamen Anspruch auf Vergütung seiner Tätigkeit hat. Im österreichischen Recht wird der Vermögensbegriff hingegen rein wirtschaftlich verstanden. Dadurch ist der Vermögensschaden in den Fällen der Geistheilung nach österreichischem Recht zwar nicht aufgrund eines wirksamen Anspruchs des Geistheilers ausgeschlossen, im Ergebnis muss er aber dennoch in den allermeisten Fällen verneint werden, da der Klient ein entsprechendes Äquivalent für seine Leistung erhält. Im deutschen und österreichischen Recht sind die Erfolgsaussichten hinsichtlich einer Verurteilung des Geistheilers wegen Betrugs folglich gering. Hinsichtlich des Wuchertatbestands ist ebenfalls eine weitgehende Übereinstimmung zwischen der deutschen und der österreichischen Rechtslage zu erkennen, insbesondere hinsichtlich der Tatbestandsvoraussetzungen und ihrer Auslegung. Das führt dazu, dass sowohl im deutschen als auch im österreichischen Strafrecht die Erfolgsaussichten der Strafbarkeit eines Geistheilers wegen Wuchers aufgrund vieler Unwägbarkeiten der jeweiligen Straftatbestände im Einzelfall als gering anzusehen sind. Damit besteht im deutschen wie im österreichischen Recht kein hinreichender Schutz der Vermögensinteressen der Klienten.

Auch das englische Recht kennt keinen Straftatbestand des Heilschwindels. Es bleibt der Straftatbestand des Betrugs. Anders als im deutschen und im österreichischen Recht ist für die Strafbarkeit wegen Betrugs im englischen Recht aber kein Erfolgseintritt erforderlich, sodass eine tatsächliche Schädigung des Vermögens nicht erforderlich ist. Daher kann sich die Frage eines Anspruchs des Geistheilers auf Zahlung der Vergütung oder des Erhaltens eines entsprechenden Äquivalents und die Auswirkung dessen auf die Strafbarkeit nicht ergeben. Dies kann bei den Fällen der Geistheilung für die Klienten vorteilhaft sein. Der Täter muss allerdings mit Vorteilsverschaffungsabsicht handeln. Zudem muss sich die getätigte Äußerung im Rahmen des englischen Betrugstatbestands nicht auf eine Tatsache beziehen muss, sondern kann sich auch auf eine Absicht oder Meinung beziehen. Weiterhin ist es aber erforderlich, dass der Täter unehrlich gehandelt hat. Dies ist der Fall, wenn seine Äußerung nach dem Standard einer vernünftigen und ehrlichen Person als unehrlich anzusehen ist und der Täter das realisiert hat. Die Strafbarkeit eines Geistheilers wegen Betrugs ist daher stark einzelfallabhängig und die Erfolgsaussichten sind mitunter als gering einzustufen. Einen Straftatbestand des Wuchers kennt das englische Strafrecht hingegen nicht. Damit besteht auch im englischen Recht kein hinreichender Schutz der Vermögensinteressen der Klienten.

3. *Schutz vor den Gefahren für Leib, Gesundheit und Leben der Klienten*

Vor den Gefahren der Geistheilung für Leib, Gesundheit und Leben der Klienten schützen das deutsche und das österreichische Strafrecht durchaus weitgehend.

Der Schutz wird insbesondere durch die Straftatbestände der fahrlässigen Körperverletzung sowie der fahrlässigen Tötung erreicht. Zwar besteht hinsichtlich dieser Straftatbestände keine so weitgehende Übereinstimmung wie hinsichtlich der Straftatbestände zum Schutz der Vermögensinteressen. Im Ergebnis sind aber viele Gemeinsamkeiten festzustellen. Während nach deutschem Rechtsverständnis jeder Heileingriff, der zu einer Schädigung führt, eine tatbestandliche Körperverletzung darstellt, die aber in aller Regel durch Einwilligung gerechtfertigt ist, ist nach österreichischem Rechtsverständnis der medizinisch indizierte und objektiv sorgfaltsgemäße, kunstgerecht ausgeführte, Heileingriff nicht als Körperverletzung anzusehen. Allerdings werden im österreichischen Recht unter Heileingriff nur Eingriffe und sonstige Behandlungen verstanden, die aufgrund einer medizinischen Indikation vorgenommen werden, um

Krankheiten, Leiden, Körperschäden, körperliche Beschwerden oder seelische Störungen zu erkennen, zu heilen, zu lindern oder zu verhüten – und die damit den Ärzten vorbehalten sind. Ein sachgerechter Heileingriff ist im österreichischen Recht daher schon begrifflich für Geistheiler nicht möglich, sodass bei Eintritt einer Schädigung stets eine tatbestandliche Körperverletzung vorliegt. Sowohl im deutschen als auch im österreichischen Recht ist eine Tatbegehung durch Unterlassen möglich, da eine Garantenstellung des Geistheilers anzunehmen ist. Allerdings wird der durch die Straftatbestände der fahrlässigen Körperverletzung erreichbare Schutz vor den Gefahren der Geistheilung für Leib, Leben und Gesundheit der Klienten vielfach durch den Ausschluss der objektiven Zurechnung aufgrund der Annahme einer eigenverantwortlichen Selbstgefährdung beschränkt beziehungsweise ausgehebelt. Daneben führt auch die Einwilligung im Rahmen einer fahrlässigen Körperverletzung häufig zu einer Rechtfertigung und damit zum Ausschluss der Strafbarkeit, wobei allerdings erhöhte Anforderungen an die Aufklärung der Klienten durch den Geistheiler zu stellen sind.

Im englischen Strafrecht hingegen besteht nur ein weitaus geringerer Schutz vor den Gefahren der Geistheilung für Leib, Gesundheit und Leben der Klienten als in Deutschland und Österreich. Das englische Strafrecht kennt aufgrund des geltenden Verantwortungsprinzips keinen Straftatbestand der einfach fahrlässigen Körperverletzung. Damit schützt es lediglich vor durch den Geistheiler mindestens bewusst fahrlässig herbeigeführten Körperverletzungen sowie vor durch den Geistheiler herbeigeführten fahrlässigen Tötungen. Im Rahmen der mindestens bewusst fahrlässigen Körperverletzungen ist zudem ebenfalls der Rechtfertigungsgrund der Einwilligung zu beachten, bei deren Wirksamkeit die Strafbarkeit eines Geistheilers ausgeschlossen sein kann. Allerdings sind erhöhte Anforderungen an die Aufklärung der Klienten sowie an die Verteilung des Wissens um Risiken zu stellen.

4. *Weitere Schutzaspekte*

Auch der Schutz der Privatgeheimnisse der Klienten ist insbesondere nach der deutschen und der österreichischen Rechtslage als unzureichend zu bezeichnen. Im deutschen und österreichischen Recht scheitert die Strafbarkeit eines Geistheilers wegen der Verletzung von Privatgeheimnissen an der Qualität als Sonderdelikt, da Geistheiler nicht dem Täterkreis angehören. Geistheiler können daher aktuell weder nach deutschem noch nach österreichischem Recht wegen der Verletzung von Privatgeheimnissen, die ihnen im Rahmen ihrer Arbeit bekannt wurden, strafrechtlich verfolgt werden. Damit ist der diesbezügliche Schutz sowohl in Deutschland als auch in Österreich als unzureichend einzustufen.

Das englische Recht hingegen schützt die Privatgeheimnisse der Klienten, da es nicht auf eine Berufsgruppenzugehörigkeit abstellt, sondern vielmehr all jene zur Wahrung der Privatgeheimnisse des Einzelnen verpflichtet, die im Rahmen ihrer Berufsausübung mit Privatgeheimnissen anderer in Berührung kommen.

Daneben schützt das jeweilige Recht aller drei Länder die Berufsbezeichnung Arzt, das englische Recht zudem insbesondere die Berufsbezeichnung des *registered medical practitioner*. Der diesbezügliche Schutz, der in erster Linie der Ärzteschaft zugutekommt, wird in den drei ausgewählten Rechtslagen gleichsam gewährleistet.

IV. Zusammenfassung

Die ausgewählten Länder Österreich und England beschreiten erkennbar unterschiedliche Wege, um den Gefahren, die mit den Tätigkeiten der Geistheiler einhergehen, zu begegnen und sie zu beschränken.

Während Österreich den Weg der strengen Regulierung bis hin zur strafrechtlichen Sanktionierung gewählt hat, hat England den Weg der Integration gewählt.

Welche Argumente für die jeweiligen Möglichkeiten des Umgangs mit den Gefahren der Geistheilung sprechen und welche Handlungsempfehlung sich daraus insbesondere für den deutschen Gesetzgeber ergibt, wird im Folgenden erörtert.

C. Ansätze zur Verstärkung des Schutzes vor den Gefahren der Geistheilung

I. Neuregulierung des Heilberufs

Ein umfassenderer Schutz kann durch eine Neuregulierung des Heilberufs in Deutschland erreicht werden, wobei die Möglichkeiten der Neuregulierung sowohl im Sinne des österreichischen Rechts – folglich eines strikten Arztvorbehalts – als auch im Sinne des englischen Rechts – mithin einer Kurierfreiheit – bestehen. Ziel ist eine Regulierung des Heilberufs, die die Interessen der erkrankten Personen und der Ärzteschaft gleichermaßen berücksichtigt, schulmedizinische Behandlungswünsche und ebenso Behandlungswünsche abseits der Schulmedizin erfüllt und die Bevölkerung vor den Gefahren schützt, die mit der Ausübung der Heilkunde einhergehen.

1. *Möglichkeiten und Modelle*

Die Weltgesundheitsorganisation (*WHO*) kennt im Wesentlichen vier Modelle der Vereinbarung schulmedizinischer und komplementäralternativmedizinischer Behandlungsangebote.

In einem monopolistischen System wird den schulmedizinisch Praktizierenden das exklusive Recht der Ausübung der Heilkunde zuteil. Alle anderen Formen der Ausübung der Heilkunde sind rechtswidrig. Das Ausmaß der Monopolstellung kann dabei allerdings unterschiedlich sein. Ein monopolistisches System wird, wie dargestellt, in Österreich praktiziert. In einem toleranten System hingegen kommt der Schulmedizin im Gesundheitssystem Exklusivität zu, die Inanspruchnahme unkonventioneller Behandlungsmethoden ist aber außerhalb des Gesundheitssystems auf legalem Wege möglich. Beim parallelen System sind Praktizierende sowohl der konventionellen Schulmedizin als auch der unkonventionellen Medizin offiziell anerkannt. Beide Arten der Medizin können in Anspruch genommen werden, allerdings bleiben Organisation und Kontrolle der beiden Formen der Medizin getrennt. In einem integrativen System schließlich werden beide Formen der Medizin im Gesundheitssystem offiziell vereint.[741]

2. *Exkurs: Münsteraner Kreis zur Regulierung des Heilberufs und dem Berufsstand des Heilpraktikers*

Für eine Beurteilung der Tätigkeit des Geistheilers ist häufig das Berufsbild des Heilpraktikers sowie seine Tätigkeit relevant. Nicht selten erfolgt zunächst eine Betrachtung der Problematik bezogen auf den Heilpraktiker. Die Tätigkeit des Geistheilers kann je nach Art und Weise der Geistheilungen eine Erlaubnis erfordern und der Geistheiler kann über eine Erlaubnis nach dem HeilPraktG verfügen. Nicht zu verleugnen ist aber, dass die gesetzlichen Regelungen des Berufsstands der Heilpraktiker inzwischen deutlicher Kritik ausgesetzt sind. In einem kurzen Exkurs wird daher die immer lauter werdende Kritik am HeilPraktG verbunden mit der Forderung einer Änderung der Rechtslage dargestellt sowie die vom sogenannten Münsteraner Kreis in seinem Memorandum[742] ausgearbeiteten Lösungsansätze vorgestellt.

---

741 *Bannermann/Ch'en/Burton*, Traditional Medicine and Health Care Coverage, S. 10 f.

742 Münsteraner Memorandum, abrufbar unter http://www.aerzte-oegd-bw.de/fileadmin/Aktuelles/2017/2017_Heilpr_Muensteraner_Memorandum_Heilpraktiker.pdf, letzter Zugriff am 25.10.2020.

Der Münsteraner Kreis ist ein Zusammenschluss medizinischer, ethischer, wissenschaftstheoretischer, psychologischer und juristischer Experten, der das Ziel hat, aktuelle im Zusammenhang mit der Heilbehandlung durch Heilpraktiker entstehende Probleme zu lösen, insbesondere Fehlbehandlungen durch Heilpraktiker, die alternativmedizinische Methoden anwenden. Er kritisiert die niedrigen gesetzlichen Hürden für eine Erlaubnis nach dem HeilPraktG und den Mangel an einer wissenschaftlich fundierten, standardisierten oder kontrollierten Ausbildung. Weiterhin kritisiert er, dass eine Erlaubnis grundsätzlich zu erteilen ist und nur in bestimmten Fällen versagt werden darf und weist darauf hin, dass Heilpraktiker mit Erhalt der grundsätzlich nicht zu verweigernden Erlaubnis vielfältige Tätigkeiten des ärztlichen Berufs ausüben dürfen, beispielsweise Diagnosen stellen, Infusionen geben und Injektionen verabreichen.[743]

Der Münsteraner Kreis präsentiert vier verschiedene Lösungswege zur Umsetzung des Regulierungsziels der Korrektur des Missverhältnisses von Qualifizierung und Befugnissen von Heilpraktikern. Dabei muss nach Ansicht der Experten das Selbstbestimmungsrecht des Patienten berücksichtigt werden. Als mögliche Lösungen werden eine Beschränkungslösung, eine arztzentrierte Lotsenlösung, eine Abschaffungslösung und eine Kompetenzlösung diskutiert.[744]

Bei einer Beschränkungslösung würden den Heilpraktikern verschiedene ärztliche Tätigkeiten verboten werden. Denkbar wäre beispielsweise, den Heilpraktikern zu verbieten, onkologische Patienten zu behandeln und Injektionen sowie Infusionen zu verabreichen. Die arztzentrierte Lotsenlösung sieht vor, dass Heilpraktiker einer strikten ärztlichen Weisungsbindung unterworfen werden würden. Damit würden ihnen allerdings faktisch Patienten entzogen werden, da es aus schulmedizinischer Sicht keine oder nur selten eine Indikation für die Zuhilfenahme alternativmedizinischer Therapien gibt. Sowohl die Abschaffungs- als auch die Kompetenzlösung richtet sich auf die Beseitigung der Kompetenzmängel von Heilpraktikern. Bei einer Kompetenzlösung würden die Befugnisse von Heilpraktikern auf ein Fachgebiet beschränkt und an eine Ausbildung in einem Gesundheitsfachberuf gekoppelt. Bei der Abschaffungslösung würde der Berufsstand der Heilpraktiker schlichtweg gänzlich abgeschafft werden.[745]

Der Münsteraner Kreis spricht sich in seinem Fazit für die Abschaffungslösung oder die Kompetenzlösung aus. Für die Übergangsphase zur Geltung

743 *Ebd.*
744 *Ebd.*
745 *Ebd.*

etwaiger Neuregelungen wird empfohlen, die Heilpraktikertätigkeit gesetzlich auf solche Tätigkeiten zu beschränken, die keine Risiken bergen.[746]

Der Münsteraner Kreis spricht sich damit im Wesentlichen für ein monopolistisches System aus und vertritt die Auffassung, dass ein Arztvorbehalt für bestimmte Bereiche der Ausübung der Heilkunde erforderlich ist. Eine strafrechtliche Absicherung dessen wird indes nicht gefordert.

II. Handlungsmöglichkeiten und deren Erfolgsaussichten

Im Folgenden werden nun die Handlungsmöglichkeiten und ihre Vor- und Nachteile sowie Erfolgsaussichten betrachtet. Dabei wird die Einführung eines absoluten, strafrechtlich abgesicherten Arztvorbehalts ebenso wie die Integration der Geistheilung näher untersucht.

1. Strikter strafrechtlich abgesicherter Arztvorbehalt

Ein stärkerer Schutz vor den Gefahren der Geistheilung kann einerseits nach österreichischem Vorbild durch die Einführung eines strikten Arztvorbehalts und dessen strafrechtliche Absicherung erlangt werden. Für den deutschen Gesetzgeber besteht die Möglichkeit, als Voraussetzung „für die berufsmäßige Ausübung der Heilkunde ein abgeschlossenes medizinisches Studium zu verlangen“[747].

a) Argumente für die Einführung eines strafrechtlich abgesicherten Arztvorbehalts

Im Folgenden werden Argumente betrachtet, die zum Zwecke der Ausweitung des Schutzes vor den Gefahren der Geistheilung für einen strikten und strafrechtlich abgesicherten Arztvorbehalt sprechen.

(1) Schutzpflicht des Staats

Der Vorteil einer speziellen Strafbarkeitsnorm für solche Tätigkeiten wie die der Geistheilung liegt zunächst einmal auf der Hand: Eine solche Norm bietet – so scheint es zumindest – einen sicheren Schutz vor gesundheitlichen Schäden und Betrug sowie finanzieller Ausbeutung.

Zwar hat der Staat die Pflicht, die körperliche Unversehrtheit und das Leben seiner Bürger zu schützen. Diese Schutzpflicht besteht aber vor allem den

---

746 *Ebd.*

747 *BVerwG*, Urteil vom 24.01.1957, Az. I C 194.54, Rn. 25, zitiert nach juris.

Bürgern gegenüber, die geschützt werden wollen. Wenn ein Bürger an einem solchen Schutz nicht interessiert ist, dabei aber freiverantwortlich handelt und Entscheidungen treffen kann, darf der Staat nur warnen. Er darf ihn nicht gegen seinen Willen schützen. Ein derartiges paternalistisches Verhalten, das einen Schutz aufzwingt, ist weder angebracht noch kann es gerechtfertigt werden. Im Einzelfall kann daher höchstens die Freiwilligkeit einer Entscheidung infrage gestellt und geprüft werden.[748]

Zudem kann bezweifelt werden, ob eine Strafbarkeitsnorm den Zweck des sicheren Schutzes überhaupt erfüllt, oder ob nicht auch bei Bestehen einer solchen Geistheilungen angeboten und durchgeführt werden.

(2) Rechtssicherheit und Vereinfachung des rechtlichen Vorgehens gegen unseriöse Heiler

Für eine Regulierung und Sanktionierung der Geistheilung spricht aber, dass dadurch Rechtssicherheit geschaffen und das (straf)rechtliche Vorgehen gegen Geistheiler vereinfacht wird.

Viele Klienten wissen nicht, welche Rechte Geistheiler haben, was sie im Rahmen einer Geistheilung tun dürfen und was ihnen verboten ist. De lege lata ist es für sie daher schwierig, bei negativen Erfahrungen gegen Geistheiler vorzugehen. Die Hemmschwelle ist hoch. Ein Tätigwerden des Gesetzgebers hin zu einer Einführung eines absoluten Arztvorbehalts, strafrechtlich abgesichert durch eine Strafbarkeitsnorm, wie sie beispielsweise im österreichischen Strafrecht mit § 184 öStGB existiert, würde daher zur Rechtssicherheit beitragen und es den Klienten ermöglichen beziehungsweise vereinfachen, ihre Interessen durchzusetzen.

b) Argumente gegen die Einführung eines strafrechtlich abgesicherten Arztvorbehalts

Im Folgenden werden Argumente dargelegt, die gegen einen strikten und strafrechtlich abgesicherten Arztvorbehalt sprechen.

(1) Selbstbestimmungsrecht des Einzelnen

„Nicht das Leben, sondern die Autonomie des Patienten ist das höchste von der Verfassung geschützte Gut.“[749]

---

748 *Panagopoulou-Koutnatzi*, Die Selbstbestimmung des Patienten, S. 202.
749 *Panagopoulou-Koutnatzi*, Die Selbstbestimmung des Patienten, S. 200.

Das Selbstbestimmungsrecht des Einzelnen, das seinen Ursprung im allgemeinen Persönlichkeitsrecht findet, mitunter in Verbindung mit dem Recht auf Leben und körperliche Unversehrtheit gemäß Artikel 2 Absatz 2 Satz 2 GG, ist allgemein anerkannt[750]. Seine Bedeutung darf im Rahmen von medizinischen Behandlungen nicht außer Acht gelassen werden[751]. Einem Arzt kommt daher beispielsweise kein eigenständiges Behandlungsrecht zu[752]. Ebenso ist nicht entscheidend, was aus medizinischer oder objektiver Sicht vernünftig oder sinnvoll wäre[753]: Die Entscheidung, sich einer Behandlung zu unterziehen oder nicht und wenn ja, wie sie gestaltet sein soll, welche Art der Behandlung folglich gewählt wird, ist jedem selbst überlassen[754]. Daher sind derartige Kriterien, wie beispielsweise ob eine Behandlung vernünftig oder unvernünftig, normal oder nicht normal oder normalerweise im Interesse einer vernünftigen Person ist, ohne Relevanz[755]. Sonst würde die persönliche Entscheidungsfreiheit des Einzelnen eingeschränkt. Das Selbstbestimmungsrecht schließt dabei nicht nur das Recht zur Selbstgefährdung, sondern gar das Recht zur Selbstaufgabe ein[756]. Es hat auch bei der Ablehnung medizinisch dringend notwendiger Behandlungen[757] sowie bezüglich des Abbruchs lebensverlängernder Maßnahmen[758] Bestand. So, wie jede erkrankte Person ein Recht auf Leben und körperliche Unversehrtheit hat, ist jede erkrankte Person berechtigt, ihr „Leben zu beenden oder [ihre] Gesundheit zu verschlechtern“[759].

Daher kann argumentiert werden, dass die Entscheidung eines jeden, sich nicht schulmedizinisch behandeln zu lassen, sondern den Weg der Geistheilung zu wählen, vom Selbstbestimmungsrecht umfasst ist. Die Entscheidung darüber, wer eine Krankheit und ein Leiden behandeln soll und wie die Behandlung erfolgen soll, sollte jeder selbst fällen können. Es ist allgemein anerkannt, dass jedermann das Recht hat, über seinen eigenen Körper zu verfügen. Der

---

750 Siehe nur beispielsweise *Di Fabio*, in: Maunz/Dürig, Art. 2 Rn. 204 ff.

751 BT-Drs. 16/8442, S. 3.

752 BT-Drs. 16/8442, S. 7.

753 *BGH*, Urteil vom 26.06.1990, Az. VI ZR 289/89, in: NJW 1990, 2928 (2929); *BGH*, Urteil vom 18.03.2003, Az. VI ZR 266/02, in: NJW 2003, 1862 (1863).

754 *GenStA Nürnberg*, Verfügung vom 15.01.2008, Az. 4 Bern 144/07, in: NStZ 2008, 343 (344).

755 *BGH*, Urteil vom 13.09.1994, Az. 1 StR 357/94, in: NJW 1995, 204 (205).

756 BT-Drs. 16/8442, S. 8.

757 *BGH*, Urteil vom 28.11.1957, Az. 4 StR 525/57, in: NJW 1958, 267 (268).

758 *BGH*, Urteil vom 08.05.1991, Az. 3 StR 467/90, in: BGHSt 37, 376 (378).

759 *Panagopoulou-Koutnatzi*, Die Selbstbestimmung des Patienten, S. 194.

Staat hat weder die Aufgabe noch die Berechtigung, den Bürgern aufzuerlegen, ob und von wem sie sich behandeln lassen.[760] Er kann nicht besser wissen, was der erkrankten Person guttut, und darf es auch nicht[761]. Der Staat kann vor den Gefahren der Geistheilung zwar warnen – wenn sich der Bürger aber in Kenntnis der Gefahren der Geistheilung gegen eine schulmedizinische Behandlung und für den Weg der Geistheilung entscheidet, ist diese Entscheidung von seinem Selbstbestimmungsrecht erfasst.

(2) Praktische Relevanz einer Strafbarkeitsnorm

Die in Österreich geltende Strafbarkeitsnorm der Kurpfuscherei gemäß § 184 öStGB ist in der Praxis von geringer Bedeutung. In Rechtsprechung und Kriminalstatistiken Österreichs finden sich nur sehr wenig Fälle, die die Kurpfuscherei zum Gegenstand hatten.

Die Hintergründe dafür sind unklar. Möglich ist, dass es schlichtweg tatsächlich zu wenig Fällen der Kurpfuscherei gemäß § 184 öStGB kommt. Möglich ist aber auch, dass zwar die Zahl der bekannten Fälle gering ist, die Dunkelziffer aber weitaus höher anzusetzen ist. Wie bereits angesprochen, sind die Strafverfolgungsbehörden bei den Fällen der Geistheilung vielfach auf die Mithilfe der Klienten, insbesondere bezüglich der Kenntniserlangung einer möglichen Straftat, angewiesen. Gleichzeitig ist die Hemmschwelle dafür aufgrund der gesellschaftlichen Nicht-Akzeptanz durchaus hoch. Das führt dazu, dass die Strafverfolgungsbehörden keine hinreichenden Tatsachen erlangen, die einen Anfangsverdacht begründen und daher keine Ermittlungen aufnehmen können. Die Anzahl der Fälle der Geistheilung in Rechtsprechung und Kriminalstatistiken Österreichs bleibt so gering – die Dunkelziffer muss es aber nicht sein.

(3) Abgrenzungsprobleme in der Praxis

Eine strenge Regulierung und strafrechtliche Sanktionierung der Ausübung der Heilkunde durch Nicht-Heilkunde birgt zudem das praktische Problem der Abgrenzungsschwierigkeit der erfassten heilkundlichen Tätigkeiten. Wie am Beispiel des österreichischen Rechts erkennbar, ist auch bei einer strikten Regulierung unklar, welche Formen der Ausübung der Heilkunde unter einen allumfassenden Arztvorbehalt und unter eine diesen absichernde Strafbarkeitsnorm fallen. Ebenso sind Strafbarkeitsausnahmen zwingend erforderlich, wie beispielsweise bei medizinischer Erster Hilfe im Notfall. Wird daher, wie

---

760 *Ebermayer*, Die notwendige Bekämpfung der Kurpfuscherei, S. 26.

761 *Panagopoulou-Koutnatzi*, Die Selbstbestimmung des Patienten, S. 200.

im österreichischen Recht, auf eine gewerbsmäßige Ausübung der Heilkunde durch Nicht-Heilkundige und/oder auf eine bestimmte Personenzahl abgestellt, so müssen diese Ausnahmefälle hinreichend bestimmt sein. Das verlangt insbesondere das strafrechtliche Bestimmtheitsgebot. Dass dies nicht unproblematisch ist, zeigen die Erfahrungen des österreichischen Rechts.

(4) Historische Erwägungen

Auch historische Erwägungen sprechen gegen eine strenge Regulierung und strafrechtliche Sanktionierung.

In der Entwicklung der Regulierung des Heilberufs im Laufe der deutschen Geschichte gab es bereits Verbote der Ausübung der Heilkunde durch Nicht-Heilkundige. Die Historie hat gezeigt, dass strenge Regulierungen und Sanktionen nicht den gewünschten Schutz vor den mit der Ausübung der Heilkunde durch Nicht-Heilkundige einhergehenden Gefahren zur Folge haben. Sie waren weitgehend unwirksam und trugen nicht zu einer Verbesserung des Schutzes bei, da Nicht-Heilkundige trotz Verbote und Sanktionen weiterhin die Heilkunde ausübten.

Wie die Historie zeigt, haben Teile der Gesellschaft seit jeher das Verlangen, sich durch Nicht-Heilkundige behandeln zu lassen. Dieses Verlangen ist nicht zu unterdrücken und ihm wird auch entsprochen, wenn die Ausübung der Heilkunde durch Nicht-Heilkundige verboten und strafbewehrt ist. Eine strengere Regulierung und strafrechtliche Sanktionierung der Ausübung der Heilkunde durch Nicht-Heilkundige würde lediglich zur Schaffung eines undurchsichtigen Milieus beitragen, die Überwachung erschweren und die Ausübung der Heilkunde durch Nicht-Heilkundige dadurch noch gefährlicher machen.

c) Stellungnahme

Die Einführung eines strikten und strafrechtlich abgesicherten Arztvorbehalts kann im Ergebnis nicht empfohlen werden. Nicht nur die überwiegenden, sondern auch schwerwiegende Gründe sprechen gegen die Einführung eines strikten Arztvorbehalts.

Zwar kommt dem Staat eine bedeutende Pflicht zum Schutz der Bürger vor Gefahren für die körperliche Unversehrtheit und das Leben zu, wobei es sich zudem um Verfassungsgüter von besonders hohem Rang handelt. Ebenso schwer wiegt aber das Selbstbestimmungsrecht des Einzelnen, die Entscheidungsfreiheit des mündigen Bürgers, sich für oder gegen eine Behandlung zu entscheiden und die Art der Behandlung zu bestimmen. Dabei handelt es sich ebenfalls um ein Verfassungsgut von besonders hohem Rang, das nicht unterlaufen werden darf.

Zudem ist anhand des gewählten Beispiels des österreichischen Rechts erkennbar, dass eine entsprechende Strafbarkeitsnorm praktisch nicht relevant ist.

Anhand der Historie ist zudem erkennbar, dass ein strikter und strafrechtlich abgesicherter Arztvorbehalt nicht den gewünschten Schutz der Bevölkerung bedeutet. Wird der bezweckte Schutz jedoch voraussichtlich nicht erreicht, kann eine entsprechende Regelung eines strikten Arztvorbehalts nicht gerechtfertigt werden.

Vielmehr sollte der strafrechtlichen Problematik der Geistheilung auf anderem, effizienteren und effektiveren Weg begegnet werden.

2. *Verschärfung des HeilPraktG: Ausweiten/Einführen eines Arztvorbehalts nur für/auf bestimmte Bereiche*

Eine weitere Möglichkeit, den Schutz vor den Gefahren der Geistheilung zu verstärken, ist die Einführung oder Ausweitung eines Arztvorbehalts für beziehungsweise auf bestimmte Bereiche. So kann beispielsweise gesetzlich geregelt werden, dass eine Behandlung von Krebserkrankungen, bei denen schon das reine Handauflegen eine gesundheitliche Gefahr in Form der Verzögerung der (schul)medizinischen Behandlung bedeuten kann, nur durch approbierte Ärzte erfolgen darf. Ebenso kann geregelt werden, dass invasive Maßnahmen nur von Ärzten durchgeführt werden dürfen. Beides hat die Bundesärztekammer im Rahmen des 120. Deutschen Ärztetags gefordert[762]. Eine derartige Regelung könnte lauten:

„(1) Die Durchführung invasiver Maßnahmen ist verboten, sofern keine Bestallung zum Arzt gegeben ist. Dazu zählen insbesondere chirurgische Eingriffe, Injektionen und Infusionen.

(2) Die Behandlung von Krebserkrankungen inklusive diagnostischer Untersuchungen ist unabhängig davon, ob es sich um invasive oder nichtinvasive Maßnahmen handelt, verboten, sofern keine Bestallung zum Arzt gegeben ist.

Der darüberhinausgehenden Forderung der Bundesärztekammer, dass für den Fall des Vorliegens einer Krankheit, die vermutlich über eine Befindlichkeitsstörung hinausgeht, eine Hinweispflicht in die Regelung aufgenommen werden

---

762 Beschlussprotkoll des 120. Deutschen Ärztetags der Bundesärztekammer vom 23.-26.05.2017, Tagesordnungspunkt Ib – 89, S. 1 f., abrufbar unter https://www.bundesaerztekammer.de/fileadmin/user_upload/downloads/pdf-Ordner/120.DAET/120DaetBeschlussProt_2017-05-26.pdf, letzter Zugriff am 25.10.2020.

sollte, dass ein Arzt aufgesucht werden sollte, kann hingegen nicht entsprochen werden. Eine derartige Formulierung wäre zu unbestimmt und würde zu massiven Abgrenzungsproblemen führen.

Indes birgt dieser Handlungsansatz auch im Übrigen Bestimmtheitsprobleme. Sofern ein solcher partieller Arztvorbehalt strafrechtlich abgesichert werden würde, ist die Bestimmtheit der Norm gar noch essentieller.

3. *Förderung der Akzeptanz und Integration der Geistheilung*

Schließlich besteht die Möglichkeit, nach englischem Vorbild eine Akzeptanz und Integration der Geistheilung anzustreben. Wie in England könnte erkrankten Personen im Rahmen ihrer (schul)medizinischen Behandlungen die Möglichkeit eröffnet werden, einen Geistheiler hinzuzuziehen, der dann in Absprache und Zusammenarbeit mit den (Schul)Medizinern seine geistheilende Tätigkeit zusätzlich zur (schul)medizinischen Behandlung erbringen könnte. Ebenso könnte festgelegt werden, dass die Ausübung der Heilkunde durch Nicht-Heilkundige nur begleitend zu einer Heilbehandlung durch einen Heilkundigen stattfinden darf. Dadurch wäre eine ausreichende (schul)medizinische Behandlung sichergestellt. Die Gefahr der Verzögerung einer (schul)medizinischen Behandlung oder die Nicht-Inanspruchnahme einer solchen aufgrund der Inanspruchnahme einer Geistheilung würde gebannt.

Es ist allerdings zweifelhaft, ob eine derartige Lösung angesichts der momentanen Stellung der Geistheilung in der Gesellschaft und insbesondere unter den Befürwortern der Schulmedizin denkbar ist. Es ist kaum vorstellbar, dass sich Schulmediziner auf die Hinzuziehung eines Geistheilers einlassen und mit ihm zusammenarbeiten. Dass dies in England möglich ist, liegt auch an der viel weiter verbreiteten gesellschaftlichen Akzeptanz der Geistheilung. Um dies in Deutschland zu erreichen, wäre zunächst ein gesellschaftliches Umdenken erforderlich.

4. *Einführung eines Straftatbestands des Heilschwindels in die Betrugsstrafbarkeiten*

Um den Schutz vor finanzieller Ausbeutung zu gewährleisten, besteht die Möglichkeit, einen Straftatbestand des Heilschwindels in die Betrugsvorschriften des StGB einzuführen.

Eine entsprechende Vorschrift sollte die Fälle erfassen, in denen über die Wirksamkeit von Heilmethoden getäuscht wird. So regte es auch die

Enquete-Kommission in ihrem Endbericht an[763]. Konkret ist dabei eine Vorschrift mit folgendem Wortlaut denkbar:

„(1) Wer einen anderen über die Wirksamkeit einer Heilmethode täuscht, um sich oder einem Dritten einen rechtswidrigen Vermögensvorteil zu verschaffen, wird mit Freiheitsstrafe bis zu drei Jahren oder mit Geldstrafe bestraft.

(2) In besonders schweren Fällen ist die Strafe Freiheitsstrafe von sechs Monaten bis zu drei Jahren. Ein besonders schwerer Fall liegt insbesondere vor, wenn der Täter
1. gewerbsmäßig handelt oder
2. die Zwangslage, insbesondere die psychische Zwangslage, eines anderen ausnutzt.“

Bei der Höhe der Strafmaße wurde sich an den in § 263 StGB enthaltenen Strafmaßen orientiert.

Der häufig auftretenden Problematik, dass aufgrund des Vorliegens eines rechtmäßigen Vertrags zwischen Geistheiler und Klient kein Schaden des Klienten gegeben ist, wird dadurch Rechnung getragen, dass das Vorliegen eines solchen Schadens keine Tatbestandsvoraussetzung für die Strafbarkeit wegen Heilschwindels ist. Das gewerbsmäßige Handeln eines Geistheilers sowie das Ausnutzen einer Zwangslage wie der psychischen Zwangslage eines Todkranken, der jede Möglichkeit vermeintlicher Linderung oder Heilung in Anspruch nehmen möchte, rechtfertigt ein höheres Strafmaß. Der Problematik, ob psychische Zwangslagen überhaupt erfasst werden, wird dabei durch die Klarstellung im Wortlaut Rechnung getragen.

Indes birgt die Einführung eines derartigen Straftatbestands Schwierigkeiten. So müsste dann bei jeglicher Heilmethode, für deren Wirksamkeit es keinen Beweis gibt, über die mögliche Unwirksamkeit aufgeklärt werden. Darunter würden auch alternative Heilmethoden fallen, deren Wirksamkeit zwar nicht bewiesen ist, die sich aber dennoch in der Gesellschaft an Beliebtheit erfreuen und deren Anwendung von vielen gesetzlichen Krankenkassen bezahlt wird, die folglich im deutschen Gesundheitssystem in gewisser Weise anerkannt sind. Zudem stellt sich hinsichtlich des subjektiven Tatbestands die Problematik des Beweisbarkeit.

---

763 BT-Drs. 13/10950, S. 151.

D. Zusammenfassung und Stellungnahme

Die Heilbehandlung durch Nicht-Heilkundige und die Geistheilung im Speziellen ist nicht nur in Deutschland seit jeher ein Thema und sie gewinnt in der heutigen Zeit wieder zunehmend an Bedeutung. Das ist auf viele verschiedene Faktoren zurückzuführen, unter anderem darauf, dass die Geistheilung mit ihrer ganzheitlichen Betrachtungsweise und ihrem sanften Heilansatz den Klienten weitaus mehr punktuelle Aufmerksamkeit und Zeit schenkt, als sie von der Schulmedizin vielfach erhalten.

Neben den positiven Aspekten der Geistheilung können mit ihr aber auch Gefahren einhergehen; Gefahren, die unseriöse Heiler ebenso wie seriöse Heiler bergen. Gefahren finanzieller Art für die Klienten, vor allem aber– insbesondere mittelbare – Gefahren für die Gesundheit der die Geistheilung in Anspruch Nehmenden.

Diese Gefahren gilt es einzudämmen. Es ist festzustellen, dass das deutsche Recht de lege lata nicht ausreichend vor den Gefahren der Geistheilung schützt. Daher besteht Handlungsbedarf. Ein ausreichender Schutz der Bevölkerung vor mit der Geistheilung einhergehenden Gefahren kann auf unterschiedlichen Wegen erreicht werden. Dies zeigen die Vergleiche der ausgewählten Länder.

Einen weitreichenden Schutz vor den Gefahren der Geistheilung bietet dabei der in England beschrittene Weg der Integration der Geistheilung. Durch die Integration der Geistheilung und die Zusammenarbeit der Geistheiler mit den behandelnden Ärzten wird das Selbstbestimmungsrecht der erkrankten Personen gewahrt. Gleichzeitig bestehen aufgrund der ärztlichen Kontrolle keine Gefahren, die über die grundsätzlich einer Heilbehandlung innewohnenden Gefahren hinausgehen. Die Integration der Geistheilung und die Zusammenarbeit von Ärzten und Geistheilern stellt aktuell in Deutschland allerdings ein jedenfalls aus Sicht des Klienten zwar wünschenswertes, aber nicht zu realisierendes Szenario dar. Ein derartiges Vorgehen ist derzeit in Deutschland unrealistisch, da in der Gesellschaft, und erst recht nicht bei den Befürwortern der Schulmedizin, eine derartige Akzeptanz der Geistheilung, wie sie in England zu verzeichnen ist, nicht besteht. Dies ist bereits an der Diskussion über den Berufsstand der Heilpraktiker und die Kompetenzen der Heilpraktiker erkennbar, die nicht nur der Münsteraner Kreis, sondern auch bedeutende Vertreter der Ärzteschaft führen. Auch wenn die Integration der Geistheilung der wünschenswerte Weg zur Ausdehnung des Schutzes vor den Gefahren ist, muss der Schutz aktuell auf anderem Wege erweitert werden.

Dabei ist es richtig und wichtig, dass Geistheiler nicht ohne weiteres und stets in den Status der Heilpraktiker erhoben werden. Sonst droht die Gefahr, dass eine Geistheilung als auf gleicher Stufe stehend mit einer Behandlung eines Heilpraktikers angesehen wird, was die Geistheilung näher an die Vergleichbarkeit mit einer medizinisch-ärztlichen Behandlung rücken würde. Insofern ist es zu begrüßen, dass nach der Rechtsprechung des *BVerfG* jedenfalls nicht grundsätzlich eine Erlaubnis nach dem HeilPraktG für die Geistheilung erforderlich ist. Aus diesem Grund ist im Übrigen aber in Bezug auf die Diskussion um den Berufsstand der Heilpraktiker die Aufwertung staatlicher Prüfungen für Heilpraktiker als nicht empfehlenswert anzusehen, da die erkrankten Personen in diesem Fall erst recht von einer der ärztlichen Behandlung gleichzusetzenden Behandlung ausgehen würden.

Da die Integration der Geistheilung nach englischem Vorbild derzeit nicht realistisch ist, bleibt die Möglichkeit des Schutzes durch einen Arztvorbehalt nach österreichischem Vorbild. Allerdings wiegt das Selbstbestimmungsrecht des Einzelnen schwer. Die Einführung eines allumfassenden strikten Arztvorbehalts kann daher, und aufgrund – wie die Historie zeigt – berechtigter Zweifel an der Wirksamkeit eines strikten Arztvorbehalts bezüglich des Schutzes vor Gefahren der Ausübung der Heilkunde durch Nicht-Heilkundige, nicht als anzustrebender Weg hinsichtlich einer Ausweitung des Schutzes vor den Gefahren der Geistheilung angesehen werden. Zudem ist es dem deutschen Strafrecht immanent, abstrakte Regelungen zu treffen. Es soll gerade nicht jeden Einzelfall gesondert durch eine Norm regeln. Dies spricht ebenfalls gegen eine eigenständige strafrechtliche Regelung zur Ausübung der Geistheilung.

Aktuell ist daher im Hinblick auf gesundheitliche Gefahren der Geistheilung die Ausweitung des Arztvorbehalts auf weitere Bereiche die einzig denkbare Erweiterung des Schutzes. Dazu sollte zuvörderst die onkologische Behandlung zählen.

Um den Schutz der finanziellen Interessen der Klienten zu verstärken, ist zudem die Implementierung eines Heilschwindeltatbestands ins deutsche Strafgesetzbuch möglich und empfehlenswert.

Darüber hinaus sollte zum Schutz der Privatgeheimnisse des Einzelnen der Täterkreis des Straftatbestands der Verletzung von Privatgeheimnissen dahingehend erweitert werden, dass Geistheiler die erforderliche Täterqualität aufweisen.

Durch diese Maßnahmen würden die Risiken der Geistheilung beschränkt und es würde schlussendlich ein hinreichender Schutz vor den Gefahren der Geistheilung geschaffen.

Literaturverzeichnis

Aigner, Gerhard (Hrsg.)/*Kletečka*, Andreas (Hrsg.)/*Kletečka-Pulker*, Maria (Hrsg.)/*Memmer*, Michael (Hrsg.): Handbuch Medizinrecht für die Praxis, Loseblattsammlung, 23. Aktualisierungslieferung, Stand November 2016 (zitiert: *Bearbeiter*, in: Aigner/Kletečka/Kletečka-Pulker/Memmer, Handbuch Medizinrecht, Kap., S.)

Anson, Harold: Spiritual Healing: A Discussion of the Religious Element in Physical Health, 1923 (zitiert: *Anson*, Spiritual Healing: A Discussion of the Religious Element in Physical Health, S.)

Arndt, Klaus Friedrich: Heilpraktikerrecht – Entstehung, Funktionswandel, Berufszulassungsregelung, 1985 (zitiert: *Arndt*, Heilpraktikerrecht, S.)

Bannermann, Robert/*Ch'en*, Wen-Chieh/*Burton*, John: Traditional Medicine and Health Care Coverage, 1983 (zitiert: *Bannermann/Ch'en/Burton*, Traditional Medicine and Health Care, S.)

Benor, Daniel J.: Spiritual healing: a unifying influence in complementary therapies, in: Complementary Therapies in Medicine, 1995, Vol. 3, Issue 4, S. 234 – 238 (zitiert: *Benor*, Spiritual healing, in: Complementary Therapies in Medicine 1995, 234 (S.))

Bernhardt, Fritz: Gesetz über die Werbung auf dem Gebiete des Heilwesens, 1966 (zitiert: *Bernhardt*, HWG, § Rn.)

Bernstorff, Christoph Graf von: Einführung in das englische Recht, 4. Auflage 2011 (zitiert: *von Bernstorff*, Einführung in das englische Recht, S.)

Bertel, Christian/*Schwaighofer*, Klaus/*Venier*, Andreas: Österreichisches Strafrecht Besonderer Teil I, 11. Auflage 2010 (zitiert: *Bertel/Schwaighofer/Venier*, Strafrecht BT I, § Rn.)

Binder, Markus/*Wolf-Braun*, Barbara: Geistheilung in Deutschland – Teil I: Ergebnisse einer Umfrage zum Selbstverständnis und zur Arbeitsweise Geistiger Heiler und Heilerinnen in Deutschland, in: Zeitschrift für Parapsychologie und Grenzgebiete der Psychologie, 37. Jahrgang 1995, S. 145 – 177 (zitiert: *Binder/Wolf-Braun*, Geistheilung in Deutschland, in: Zeitschrift für Parapsychologie und Grenzgebiete der Psychologie, 1995, 145 (S.))

Bertel, Christian/*Schwaighofer*, Klaus: Österreichisches Strafrecht Besonderer Teil II, 12. Auflage 2016 (zitiert: *Bertel/Schwaighofer*, Strafrecht BT II, § Rn.)

Birklbauer, Alois/*Hilf*, Marianne Johanna/*Tipold*, Alexander: Strafrecht Besonderer Teil I, 3. Auflage, 2015 (zitiert: *Birklbauer/Hilf/Tipold*, Strafrecht BT I, § Rn.)

Bockelmann, Paul: Strafrecht des Arztes, 1968 (zitiert: *Bockelmann*, Strafrecht des Arztes, S.)

ders.: Das Ende des Heilpraktikergesetzes, in: Neue Juristische Wochenschrift, 19. Jahrgang 1966, S. 1145 – 1152 (zitiert: *Bockelmann*, Das Ende des HeilPraktG, in: NJW 1966, 1145 (S.))

Brammsen, Joerg: Tun oder Unterlassen? Die Bestimmung der strafrechtlichen Verhaltensformen, in: Goltdammer's Archiv des Strafrechts, 2002, Vol. 149, Nr. 4, S. 193 – 213 (zitiert: *Brammsen*, Tun oder Unterlassen?, in: GA 2002, 193 (S.))

Card, Richard/*Cross*, Rupert/*Jones*, Philip Asterly: Criminal Law, 22. Auflage 2016 (zitiert: *Bearbeiter*, in: Card/Cross/Jones, Criminal Law, S.)

Cartwright, Frederick F.: A Social History of Medicine, 1977 (zitiert: *Cartwright,* A Social History of Medicine, S.)

Chikes, Tibor: Problems of Faith Healing, in: Journal of Religion and Health 1965, Vol. 4, No. 4, S. 336 – 341 (zitiert: *Chikes*, Problems of Faith Healing, in: Journal of Religion and Health 1965, 336 (S.))

Clement, Hermann: Die strafrechtliche Bekämpfung der Kurpfuscherei, 1913 (zitiert: *Clement*, Die strafrechtliche Bekämpfung der Kurpfuscherei, S.)

Cohen, Michael: Healing at the Borderland of Medicine and Religion: Regulating Potential Abuse of Authority by Spiritual Healers, in: Journal of Law and Religion 2002 – 2003, Vol. 18, No. 2, S. 373 – 426 (zitiert: *Cohen*, Healing at the Borderland of Medicine and Religion: Regulating Potential Abuse of Authority by Spiritual Healers, in: Journal of Law and Religion 2002 – 2003, 373, (S.))

Cramer, Regine: Strafrechtliche Grenzen der Therapiefreiheit und der Heilbehandlung durch den Heilpraktiker, 1995 (zitiert: *Cramer*, Strafrechtliche Grenzen der Therapiefreiheit und der Heilbehandlung durch den Heilpraktiker, S.)

Dennis, Ian: Manslaughter by Omission, in: Current Legal Problems 1980, Vol. 33, Issue 1, S. 255 – 267 (zitiert: *Dennis*, Manslaughter by Omission, in: Current Legal Problems 1980, 255 (S.))

Dimond, Bridgit: The Legal Aspects of Complementary Therapy Practice: A Guide for Healthcare Professionals, 1998 (zitiert: *Dimond*, The Legal Aspects of Complementary Therapy Practice, S.)

Doepner, Ulf: Heilmittelwerbegesetz Kommentar, 1980 (zitiert: *Doepner*, HWG Kommentar, § Rn.)

Dölling, Dieter (Hrsg.)/*Duttge*, Gunnar (Hrsg.)/*Rössner*, Dieter (Hrsg.): Nomos Kommentar Gesamtes Strafrecht, 4. Auflage 2017 (zitiert: *Bearbeiter*, in: Dölling/Dieter/Duttge, Gesetz, § Rn.)

Duttge, Gunnar: Anmerkungen zu BGH Urteil vom 14.03.2003, Az. 2 StR 239/02, in: Juristische Rundschau 2004, Heft 1, S. 34 – 37 (zitiert: *Duttge*, Anmerkungen zu BGH Urteil vom 14.03.2003, Az. 2 StR 239/02, in: JR 2004, 34 (S.))

Ebermayer, Ludwig: Die notwendige Bekämpfung der Kurpfuscherei, 1927 (zitiert: *Ebermayer*, Die notwendige Bekämpfung der Kurpfuscherei, S.)

Ehlers, Alexander: Medizin in den Händen von Heilpraktikern – „Nicht-Heilkundigen", 1995 (zitiert: *Ehlers*, Medizin in den Händen von Heilpraktikern, S.)

Engisch, Karl: Die Kausalität als Merkmal der strafrechtlichen Tatbestände, 1931 (zitiert: *Engisch*, Die Kausalität als Merkmal der strafrechtlichen Tatbestände, S.)

ders.: Die rechtliche Bedeutung der ärztlichen Operation, 1958 (zitiert: *Engisch*, Die rechtliche Bedeutung der ärztlichen Operation, S.)

ders.: Tun und Unterlassen, in: Lackner, Karl (Hrsg.)/Leferenz, Heinz (Hrsg.)/Schmidt, Eberhard (Hrsg.)/Welp, Jürgen (Hrsg.)/Wolff, Ernst Amadeus (Hrsg.), Festschrift für Wilhelm Dallas zum 70. Geburtstag, 1973, S. 163 – 196 (zitiert: *Engisch*, Tun und Unterlassen, in: FS Gallas, 163 (S.))

Erbs, Georg (Begr.)/*Kohlhaas*, Max (ehem. Hrsg.)/*Häberle*, Peter: Beck'sche Kurzkommentare, Band 17, Strafrechtliche Nebengesetze, (Loseblatt, Stand: 217. Ergänzungslieferung Oktober 2017) (zitiert: *Bearbeiter*, in: Erbs/Kohlhaas, Gesetz, § Rn.)

Ernst, Edzard/*Resch*, Karl-Ludwig/*Mills*, Simon/*Hill*, Roberta/*Mitchell*, Alan/*Willoughby*, Max/*White*, Adrian: Complementary medicine – a definition, in: British Journal of General Practice 1995, Vol. 45, Issue 398, S. 506 (zitiert: *Ernst/Resch/Mills/Hill/Mitchell/Willoughby/White*, Complementary medicine – a definition, in: British Journal of General Practice 1995, 506)

Ernst, Edzard/*White*, Adrian, The BBC survey of complementary medicine use in the UK, in: Complement Therapies in Medicine 2000, Vol. 8, S. 32 – 36 (zitiert: *Ernst/White*, The BBC survey of complementary medicine use in the UK, in; Complement Therapies in Medicine 2000, 32 (S.))

Fischer, Thomas: Beck'sche Kurzkommentare, Band 10, Strafgesetzbuch mit Nebengesetzen, 63. Auflage 2016 (zitiert: *Fischer*, § Rn.)

Foth, Heinrich: Betrug und illegales Rechtsgeschäft – Eine kritische Bestandsaufnahme, in: Goltdammer's Archiv für Strafrecht, 1966, S. 33 – 46 (zitiert: *Foth*, Betrug und illegales Rechtsgeschäft, in: GA 1966, 33 (S.))

Gössel, Karl Heinz/*Dölling*, Dieter: Strafrecht Besonderer Teil 1: Straftaten gegen Persönlichkeits- und Gemeinschaftswerte, 2. Auflage 2004 (zitiert: *Gössel/Dölling*, Strafrecht BT 1, § Rn.)

Graack, Henry: Kurpfuscherei und Kurpfuschereiverbot, 1906 (zitiert: *Graack*, Kurpfuscherei und Kurpfuschereiverbot, S.)

Greenfield, Steve/*Osborn*, Guy/*Roberts*, Stephanie: From beyond the grave: the legal regulation of mediumship, in: International Journal of Law in Context 2012, Vol. 8, Issue 1, S. 97 – 114 (zitiert: *Greenfield/Osborn/Roberts*, From beyond the grave: the legal regulation of mediumship, in: International Journal of Law in Context, 97 (S.))

Griggs, Barbara: Green Pharmacy – The History and Evolution of Western Herbal Medicine, 1991 (zitiert: *Griggs*, Green Pharmacy, S.)

Gropp, Walter: Strafrecht Allgemeiner Teil, 4. Auflage 2015 (zitiert: *Gropp*, Strafrecht AT, § Rn.)

Haage, Heinz: Nomos Kommentar zum HeilPraktG, 2. Auflage 2013 (zitiert: *Haage*, Kommentar zum HeilPraktG, § Rn.)

Haberstroh, Dieter: Wucher im vermittelten Kreditgeschäft. in: Neue Zeitschrift für Strafrecht, 2. Jahrgang 1982, S. 265 – 270 (zitiert: *Haberstroh*, Wucher im vermittelten Kreditgeschäft, in: NStZ 1982, 265 (S.))

Häcker, Birke: Das englische Common Law – Eine Einführung, in: Juristische Schulung 2014, 54. Jahrgang 2014, S. 872 – 876 (zitiert: *Häcker*, Das englische Common Law, in: JuS 2014, 872 (S.))

Hardwig, Werner: Betrachtungen zur Frage des Heileingriffes, in: Goltdammer's Archiv 1965, S. 161 – 172 (zitiert: *Hardwig*, Betrachtungen zur Frage des Heileingriffes, in: GA 1965, 161 (S.))

Heberer, Nadine: Einführung in das englische Rechtssystem, in: Zeitschrift für Rechtsvergleichung, internationales Privatrecht und Europarecht 2002, Heft 2, S. 57 – 65 (zitiert: *Heberer*, Einführung in das englische Rechtssystem, in: ZfRV 2002, 57 (S.))

Heilegger, Gerda: Ärztlicher Vorbehaltsbereich und Alternativmedizin – Versuch einer Ab- und Eingrenzung, in: Recht der Medizin 1999, Heft 5, S. 135 – 140 (zitiert: *Heilegger*, Ärztlicher Vorbehaltsbereich und Alternativmedizin, in: RdM 1999, 135 (S.))

Herberger, Maximilian (Hrsg.)/*Martinek*, Michael (Hrsg.)/*Rüßman*, Helmut (Hrsg.)/*Weth*, Stephan (Hrsg.)/*Würdinger*, Markus (Hrsg.): juris Praxiskommentar BGB, Band 2 – Schuldrecht, 8. Auflage 2017 (zitiert: *Bearbeiter*, in: Hergberger/Martinek/Rüßman/Weth/Würdinger, jurisPK, § Rn.)

Herring, Jonathan/*Palser*, Elaine: The duty of care in gross negligence manslaughter, in: Criminal Law Review 2007, Vol. 17, S. 24 – 40 (zitiert: *Herring/Palser*, The duty of care in gross negligence manslaughter, in: Criminal Law Review 2007, 24 (S.))

Hinterhofer, Hubert/*Rosbaud*, Christian: Strafrecht Besonderer Teil II, 6. Auflage 2016 (zitiert: *Hinterhofer/Rosbaud*, Strafrecht BT II, § Rn.)

Höpfel, Frank (Hrsg.)/*Ratz*, Eckart (Hrsg.): Wiener Kommentar zum Strafgesetzbuch, 2. Auflage 2017 (zitiert: *Bearbeiter*, in: Wiener Kommentar, § Rn.)

Joecks, Wolfgang (Hrsg.)/*Miebach*, Klaus (Hrsg.): Münchener Kommentar zum Strafgesetzbuch, Band 1, §§ 1 – 37, 3. Auflage 2017 (zitiert: *Bearbeiter*, in: MüKo StGB, § Rn.)

dies.: Münchener Kommentar zum Strafgesetzbuch, Band 3, §§ 80 – 184j, 3. Auflage 2017 (zitiert: *Bearbeiter*, in: MüKo StGB, § Rn.)

dies.: Münchener Kommentar zum Strafgesetzbuch, Band 4, §§ 185 – 262, 3. Auflage 2017 (zitiert: *Bearbeiter*, in: MüKo StGB, § Rn.)

dies.: Münchener Kommentar zum Strafgesetzbuch, Band 5, §§ 263 – 358, 2. Auflage 2014 (zitiert: *Bearbeiter*, in: MüKo StGB, § Rn.)

Kienapfel, Diethelm (Begr.)/*Schroll*, Hans Valentin (Fortf.): Strafrecht Besonderer Teil I, Delikte gegen Personenwerte, 4. Auflage, 2016 (zitiert: *Kienapfel/Schroll*, Strafrecht BT I, § Rn.)

ders./Schmoller, Kurt: Studienbuch Strafrecht Besonderer Teil II, Delikte gegen Vermögenswerte, 2003 (zitiert: *Kienapfel/Schmoller*, Studienbuch Strafrecht BT II, § Rn.)

dies.: Studienbuch Strafrecht Besonderer Teil III, Delikte gegen sonstige Individual- und Gemeinschaftswerte, 2. Auflage 2009 (zitiert: *Kienapfel/Schmoller*, Studienbuch Strafrecht BT III, § Rn.)

Kindhäuser, Urs (Hrsg.)/*Neumann*, Ulfrid/*Paeffgen*, Hans-Ullrich (Hrsg.): Nomos Kommentar zum Strafgesetzbuch, 4. Auflage 2013 (zitiert: NK-*Bearbeiter*, § Rn.)

Klesczewski, Diethelm: Ordnungswidrigkeitenrecht, 2. Auflage 2016 (zitiert: *Klesczewski*, Ordnungswidrigkeitenrecht, S.)

Krey, Volker/*Esser*, Robert: Deutsches Strafrecht Allgemeiner Teil, 6. Auflage 2016 (zitiert: *Krey/Esser*, Deutsches Strafrecht AT, Rn.)

Lackner, Karl (Hrsg.)/*Kühl*, Kristian (Hrsg.): Kommentar zum Strafgesetzbuch, 28. Auflage 2014 (zitiert: *Bearbeiter*, in: Lackner/Kühl, § Rn.)

Laufhütte, Heinrich Wilhelm (Hrsg.)/*Rissing-van Saan*, Ruth (Hrsg.)/*Tiedemann*, Klaus (Hrsg.): Leipziger Kommentar zum StGB, Band 1: Einleitung, §§ 1 – 31, 12. Auflage 2007 (zitiert: LK-*Bearbeiter*, § Rn.)

dies.: Leipziger Kommentar zum StGB, Band 7: §§ 211 – 231, 12. Auflage 2015 (zitiert: LK-*Bearbeiter*, § Rn.)

dies.: Leipziger Kommentar zum StGB, Band 9/1: §§ 263 – 266b, 12. Auflage 2012 (zitiert: LK-*Bearbeiter*, § Rn.)

dies.: Leipziger Kommentar zum StGB, Band 10: §§ 284 – 305a, 12. Auflage 2008 (zitiert: LK-*Bearbeiter*, § Rn.)

Laufs, Adolf (Begr.)/*Katzenmeier*, Christian/*Lipp*, Volker: Arztrecht, 7. Auflage 2015 (zitiert: *Bearbeiter*, in: Laufs/Katzenmeier/Lipp, Arztrecht, Kapitel Rn.)

Laufs, Adolf (Begr. und Hrsg.)/*Uhlenbruck*, Wilhelm (Begr.)/*Kern*, Bernd-Rüdiger (Hrsg.): Handbuch des Arztrechts, 4. Auflage 2010 (zitiert: *Bearbeiter*, in: Laufs/Kern, Handbuch des Arztrechts, § Rn.)

Leukauf, Otto (Begr.)/*Steininger*, Herbert (Begr.): Strafgesetzbuch Kommentar, 4. Auflage 2017 (zitiert: *Bearbeiter*, in: Leukauf/Steininger, § Rn.)

Lion, Edgar: Die strafrechtliche Behandlung der Kurpfuscherei, 1910 (zitiert: *Lion*, Die strafrechtliche Behandlung der Kurpfuscherei, S.)

Loveless, Janet: Criminal Law: Text, Cases and Materials, 5. Auflage 2016 (zitiert: *Loveless*, Criminal Law: Text, Cases and Materials, S.)

Ludwig, Eberhard: Die notwendige Bekämpfung der Kurpfuscherei, 1927 (zitiert: *Ludwig*, Die notwendige Bekämpfung der Kurpfuscherei, S.)

Macdonald, Stuart: Text, Cases and Materials on Criminal Law, 2015 (zitiert: *Macdonald*, Text, Cases and Materials on Criminal Law, S.)

Maurach, Reinhart (Begr.)/*Schroeder*, Friedrich-Christian/*Maiwald*, Manfred, Strafrecht Besonderer Teil, Teilband 1: Straftaten gegen Persönlichkeits- und Vermögenswerte, 10. Auflage 2009 (zitiert: *Maurach/Schroeder/Maiwald*, Strafrecht BT 1, § Rn.)

Mazal, Wolfgang: Krankheitsbegriff und Risikobegrenzung, Eine Untersuchung zum Leistungsrecht der gesetzlichen Krankenversicherung, 1992 (zitiert: *Mazal*, Krankheitsbegriff und Risikobegrenzung, S.)

Melies, Heinz: Die strafrechtliche Behandlung der Kurpfuscherei, 1928 (zitiert: *Melies*, Die strafrechtliche Behandlung der Kurpfuscherei, S.)

Mergen, Armand (Hrsg.): Die juristische Problematik in der Medizin, Band II: Ärztliche Aufklärungs- und Schweigepflicht, 1971 (zitiert: *Bearbeiter*, Titel, in: Mergen, Die juristische Problematik in der Medizin II, S.)

Mitsch, Wolfgang, Strafrecht Besonderer Teil 2 Vermögensdelikte, 3. Auflage 2014 (zitiert: *Mitsch*, Strafrecht BT 2, S.)

Müller, Karl-Heinrich: Kurierfreiheit und Kurpfuschertum, 1929 (zitiert: *Müller*, Kurierfreiheit und Kurpfuschertum, S.)

Murmann, Uwe: Die Selbstverantwortung des Opfers im Strafrecht, 2004 (zitiert: *Murmann*, Die Selbstverantwortung des Opfers im Strafrecht, S.)

Murschetz, Verena/*Tangl*, Astrid: Neue Beurteilungsmethoden zur Einschätzung der Lawinengefahr und Eigenverantwortlichkeit beim Tourengehen – zugleich eine Betrachtung der Entscheidung des LG Innsbruck 14. 11. 2000,

39 Hv 85/00 („Jamtal-Fall“), in: Zeitschrift für Verkehrsrecht 2002, Heft 3, S. 74 – 87 (zitiert: *Murschetz/Tangl*, Neue Beurteilungsmethoden zur Einschätzung der Lawinengefahr und Eigenverantwortlichkeit beim Tourengehen, in: ZVR 2002, 74 (S.))

Nagler, Johannes: Bezugsscheine als Objekte von Vermögensverbrechen, in: Zeitschrift der Akademie für deutsches Recht, 8. Jahrgang 1941, S. 294 – 296 (zitiert: *Nagler*, Bezugsscheine als Objekt von Vermögensverbrechen, in: ZAkdR 1941, 294 (S.))

Obrecht, Andreas J.: Die Welt der Geistheiler – Die Renaissance magischer Weltbilder, 1999 (zitiert: *Obrecht*, Die Welt der Geistheiler, S.)

ders.: Die Klienten der Geistheiler – Vom anderen Umgang mit Krankheit, Krise, Schmerz und Tod, 2000 (zitiert: *Obrecht*, Die Klienten der Geistheiler, S.)

Ostendorf, Heribert: Der strafrechtliche Schutz von Drittgeheimnissen, in: Juristische Rundschau 1981, Heft 11, S. 444 – 448 (zitiert: *Ostendorf*, Der strafrechtliche Schutz von Drittgeheimnissen, in: JR 1981, 444 (S.))

Otto, Harro: Eigenverantwortliche Selbstschädigung und -gefährdung sowie einverständliche Fremdschädigung und -gefährdung, in: Jetcheck, Hans-Heinrich/Vogler, Theo (Hrsg.), Festschrift für Herbert Tröndle zum 70. Geburtstag, 1989, S. 157 – 175 (zitiert: *Otto*, in: FS Tröndle, 157 (S.))

Panagopoulou-Koutnatzi, Fereniki: Die Selbstbestimmung des Patienten – Eine Untersuchung aus verfassungsrechtlicher Sicht, 2009 (zitiert: *Panagopoulou-Koutnatzi*, Die Selbstbestimmung des Patienten, S.)

Quaas, Michael/*Zuck*, Rüdiger/*Clemens*, Thomas: Medizinrecht, 3. Auflage 2014 (zitiert: *Bearbeiter*, in: Quaas/Zuck, Medizinrecht, § Rn.)

Rengier, Rudolf: Strafrecht Besonderer Teil II, Delikte gegen die Person und die Allgemeinheit, 17. Auflage 2016 (zitiert: *Rengier*, Strafrecht BT II, § Rn.)

Resch, Reinhard (Hrsg.)/*Wallner*, Felix (Hrsg.), Handbuch Medizinrecht, 2. Auflage 2015 (zitiert: *Bearbeiter*, in: Resch/Wallner, Handbuch Medizinrecht, Kapitel, Rn.)

Ritter, Werner H. (Hrsg.)/*Wolf*, Bernhard (Hrsg.), Heilung – Energie – Geist, Heilung zwischen Wissenschaft, Religion und Geschäft, 2005 (zitiert: *Bearbeiter*, in: Ritter/Wolf, Heilung – Energie – Geist, S.)

Ross, James: The National Health Service in Great Britain: A Historical and Descriptive Study, 1952 (zitiert: *Ross*, The National Health Service in Great Britain, S.)

Rogall, Klaus: Die Verletzung von Privatgeheimnissen (§ 203 StGB) – Aktuelle Probleme und ungelöste Fragen, in: Neue Zeitschrift für Strafrechts, 3. Jahrgang 1983, S. 1 – 9 (zitiert: *Rogall*, Die Verletzung von Privatgeheimnissen, in: NStZ 1983, 1 (S.))

Root, Sheryl: The healing touch: spiritual healing in England c. 1870 – 1955, 2005 (zitiert: *Root*, The healing touch: spiritual healing in England, S.)

Roxin, Claus: Strafrecht Allgemeiner Teil Band I, Grundlagen – Der Aufbau der Verbrechenslehre, 4. Auflage 2006 (zitiert: *Roxin*, Strafrecht AT I, § Rn.)

ders.: Strafrecht Allgemeiner Teil Band II, Besondere Erscheinungsformen der Straftat, 2003 (zitiert: *Roxin*, Strafrecht AT II, § Rn.)

Säcker, Franz Jürgen (Hrsg.)/*Rixecker*, Roland (Hrsg.)/*Oetker*, Hartmut (Hrsg.)/*Limperg*, Bettina (Hrsg.): Münchener Kommentar zum Bürgerlichen Gesetzbuch, Band 1, Allgemeiner Teil, §§ 1 – 240 BGB, ProstG, AGG, 7. Auflage 2015 (zitiert: *Bearbeiter*, in: MüKo BGB, § Rn.)

Satzger, Helmut (Hrsg.)/*Schluckebier*, Wilhelm (Hrsg.)/*Widmaier*, Gunter (Hrsg.): StGB Kommentar, 2. Auflage 2014 (zitiert: *Bearbeiter*, in: Satzger/Schluckebier/Widmaier, § Rn.)

Schmiedel, Volker (Hrsg.)/*Augustin*, Matthias (Hrsg.): Leitfaden Naturheilkunde: Methoden, Konzepte und praktische Anwendung, 6. Auflage 2011 (zitiert: *Bearbeiter*, in: Leitfaden Naturheilkunde, S.)

Schönke, Adolf (Begr.)/*Schröder*, Horst: StGB Kommentar, 29. Auflage 2014 (zitiert: *Bearbeiter*, in: Schönke/Schröder, § Rn.)

Schumacher, Detlef: Psychotherapie und Heilbehandlung aus rechtlicher Sicht, in: Neue Juristische Wochenschrift, 23. Jahrgang 1970, S. 1945 – 1949 (zitiert: *Schumacher*, Psychotherapie und Heilbehandlung, in: NJW 1970, 1945 (S.))

Schünemann, Bernd: Unzulänglichkeiten des Fahrlässigkeitsdelikts in der modernen Industriegesellschaft – eine Bestandsaufnahme, in: Graul, Eva (Hrsg.)/Wolf, Gerhard (Hrsg.), Gedächtnisschrift für Dieter Meurer, 2002, S. 37 – 64 (zitiert: *Schünemann*, Unzulänglichkeiten des Fahrlässigkeitsdelikts in der modernen Industriegesellschaft, in: GS Meurer, 37 (S.))

Schwalm, Georg: Zum Begriff und Beweis des ärztlichen Kunstfehlers, in: Kaufmann, Arthur (Hrsg.), Festschrift für Paul Bockelmann zum 70. Geburtstag, 1979, S. 539 – 556 (zitiert: *Schwalm*, Zum Begriff und Beweis des ärztlichen Kunstfehlers, in: FS Bockelmann, 539 (S.))

Schwartz, Walter: Von Exorzisten und Heilpraktikern: Geistheilungen rechtlich betrachtet, in: Recht der Medizin 1999, Heft 1, S. 13 – 19 (zitiert: *Schwartz*, Von Exorzisten und Heilpraktikern, in: RdM 1999, 13 (S.))

Siebert, Arvid: Strafrechtliche Grenzen ärztlicher Therapiefreiheit, 1983 (zitiert: *Siebert*, Strafrechtliche Grenzen ärztlicher Therapiefreiheit, S.)

Smith, Sir John/*Hogan*, Brian/*Ormerod*, David: Essentials of Criminal Law, 2. Auflage 2017 (zitiert: *Bearbeiter*, in: Smith/Hogan/Ormerod, Essentials of Criminal Law, S.)

Spickhoff, Andreas (Hrsg.): Beck'sche Kurzkommentare, Band 64, Medizinrecht, 2. Auflage 2014 (zitiert: *Bearbeiter*, in: Spickhoff, Medizinrecht, Gesetz, § Rn.)

Stacey, Margaret: Regulating British Medicine: The General Medical Council, 1992 (zitiert: *Stacey*, Regulating British Medicine, S.)

Steininger, Herbert: „Freiwillige Selbstgefährdung" als Haftungsbegrenzung im Strafrecht – Zur Bedeutung der Eigenverantwortlichkeit für die strafrechtliche Beurteilung von Schi- und Bergunfällen, in: Zeitschrift für Verkehrsrecht 1985, S. 97 – 104 (zitiert: *Steininger*, „Freiwillige Selbstgefährdung" als Haftungsbegrenzung im Strafrecht, in: ZVR 1985, 97 ff.)

Stellamor, Kurt/*Steiner*, Johannes Wolfgang: Handbuch des österreichischen Arztrechts, Band II: Arzt und Ethik, 2. Auflage 1999 (zitiert: *Stellamor/Steiner*, Handbuch des österreichischen Arztrechts Band II, S.)

Sternberg-Lieben, Detlev: Zur Vorsatzstrafbarkeit eines Schönheitschirurgen nach gravierendem Fehlverhalten – Anmerkung zu BGH, Urteil vom 07.07.2011, Az. 5 StR 561/10, in: Medizinrecht, 30. Jahrgang 2012, S. 97 – 101 (zitiert: *Sternberg-Lieben*, Zur Vorsatzstrafbarkeit eines Schönheitschirurgen nach gravierendem Fehlverhalten, in: MedR 2012, 97 (S.))

Stone, Julie/*Matthews*, Joan: Complementary Medicine and the Law, 1996 (zitiert: *Stone/Matthews*, Complementary Medicine and the Law, S.)

Tamm, Burkhard: Die Zulässigkeit von Außenseitermethoden und die dabei zu beachtenden Sorgfaltspflichten, 2007 (zitiert: *Tamm*, Außenseitermethoden, S.)

Taupitz, Jochen: Der Heilpraktiker aus der Sicht des Haftungsrechts: „Arzt", „Mini-Arzt" oder „Laie"?, in: Neue Juristische Wochenschrift, 44. Jahrgang 1991, S. 1505 – 1510 (zitiert: *Taupitz*, Der Heilpraktiker aus der Sicht des Haftungsrechts, in: NJW 1991, 1505 (S.))

Thaler, Manuela/*Plank*, Maria-Luise: Heilmittel und Komplementärmedizin in der Krankenversicherung, 2005 (zitiert: *Thaler/Plank*, Heilmittel und Komplementärmedizin, S.)

The British Medical Journal: Divine Healing, in: The British Medical Journal 1956, Vol. 1 No. 4975, S. 269 – 273 (*zitiert*: The British Medical Journal, Divine Healing, 269 (S.))

The Ministry of Healing, Report of the Committee Appointed in Accordance with Resolution 63 of the Lambeth Conference, 1920 (zitiert: *The Ministry of Healing*, Report of the Committee Appointed in Accordance with Resolution 63 of the Lambeth Conference, S.)

Triffterer, Otto (Hrsg.)/*Rosbaud*, Christian (Hrsg.)/*Hinterhofer*, Hubert (Hrsg.): Salzburger Kommentar zum Strafgesetzbuch, 36. Auflage 2017 (zitiert: *Bearbeiter*, in: Salzburger Kommentar, § Rn.)

Wagner, Hans-Joachim: Ist die Patientensicherheit bei Behandlung durch nicht approbierte Heilkundige gewährleistet?, in: Deutsches Ärzteblatt 1986, Heft 43, S. 2938 – 2939 (zitiert: *Wagner*, „Ist die Patientensicherheit bei Behandlung durch nicht approbierte Heilkundige gewährleistet?", in: Deutsches Ärzteblatt 1986, 2938 (S.))

Wallner, Felix: Handbuch Ärztliches Berufsrecht, 2011 (zitiert: *Wallner*, Handbuch Ärztliches Berufsrecht, Kapitel, S.)

ders.: Der Arztvorbehalt und seine Grenzen, in: Recht der Medizin 2011, Heft 5, S. 145 – 148 (zitiert: *Wallner*, Der Arztvorbehalt und seine Grenzen, in: RdM 2011, 145 (S.))

Walter, Tonio: Die Lehre von der „einverständlichen Fremdgefährdung" und ihre Schwächen – eine Verteidigung der Rechtsprechung, in: Neue Zeitschrift für Strafrecht, 33. Jahrgang 2013, S. 673 – 680 (zitiert: *Walter*, Die Lehre von der „einverständlichen Fremdgefährdung" und ihre Schwächen, in: NStZ 2013, 673 (S.))

Wegener, Manfred: Was ist Heilkunde? Heilpraktikergesetz, Rechtssystem und Gesetzessprache, in: Medizinrecht, 8. Jahrgang 1990, S. 250 – 252 (zitiert: *Wegener*, Was ist Heilkunde?, in: MedR 1990, 250 (S.))

Welp, Jürgen: Vorangegangenes Tun als Grundlage einer Handlungsäquivalenz der Unterlassung, 1968 (zitiert: *Welp*, Vorangegangenes Tun als Grundlage einer Handlungsäquivalenz der Unterlassung, S.)

Welzel, Hans: Das Deutsche Strafrecht, 11. Auflage 1969 (zitiert: *Welzel*, Das Deutsche Strafrecht, S.)

Wiesendanger, Harald: Das große Buch vom geistigen Heilen – Die umfassende Darstellung sämtlicher Methoden, Krankheiten auf geistigem Wege zu erkennen und zu behandeln, 1994 (zitiert: *Wiesendanger*, Das große Buch vom geistigen Heilen, S.)

Willich, Stefan/*Girke*, Matthias/*Hoppe*, Jörg-Dietrich/*Kiene*, Helmut/*Klitzsch*, Wolfgang/*Matthiessen*, Peter F./*Meister*, Peter/*Ollenschläger*, Günter/*Heimpel*, Hermann: Schulmedizin und Komplementärmedizin – Verständnis und Zusammenarbeit müssen vertieft werden, in: Deutsches Ärzteblatt 2004, Heft 19, S. 1314 – 1319 (zitiert: *Willich/Girke/Hoppe/Kiene/Klitzsch/Matthiessen/Meister/Ollenschläger/Günter*, Schulmedizin und Komplementärmedizin – Verständnis und Zusammenarbeit müssen vertieft werden, in: Deutsches Ärzteblatt 2004, 1314 (S.))

Wolff, Josef: Die Kurpfuscherei in juristischer Betrachtung, 1900 (zitiert: *Wolff*, Die Kurpfuscherei in juristischer Betrachtung, S.)

Zipfel, Walter (Begr.)/*Rathke*, Kurt-Dietrich (Hrsg.)/*Sosnitza*, Olaf (Hrsg.): Lebensmittelrecht Loseblatt-Kommentar, 167. Ergänzungslieferung

Stand Juli 2017 (zitiert: *Bearbeiter*, in: Zipfel/Rathke/Sosnitza, Lebensmittelrecht, Gesetz, § Rn.)

Zuck, Rüdiger: Der Standort der besonderen Therapierichtungen im deutschen Gesundheitswesen, in: Neue Juristische Wochenschrift, 44. Jahrgang 1991, S. 2933 – 2937 (zitiert: *Zuck*, Der Standort der besonderen Therapierichtungen, in: NJW 1991, 2933 (S.))

www.ingramcontent.com/pod-product-compliance
Ingram Content Group UK Ltd.
Pitfield, Milton Keynes, MK11 3LW, UK
UKHW021848290926
8980IPUK00005B/705

9 783631 840177